1600

Dagmar Nick

Jüdisches Wirken in Breslau

Dagmar Nick

Jüdisches Wirken in Breslau

Eingeholte Erinnerung:
Der Alte Asch und die Bauers

Bergstadtverlag
Wilhelm Gottlieb Korn, Würzburg

Die Deutsche Bibliothek – CIP-Einheitsaufnahme

Nick, Dagmar:
Jüdisches Wirken in Breslau. Eingeholte Erinnerung :
Der Alte Asch und die Bauers / Dagmar Nick. –
Würzburg: Bergstadtverlag Wilhelm Gottlieb Korn,
1998
ISBN 3-87057-219-1

© 1998 by Bergstadtverlag Wilhelm Gottlieb Korn GmbH, Würzburg

Alle Rechte vorbehalten. Ohne schriftliche Genehmigung des Verlages ist es nicht gestattet, das Werk unter Verwendung mechanischer, elektronischer und anderer Systeme in irgendeiner Weise zu verarbeiten und zu verbreiten. Insbesondere vorbehalten sind die Rechte der Vervielfältigung – auch von Teilen des Werkes – auf photomechanischem oder ähnlichem Wege, der tontechnischen Wiedergabe, des Vortrags, der Funk- und Fernsehsendung, der Speicherung in Datenverarbeitungsanlagen, der Übersetzung und der literarischen oder anderweitigen Bearbeitung.

Dieses Buch ist aus säurefreiem Papier hergestellt und entspricht den Frankfurter Forderungen zur Verwendung alterungsbeständiger Papiere für die Buchherstellung.

Gesamtherstellung:
M. Liehners Hofbuchdruckerei GmbH & Co. Verlagsanstalt, Sigmaringen.
Printed in Germany · ISBN 3-87057-219-1

Ich bedanke mich an dieser Stelle bei Prof. Norbert Conrads, der mir durch das von ihm herausgegebene Tagebuch von Karl Friedrich Hempel »Die Breslauer Revolution« im Sammelband »Denkwürdige Jahre 1848-1851« (Köln 1978) geholfen hat, die Ereignisse, an denen unsere Familie aktiv und passiv beteiligt war, besser zu verstehen. Viele von Hempel berichtete Begebenheiten, das politische Tagesgeschehen betreffend, habe ich auf den folgenden Seiten (teils in Zitaten) in unsere Familiengeschichte eingeflochten.

Dagmar Nick

Am 29. Februar 1848 brachten die Breslauer Morgenzeitungen die offizielle Nachricht von der Pariser Revolution und der Abdankung König Louis Philippes, eine Nachricht, die gegen neun Uhr abends durch Extrablätter vervollständigt wurde: Frankreich hatte die Republik ausgerufen. Wenige Tage später konnte man lesen, daß die Unruhen bereits auf den Westen und Süden Deutschlands übergriffen und daß »sich die Völker gegen die Regenten erhoben«, Pressefreiheit, Volksbewaffnung und Einberufung des Landtages verlangten. Auch in Breslau lief jetzt das Volk auf die Straße, Zimmerleute und Buchdrucker forderten Lohnerhöhungen, Arbeiter sogar ein eigenes Arbeitsministerium. Der Stadtrat tagte nahezu pausenlos und beschloß dann am 8. März, eine Deputation nach Berlin zu entsenden, »um die im Volk lebendig gewordenen Wünsche der hiesigen Commune dem König mündlich mitzuteilen«[1]. Bereits am Tag darauf erschien die Deputation beim König, wo sie »gnädige Aufnahme fand« und einige unverbindliche Zusicherungen erhielt.

Als am 13. März auch in Wien das Volk revoltierte, sah man in Breslau bereits das Königreich zusammenbrechen, die Eisenbahnaktien fielen, Chaos an der Börse. Am 17. März beschlossen die Stadtverordneten, die Bürgerschaft zu bewaffnen, was sich jedoch als undurchführbar erwies, da der den Zeughäusern vorstehende Graf Brandenburg sich weigerte, Waffen zu diesem Zweck herauszurücken. Die Unruhe wuchs. Aus Angst vor Übergriffen – hier und da waren schon einige Fensterscheiben zu Bruch gegangen – ließen die Geschäftsleute ihre Läden am Ring und in den Hauptstraßen tagelang geschlossen; Bürger, die sich auf eigene Faust Waffen beschafft hatten, zogen in Patrouillen durch die Stadt, um mögliche Ausschreitungen zu verhindern, und immer wieder kam es zu Menschenansammlungen, bei denen neben aufwiegelnden Volksrednern aber auch eine unüberhörbar beschwichtigende Stimme zu vernehmen war, die zu Mäßigung und Besonnenheit aufrief – sie gehörte dem dreiundzwanzigjährigen, gerade zum Doktor der Medizin promovierten Sigismund Asch, meinem Urgroßvater.

Während jene, die nichts zu verlieren hatten oder bereit waren, alles zu riskieren, auf die Straße gingen, blieben andere, die um ihren Besitz bangten, vorsorglich daheim und sahen, hinter den Gardinen ihrer Fenster stehend, dem Treiben höchst beunruhigt zu. Ich nehme an, daß auch mein Urgroßvater Albert Bauer zu ihnen gehörte, schließlich war er begütert, besaß eine Möbelfabrik, möglicherweise damals auch schon die Ziegelei und Parkettfabrik nebst einem Antiquitätengeschäft in der Schweidnitzer Straße, das den Hochadel belieferte. Natürlich war man im Hause Bauer königstreu und natürlich, das mag paradox klingen, sympathisierte man insgeheim mit den Unterprivilegierten und Unterdrückten. Denn die Bauers waren Juden und hatten jahrhundertelang Unterdrückung und Diskriminierung am eigenen Leib erfahren. Sie dachten sozial und handelten nach jüdischem Verständnis, wonach nicht allein der Glaube selig macht, sondern die gute Tat. Seit Generationen hatte man sich in dieser Familie um Arme, Verwaiste, Verfolgte und Kranke gekümmert. So sollte es bleiben.

Ich weiß nicht, wieviel Sympathie Albert Bauer für jene aufgebracht hat, die da vor seinem Fenster demonstrierten. Ich weiß nur, daß seine fünf Töchter die Ereignisse mit großem Interesse verfolgten, denn sie waren beizeiten von ihrer Mutter, Fanny, aufgeklärt worden über das Elend der ausgebeuteten, unterbezahlten Weber im Eulengebirge und über die erbarmungswürdige Armut der sogenannten unteren Schichten. Fanny Bauer arbeitete in zwei caritativen Vereinen für die »Rettung verlassener Kinder« und die »Fortbildung der weiblichen Jugend«, sie war informiert und sie wollte, daß auch ihre Töchter erkennen sollten, was auf der Welt vorging und wofür man sich einsetzen mußte.

Die Bürger waren verunsichert, der Handel stagnierte. Am 20. März 1848 sah sich das Theater gezwungen, wegen Zuschauermangels zu schließen – eine Katastrophe für Schauspieler, Sänger und Orchestermitglieder, die ja damals keine festen Gehälter bezogen, sondern von den Einnahmen der Abendkasse lebten. Am 21. März begannen die Gefangenen im Inquisitoriat zu rebellieren, was dazu führte, daß Untersuchungsgefangene und solche, gegen die keine Anklage wegen »ehrloser Verbrechen« vorlag, umgehend entlassen wurden, um die Anzahl der Meuternden zu verringern.

Langsam beruhigte sich die Lage, die Geschäftsleute wagten wieder ihre Läden zu öffnen. Eine zweite Deputation, die nach Berlin geschickt worden war und zu der auch der junge Dr. Asch als Kandidat der ersten preußischen Volksversammlung gehörte, kehrte am 23. März mit erfreulichen Nachrichten zurück: Der König hatte alle Forderungen gebilligt. Der Jubel war überbordend, es gab Umzüge durch die illuminierte Stadt und am nächsten

Abend eine Feier im vorübergehend geöffneten Theater, wo man in festlichen Roben erschien, angetan mit Schärpen in den Landes- und Provinzfarben. Breslau feierte die gewonnene Freiheit mit einer Aufführung von Rossinis Oper »Wilhelm Tell«. Bevor die Ouvertüre begann, trat das gesamte Opernpersonal, in altdeutsche Kostüme gekleidet, vor den Vorhang, es wurden Reden gehalten und Fahnen geschwungen und zweimal das von Julius Lasker, einem Juden, gedichtete Lied gesungen »Ich bin ein Deutscher, kennt ihr meine Farben«. Die Melodie, übernommen von dem bekannten Lied »Ich bin ein Preuße ...«, war allen geläufig und die Begeisterung über den neuen Text so groß, daß man gleich nach Beendigung des ersten Aktes den Festgesang erneut, nun zum dritten Mal intonierte, anschließend aber auch noch die Marseillaise zu singen verlangte, was nach einigem Zögern der Kapellmeister mit Zustimmung des Orchesters gestattete. Ich frage mich, in welchem Frackschoß sie wohl die Noten verborgen hatten.

Gefeiert wurde in Breslau auch am darauffolgenden Sonntag, dem 26. März 1848, jedoch war der Anlaß ein ernsterer: Man veranstaltete eine Gedenkfeier für die am 18. März bei den Unruhen in Berlin gefallenen Freiheitshelden. Um halb elf Uhr vormittags versammelte sich alles, was Rang und Amt hatte, inklusive der Geistlichkeit aller Konfessionen, im Fürstensaal des Rathauses und begab sich unter Glockengeläut zum Exerzierplatz, dem späteren Schloßplatz, wo bereits eine ungeheure Menschenmenge wartete. Die Häuser waren mit Fahnen und Kränzen geschmückt und von vielen Fensterbrettern hingen Teppiche herab. Es gab bewegende Reden, Sängerchöre und Musikkapellen und ebensoviel Begeisterung wie Disziplin. Erst gegen ein Uhr mittags ging man nach Hause.

Die nächsten Wochen verliefen ruhig. Doch nachdem man einige neue, beim Volk unbeliebte Leute in den Stadtrat gewählt hatte, kam es plötzlich zu Tumulten. Am Abend des 18. April zogen Horden von Randalierern durch die Schweidnitzer- und Tauentzienstraße, plünderten Bäckerläden und Zigarrengeschäfte, verwüsteten eine Buchdruckerei in der Albrechtstraße und raubten die Kleidergewölbe der jüdischen Kaufleute Cohn und Schlesinger aus. Der Generalmarsch mußte geblasen werden: das Trompetensignal, das die bewaffnete Bürgerwehr herbeirief, Steine flogen, ein erster Schuß fiel, ein unbeteiligter Passant wurde getötet, es kam zu einem regelrechten Gefecht zwischen Bürgern und Demonstranten. Erst nach zwei Stunden geruhte das Militär zu erscheinen – Fußvolk, Jäger, Infanterie und Kürassiere – ein Auftritt, der sofort die Menge auseinandertrieb.

Die neuen Freiheitsgefühle schlugen seltsame Kapriolen. Auf einmal war es ja nicht nur möglich, in der Presse zu schreiben, was man dachte und wollte, man durfte sich auch ungestraft über alles und jeden auf Plakaten äußern, die an den Straßenecken angeschlagen wurden. So konnte man mißliebigen Ratsmitgliedern und Amtspersonen offen die Meinung sagen, was aber besonders gern auch in Form von abendlichen Katzenmusiken geschah. In solchen Fällen zogen Rotten von jaulenden, pfeifenden, quietschenden, kreischenden Leuten vor die Häuser jener Männer, die man desavouieren, ja lieber noch aus ihrer Stellung katapultieren wollte, und vollführten dort einen derartigen Höllenlärm, daß manche Betroffene danach tatsächlich bei ihren Vorgesetzten den Rücktritt einreichten. Meistens wurde zu dem Spektakel eine ausgewachsene Katze mitgebracht, die man so lange in Schwanz und Ohren kniff, bis sie vor Schmerzen schrie. Der Versuch der Obrigkeit, diese Mißfallensäußerungen, die noch dazu mit Tierquälerei einhergingen, zu verbieten, scheiterte an der jüngst bewilligten Meinungsfreiheit. Das Volk ließ sich nicht mehr bevormunden wie in alten Zeiten.

Der 1. Mai 1848 wurde ein bedeutender Tag, wie K. F. Hempel in seinem Tagebuch notierte: »An diesem Tag wählte nämlich die ganze männliche Bevölkerung des preußischen Staates im Alter von über 24 Jahren, bloß mit Ausnahme der für bescholten Erklärten (zum Beispiel der Corrigenden) und der Almosen-Empfänger, die Wahlmänner für die preußische Reichsversammlung zu Berlin und für die deutsche Nationalversammlung zu Frankfurt am Main.«

Abgesehen von den Katzenmusiken, die jeweils andere Persönlichkeiten der Stadt verunglimpften, verging der Sommer ohne weitere Tumulte. Auch das »Fest der deutschen Einheit«, das der Kriegsminister des in Frankfurt eingesetzten Reichsministeriums für Sonntag, den 9. August 1848 angeordnet hatte, gestaltete sich überaus friedlich: Schon morgens um sieben Uhr begann auf der Pöpelwitzer Viehweide die große Parade der Bürgerwehren; um zwei Uhr mittags versammelten sich dann sämtliche demokratischen Clubs und Vereine, die Bürgerwehr und die Landwehr,

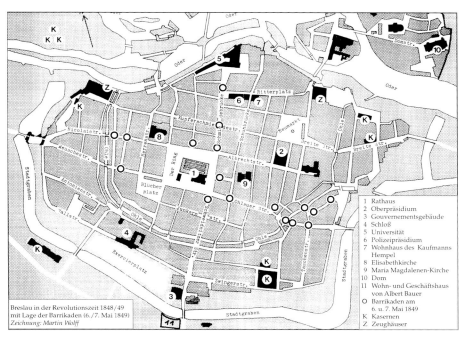

Breslau in der Revolutionszeit 1848/49
mit Lage der Barrikaden (6./7. Mai 1849)
Zeichnung: Martin Wolff

1 Rathaus
2 Oberpräsidium
3 Gouvernementsgebäude
4 Schloß
5 Universität
6 Polizeipräsidium
7 Wohnhaus des Kaufmanns Hempel
8 Elisabethkirche
9 Maria Magdalenen-Kirche
10 Dom
11 Wohn- und Geschäftshaus von Albert Bauer
O Barrikaden am 6. u. 7. Mai 1849
K Kasernen
Z Zeughäuser

etwa sechzehntausend Menschen, auf dem Exerzierplatz vor dem Schloß, von wo sie in wohlgeordneten Reihen hinaus nach Scheitnig zogen, um dort auf der »Wiese vor der Schweizerey« mit den aus allen Richtungen herbeigekommenen Festgästen patriotische Lieder zu singen und den Rednern zuzuhören, die von einer provisorischen Tribüne herab zum Thema der deutschen Einheit und Freiheit sprachen.

Einer dieser Redner war mein Urgroßvater Sigismund Asch, der als Mitglied des »Demokratischen Vereins« und Vorstandsmitglied des Breslauer Arbeitervereins vielen kein Unbekannter war und der wenig später auf dem Allgemeinen Deutschen Arbeiterkongreß in Berlin vom 23. August bis 3. September 1848 unter dem Präsidium des Breslauer Professors Chr. G. Nees von Esenbeck dazu beitragen sollte, viele soziale wie politische Forderungen durchzusetzen, unter anderem die gewerkschaftliche Organisation von Lokalkomitees der Arbeiter mit Assoziationskassen, die Abschaffung der indirekten Steuern, den Zehnstundentag – selbst Kinder arbeiteten oft bis zu 14 Stunden in den Fabriken! – und den unentgeltlichen Volksschulunterricht ohne konfessionellen Religionsunterricht. Hier aber, beim Fest der deut-

Jenny (15) und Lina (17) Bauer (Daguerreotypie)
Jenny links im Bild

schen Einheit, hielt er vor den Breslauern seine erste aufsehenerregende Rede, die damit endete, daß er die jubelnde Menge dazu aufrief, sie möge »in ihrer Begeisterung nicht die vor Hunger weinenden Weber im Eulengebirge vergessen«[2]. Asch, nicht nur von überragender Körpergröße, sondern auch von überragender Überzeugungskraft als Redner, wollte es aber nicht bei Worten belassen, er wollte die Tat: Sein Vorschlag, für die Armen eine Geldsammlung durchzuführen, fand enthusiastischen Beifall und geriet zu einem unerwarteten Spendenerfolg. Aschs Mitmenschlichkeit, seine Nächstenliebe, sein Verständnis für den »Einfachen Mann« – Eigenschaften, die sein Leben bestimmten – waren übergesprungen auf eine fünfzigtausendköpfige Menschenmenge, die erst gegen Abend, beschwingt Polonaise tanzend, durch den Wald zurück zum Exerzierplatz zog, wo sie sich unter dem Hochzischen bengalischer Feuer verabschiedete. Es war ein glücklicher Tag.

Weniger glücklich verlief für Asch eine Demonstration am 21. September 1848, zu der über 12 000 Menschen wiederum auf dem Exerzierplatz zusammenkamen, um in einer noch nie dagewesenen Weise gegen Mißstände und Bevormundungen der Regierung zu protestieren und die ungerechtfertigten Einnahmen und Ausgaben des Hofes anzuprangern. Anfangs hatte Asch, den man den »Fürsprecher aller Armen und Unterdrückten« nannte, nur schweigend unter den Zuhörern gestanden, doch als er merkte, daß die Menge nahe daran war, das königliche Schloß zu erstürmen, griff er ein. Das »Berliner Tagblatt«[3] hat diese Szene festgehalten:

> ... Da, im entscheidenden Augenblick, drängte sich mit dem Rufe: »Mitbürger, keine Unbesonnenheit, keine Ungerechtigkeit!« Dr. Asch durch die Menge. Ruhe! Ruhe! Dr. Asch will sprechen, erscholl es ringsum. »Mitbürger, ich wiederhole es, keine Unbesonnenheit, keine Ungerechtigkeit! Ja, ich betone es, keine Ungerechtigkeit! Denn es wäre das schwerste Unrecht, wenn ihr diesen willenlosen Werkzeugen der schwarzen Reaktion auch nur ein Haar krümmen würdet! Es sind ebenso Söhne des Volkes wie wir alle. Diese Unglücklichen sind aber durch den Eid gebunden, den sie auf die Fahne geleistet haben, und sie dürfen, ohne ihren Schwur zu verletzen, euren Wünschen nicht nachgeben. Sie sind jetzt widerstandlos und würden eher ihr Leben lassen, als gegen ihren Eid verstoßen. Zollen wir daher den unfreiwilligen Söldnern der Reaktion für ihr Pflichttreue unsere Achtung!«

Dieser Aufruf zur Besonnenheit, der das Schloß letztlich vor der Verwüstung bewahrte und den wachhabenden Soldaten wahrscheinlich das Leben rettete, half den Tag friedlich zu beenden, brachte Asch aber dennoch wegen »Majestätsbeleidigung und Anstiftung zum Aufruhr« ein Jahr Festungshaft ein. Irgendein stämmiger Bursche hatte Asch auf seine Schultern genommen, so daß dessen Riesengestalt noch größer wirkte und seine Stimme noch besser zu vernehmen war. Natürlich hörte man sie auch mühelos bis zur Häuserzeile am Schweidnitzer Stadtgraben, dem

Exerzierplatz gegenüber, wo die Töchter des Albert Bauer aus den Fenstern der elterlichen Wohnung lehnten, fasziniert von den Ideen dieses jungen Demokraten. Und Jenny, die drittälteste Tochter, gerade sechzehn Jahre alt, sagte zu ihren Schwestern: »Diesen Mann werde ich heiraten!« Bis sie ihn allerdings heiraten durfte – und damit meine Urgroßmutter wurde – hatte sie noch mehr als sechs Jahre zu warten.

»Asch muß schon damals eine hinreißende Persönlichkeit gewesen sein«, steht in einem Gedenkblatt zu seinem 100. Geburtstag: »Es sind uns Bilder erhalten, die ihn uns zeigen, wie er, übergroß und schlank, dem Beschauer aus dem modischen Vatermörder heraus ein bartloses, geistvolles Gesicht zuwendet, in dem hinter der stets getragenen Brille die klug und gütig blickenden braunen Augen besonders eindrucksvoll wirken. So haben wir ihn uns vorzustellen, als er die Freundschaft der wesentlich älteren Führer der freiheitlichen Bewegung gewann. Bald gehörte ›Student Asch‹ zu den meistgenannten Bannerträgern der Freiheitsbewegung. Seine reine Gesinnung, seine durch eine machtvolle Stimme gehobene Beredsamkeit eigneten ihn zum Volkstribun, der berufen war, die Massen zu beherrschen und zu leiten. Es muß aber hier betont werden, daß sein Eingreifen in die Ereignisse des Tages nicht etwa das planlose Austoben eines jugendlichen Fanatikers ohne klare Zielsetzung war. Nein! Immer waren die Aschschen Forderungen, für die er täglich mit der Wucht seiner Persönlichkeit eintrat, im ernsten Einklang mit praktischen Aufgaben des täglichen Lebens, immer auf die Hebung der wirtschaftlich Schwachen, auf die soziale und sittliche Erstarkung breitester Schichten der Bevölkerung gerichtet. Kein blindes Niederreißen, sondern Aufrichten. In zahlreichen kurz und kernhaft geschriebenen Artikeln des *Breslauer Kreisboten,* den er eine Zeitlang selbst redigierte und herausgab, hat Asch in jenen Tagen seine politischen Forderungen niedergelegt. Immer wieder weist er auf das Elend der Armen, immer wieder auf die verhängnisvolle Lauheit und Lässigkeit der Regierung gegenüber den Mißständen und bei der Einlösung gegebener Versprechungen hin. Es ist nicht die Sprache eines Jünglings, sondern die eines reifen, überlegten Mannes, wenn wir im *Kreisboten* lesen: ›Fordert Neuwahlen, und zwar unmittelbare; nicht erst durch Wahlmänner. Das Volk braucht keine Vermittler, es wird seine Vertreter selbst finden. Haben wir neu gewählt, ein neues Parlament, dann laßt uns noch

Dr. med. Sigismund Asch 1851

einmal hoffen, daß die Freiheit, Einigkeit und Stärke Deutschlands nicht weiter ein Traum bleibe.‹«

Vorerst blieb Asch, der noch nicht unter Anklage stand, in Freiheit und entsprechend aktiv. Im Oktober 1848 fuhr er als Vizepräsident des zweiten Demokratenkongresses nach Berlin; am 12. November 1848 wurde er in Breslau als Kandidat für eine »permanente Kommission« aufgestellt – nahm aber die Wahl nicht an. Möglicherweise hatte er damals schon Kenntnis von dem ihm bevorstehenden Prozeß. Dennoch scheint er nach wie vor in vielen Stadtratsitzungen als »Vertrauensmann« mitgewirkt zu haben, und am 14. November trat er auch wieder als Redner auf dem  Neumarkt auf, wo sich Tausende um die Neptunsäule scharten, um die neuesten Ereignisse aus Berlin zu erfahren. Dort hatte die Nationalversammlung mehrere Gesetze durchgebracht, die Asch gefallen haben werden, wie etwa die Streichung des anmaßenden königlichen Titels »von Gottes Gnaden« oder die Abschaffung mancher Adelsprivilegien, sowie aller Titel und Orden. Asch selbst, dem in seinem späteren Leben als Arzt und Stadtverordneter zahllose Auszeichnungen angetragen wurden, hat sie alle – Titel, Orden und Ehrungen – abgelehnt. Doch »wo er ablehnte, geschah es nie mit der Geste des Gesinnungsprotzes, sondern stets liebenswürdig, die freundliche Absicht würdigend und ohne den Geber zu verletzen«[4].

Am 16. November 1848 strömte erneut das Volk auf den Neumarkt, wo der radikaldemokratische Schriftsteller Martin May, der gerade aus Berlin eingetroffen war, von der dort herrschenden Militärtyrannei berichtete und dazu aufrief, den Entschluß der Nationalversammlung, die Steuerverweigerung betreffend, zu unterstützen. Plötzlich ließ ein Schrei, das Militär sei im Anmarsch, die Zuhörer kopflos auseinanderstieben, doch als nirgendwo Militär auftauchte, sondern sich herausstellte, daß sich da ein Spaßvogel bloß einen faulen Witz erlaubt hatte, eilte alles sogleich zur Neptunsäule zurück, aufgebrachter als zuvor. Nur ein einziger vermochte jetzt die Wogen der Erregung zu glätten: Dr. Asch. Mit seiner mächtigen Stimme und in seiner festen besonnenen Art beschwor er die Versammelten, Ruhe zu bewahren, zugleich aber auch »unerschütterlich für ihre Freiheit und ihr gutes Recht einzustehen«[5]. Sein ebenso geschickter wie demokratischer Vorschlag, bei der Stadt anzufragen, ob die in Berlin ange-

Der Neumarkt mit Neptunsbrunnen

ordnete Steuerverweigerung auch für die Provinz Schlesien gelten solle, wurde einstimmig angenommen, und so marschierte man, Asch mit einigen anderen an der Spitze, zum Rathaus, in dem allerdings einer Plenarsitzung wegen niemand so schnell zu sprechen war.

Erst um sieben Uhr abends, nachdem die Menschen stundenlang in Kälte und Regen auf dem Rathausplatz ausgeharrt hatten, kam die Antwort, daß »in Anerkennung des Beschlusses der Nationalversammlung« beschlossen worden sei, »die von den einzelnen an den Magistrat abzuführenden Steuern aufzubewahren und wegen der übrigen Staatssteuern von dem Oberpräsidenten die bestimmte Erklärung zu fordern, daß er die Steuern von dem Ministerium Brandenburg nicht verwenden lassen wolle«[6]. Natürlich versuchte man noch am gleichen Abend, den Segen des Oberpräsidenten Pinder einzuholen, der aber keine Stellung nehmen mochte. Folglich erschienen am Tag darauf wiederum Tausende auf dem Neumarkt, von wo sie, angeführt von Dr. Asch, zum Regierungsgebäude zogen, um den Oberpräsidenten zu einer Erklärung zu bewegen. Asch, als »Unterhändler des Volkes«, hat sie nach einer langen, von ihm mit großer Diplomatie geführten Unterredung erhalten.

Die nächsten Tage dieses Novembers wurden für die Breslauer aufregender denn je. Der Landwehr-Verein forderte vom Magistrat Waffen für seine noch unbewaffneten Männer und wußte auch, wo diese Waffen zu finden waren: gehortet in den Kellern des Rathauses. Dort lagerten zweitausendfünfhundert Gewehre und eine Million Zündhütchen, die eigentlich zur Ausfuhr nach Ungarn bestimmt waren, aber von der Stadt requiriert wurden, nachdem man wegen der Unruhen die Grenzen schließen mußte. Der Versuch der Landwehr, diese Waffen mit Gewalt aus dem Rathaus zu entwenden, rief die Bürgerwehr auf den Plan, schließlich sogar das Militär. Zwei Regimenter Infanterie, zwei Husarenregimenter und ein zweites Kürassierregiment sperrten die Stadt gegen die Vororte und die umliegenden Dörfer ab, und die konservativen Bürger, darunter vor allem Kaufleute, gründeten schleunigst einen »Verein zur Erhaltung der gesetzlichen Ordnung«.

Daß der Fabrikant Albert Bauer, der einmal der Schwiegervater von Sigismund Asch werden sollte, diesem Verein angehörte, ist nicht überliefert und auch nicht anzunehmen. Albert Bauer wußte sehr genau, was die armen Leute auf die Straße trieb und wie elend sie lebten, und daß man solchem Elend entgegentreten konnte: jedenfalls bei seinen Fabrikarbeitern sollte es keine Unzufriedenheit geben – er baute ihnen eine eigene kleine Arbeitersiedlung.

In jenen Tagen freilich mögen sich Bauers weniger um Politik als um etwas ganz anderes gekümmert haben: Ein Familienfest stand bevor, der 18. Geburtstag von Lina, der zweitältesten Tochter, am 25. November 1848, ein Anlaß, zu dem man im Hause Bauer viele Gäste erwartete, Ärzte, Wissenschaftler und Künstler. Es

Albert Bauer, 4. Juli 1800–5. Juni 1875

wurde für alle ein unvergeßlicher Tag. Endlich großjährig, durfte Lina ihren lange gehegten und mit der Mutter abgesprochenen Plan verwirklichen: die Gründung eines caritativen Vereins. Seit Lina erfahren hatte, daß es Kinder gab, die nicht zur Schule gehen konnten, weil sie keine Schuhe, geschweige denn Wintermäntel besaßen, fühlte sie sich aufgerufen zu helfen. Im Kreise der feiernden Gäste erhob sie sich plötzlich von der Festtafel und verkündete, daß sie einen »Verein zur Unterstützung armer Schulkinder«

gründen wolle, hier und jetzt. Sie war nicht unbescheiden. Sie sagte:

> Ihr könntet mir heut keine größere Freude bereiten, als wenn Ihr Euch mit mir vereinigt, denen wohlzutun, die unserer Hilfe am meisten bedürfen: den notleidenen Schulkindern, denen es an warmer Kleidung und an Mitteln fehlt, sich Schulbücher zu kaufen, die verwahrlosen, weil sie die Schule nicht besuchen, sondern bettelnd auf den Straßen umherirren, weil ihnen meist das schützende Elternhaus fehlt. Wenn jeder von uns täglich nur einen Pfennig opfert, ließe sich vielen bedürftigen Kindern helfen. Daß die Hilfe nicht Unwürdigen, sondern wirklich bedürftigen Kindern zuteil wird, dafür bürgt die Art und Weise, in welcher die Auswahl der Kinder geschieht. Lehrer und Lehrerinnnen, die auch Mitglieder des Vereins sind und die häuslichen Verhältnisse ihrer Schulkinder genau kennen, wählen die zu unterstützenden Kinder ohne Unterschied des Glaubensbekenntnisses aus[7].

Wie hätte es anders sein können: alle Anwesenen beschlossen sofort, Mitglied zu werden in diesem Verein, dem Lina, die sogleich zur Vorsitzenden gewählt wurde, den Namen »Pfennig-Verein« gab. Niemand konnnte damals ahnen, daß diese segensreiche Einrichtung über viele Jahrzehnte bis in die dreißiger Jahre unseres Jahrhunderts bestehen würde.

Ende November kam es in Breslau wiederholt zu blutigen Auseinandersetzungen zwischen dem »Mit Gott für König und Vaterland« kämpfenden Landwehrverein und den, wie Asch es ausdrückte, »sich wahnwitzig gebärdenden Roten«, Ereignisse, die dazu führten, daß Asch, enttäuscht vom Versagen seiner demokratischen Mitstreiter und abgestoßen von ihrer Intoleranz und ihrem Radikalismus aus seinem als gemäßigt geltenden »Demokratischen Verein« austrat.

Erst am 18. Dezember 1848 scheint dann gegen Asch wegen »Majestätsbeleidigung und versuchter Verlockung zum Aufruhr« eine gerichtliche Untersuchung eingeleitet worden zu sein, ein Vorgang, der sich offenbar bis zum 4. Mai 1849 hinzog. Immerhin war Asch, obwohl er nun keinem demokratischen Verband mehr angehörte, noch im Januar 1849 politisch aktiv, indem er sich an einer Plakat-Aktion vor den Wahlen am 22. Januar 1849 beteiligte. Nachdem der König am 5. Dezember 1848 die Nationalversammlung aufgelöst und eine neue Verfassung befohlen hatte, mußten die Wahlmänner für die beiden Kammern – Herrenhaus und Abgeordnetenhaus – gewählt werden, eine günstige Gelegenheit für alle Demokraten, das Volk über die Tricks der Herrschenden aufzuklären, zum Beispiel darüber, daß ins Herrenhaus nur hineingewählt werden konnte, wer über ein jährliches Einkommen von 500 Talern verfügte, eine Summe, die »das unvermögende Literatengesindel, das bisher so viel Unheil gestiftet«[8], unwählbar machte. Ob Sigismund Asch damals tatsächlich am Wortlaut der Plakate mitgearbeitet oder nur für die Verbreitung gesorgt hat, steht nicht eindeutig fest. Zumindest mochte er einverstanden gewesen sein mit dem Inhalt, und das reichte aus, ihn am 7. Januar 1851 anzuklagen mit einer Verspätung, die darauf schließen läßt, daß die Voruntersuchungen verschleppt worden waren. So kam es erst am 22. Mai 1851 zu einem Verhandlungstermin im Breslauer Appellationsgericht.

Nach einem Bericht der »Breslauer Zeitung« vom 23. Mai 1851 handelte es sich um zwei Plakate, die unter der Überschrift standen »An die Landleute über das neue Ablösungsgesetz der gutsherrlich-bäuerlichen Lasten«, sowie »Die Finanzwirtschaft Preußens oder Wie verwendet man das Geld des Volkes«. Darin wird »... mit einem höhnischen Seitenblick auf die Armut des Königs, welcher angeblich bloß zweieinhalb Millionen Thaler aus den Amtsdomänen beziehe, also viel zu arm sei, um die Anlage zur Erhaltung seiner Schlösser zu bestreiten, mitgeteilt, daß für die Errichtung des Schlosses zu Koblenz im Jahre 1846 139 743 Thaler aus den Taschen der Untertanen verwendet worden seien; es wird ferner vergleichend hervorgehoben, daß zur Fütterung der Schweine in den Saugärten zu Spandau 1100 Thaler, zur Übersiedlung armer Arbeiter nach Preußen und Posen 1000 Thaler verwendet worden; es wird ferner gerügt, daß den hochbesoldeten Beamten, Ministern, Oberpräsidenten, geh. Räten, Generalen und Obersten, Grafen und Edelleuten, außer ihren Gehältern hohe Diäten, Reisekosten, Unterstützungen, Dotationen und Erziehungskosten für Kinder bewilligt werden, – es werden die höheren Beamten, bevorzugten Stände u.s.w. dem Volke als unersättliche und zudringliche Verzehrer der Steuern und Abgaben geschildert, es wird die Armut der Weber im schlesischen Gebirge

*Barrikadenkämpfe in Breslau am Abend des 7. Mai 1849
(Aufnahme »Muzeum narodowe w Wrocławie«, E. Witecki)*

und das Elend der Hungerpest in Oberschlesien, die man nur durch Bettelbriefe an Deutschland zu erleichtern sucht, mit den Ausgaben für die Beamten und vornehmen Herren in Vergleich gestellt.«

Auch über das Plakat »An die Landleute« berichtet die »Breslauer Zeitung« vom 23. 5. 1851: »Es sucht die Verordnungen wegen interimistischer Regulierung der gutsherrlich-bäuerlichen Verhältnisse in der Provinz Schlesien den Landleuten als höchst nachteilig und verderblich zu schildern. Es stellt sie als ein Mittel zur Unterdrückung und Aussaugung des Landvolkes zum Vorteil der Rittergutsbesitzer dar, behauptet, daß sie ein Erzeugnis der Verbindung der Staatsverwaltung mit den Rittergutsbesitzern zur Aussaugung der Zins- und Dienstpflichtigen sei, daß das Ministerium damit dem Publikum Sand in die Augen streue, daß der Ruin des Landvolkes, die Bereicherung des Junkertums damit erstrebt werde. Es nennt sie (die Verordnung) einen Verhau mit Wolfsgruben und behauptet, überall sei darin das Volk absichtlich gefangen, verraten, verkauft. Die Bestimmung allein, daß die Generalkommission zu Breslau die Ablösung in die Hände bekommen, sei das Verdammungsurteil des ganzen Gesetzes, denn in dieser Behörde verkörpere sich für den Landmann ein großer Teil alles Schlimmen und alles Unheils, was ihn bei der stattgefundenen Ablösung betroffen habe, und bei der künftigen betreffen werde.« -

Es ist zu vermuten, daß Sigismund Asch nach dem 4. Mai 1849, dem von mir angenommen Datum seiner Verurteilung, Breslau

Trauerzug vor dem Breslauer Rathaus für die bei den Barrikadenkämpfen am 7. Mai 1849 gefallenen Soldaten
(Aufnahme »Muzeum narodowe w Wrocławie«, E. Witecki)

verließ, um seine Haftstrafe in der Festung Glatz anzutreten. So wird er die Unruhen in jenem Mai nicht miterlebt haben, als zum ersten Mal am Ende einer Volksversammlung eine rote Fahne auftauchte, die, gefolgt von erregten Menschenmassen, zum Rathaus getragen wurde, wo man eine »rote Republik« ausrufen wollte. Karl Friedrich Hempel beschrieb das Chaos, wie die »Leute aus der Vorstadt« die Privatwohnung des Bürgermeisters aufbrachen und verwüsteten, sich mit der Polizei prügelten und schließlich, als das Militär zu nahen drohte, mit dem Bau von Barrikaden begannen. Drei Tage tobten wahre Straßenschlachten, dann wurde von der Obrigkeit über Breslau »und ihr zweimaliger Umkreis« der Belagerungszustand verhängt.

Die Festung Glatz, die schon seit längerem als Gefängnis diente, kann kein gemütlicher Aufenthaltsort gewesen sein. Friedrich der Große hatte sie am Ende seines Ersten Schlesischen Krieges, 1742, erobert und zu einer Bastion gegen die Habsburger ausgebaut, indem er Kasematten und weitläufige Gänge in den Berg sprengen ließ, um dort 3000 Mann Besatzung unterbringen zu können; und es ist denkbar, daß dieses Bollwerk durch eine Anleihe des Preußenkönigs bei Albert Bauers Großvater, dem Bankier Goldschmidt zu Potsdam finanziert worden war – Ironie der Familien-Geschichte. Wie Sigismund Asch in diesem finsteren Gemäuer, mit einigen anderen verurteilten Demokraten gemeinsam, seine einjährige Haftstrafe verbüßt hat, ist nicht bekannt. Doch eines ist sicher: daß Asch einem jungen Mädchen namens Jenny Bauer nicht aus dem Kopf ging. Sie war entschlossen, ihn, der davon noch nichts ahnte, eines Tages zu heiraten, komme was da wolle. Dazu mußte sie ihn nur erst einmal persönlich kennenlernen, und das war für eine streng behütete Tochter jener Zeit nicht leicht. Aber es gab für sie eine Chance: Am 18. Juli 1850, wenn Asch wieder in Freiheit sein würde, feierte sie ihren 18. Geburtstag – und was wären das für Eltern, die ihrer Tochter dann nicht erlaubten, sich Gäste einzuladen, die sie an einem solchen Tag bei sich sehen wollte!

Wie aus Familienbriefen hervorgeht, hat Jenny »ihren Asch« im Sommer 1850 kennengelernt, und wir können raten, ob das am 18. Juli geschah oder bereits am 4. Juli. Da feierte nämlich Albert Bauer seinen 50. Geburtstag, eine gute Gelegenheit, Gäste, die nicht zum engsten Familienkreis zählten, einzuladen. Zu denen, die öfters im Haus Bauer verkehrten, gehörten auch die mit politischen Gedichten und zeitkritischen Schriften hervorgetretenen Schriftsteller Rudolf Gottschall und Karl Beck, sowie der bekannte Botaniker Ferdinand Cohn[9]. In diesem Kreise durfte Asch nicht fehlen, zumal ihm gerade Prof. Remer die Assistentenstelle in seinem Orthopädischen Institut angeboten hatte, was Asch veranlaßte, ihn darauf hinzuweisen, daß er Jude und Demokrat sei. Remers Antwort ist überliefert: »Ach was, ein tüchtiger Kerl sind Sie, das andere geht mich nichts an!«

Es ist nicht anzunehmen, daß Vater Bauer in Asch einen begehrenswerten Schwiegersohn sah oder überhaupt etwas von den Gedanken seiner Tochter ahnte. Aber Aschs »impulsive Art, auf den verschiedensten wissenschaftlichen Gebieten klar und einleuchtend Belehrung zu geben«, schrieb Lina Morgenstern später in einem Artikel[10], »imponierte allen«, und »die Eltern schätzten den willensstarken Mann«, der seinen Mut und Witz so oft bewiesen hatte. Es hieß, am Ende seines Studiums, als er bereits Bürgerwehroffizier war, habe er einmal im großen Hof der Anatomie auf der Katharinenstraße seine Kompagnie exerzieren lassen, »um bei dieser Gelegenheit, mit der schwarzrotgoldenen Schärpe angetan, auch vor Prof. Barkow am Präpariertisch arbeiten zu können«[11].

Man wollte sich diesen fünfundzwanzigjährigen Arzt doch näher betrachten, der kürzlich auf der Klosterstraße eine Praxis eröffnet hatte; dessen Gesuch, als Armenarzt tätig zu sein, vom Magistrat – seiner politischen Vergangenheit wegen – abgelehnt worden war; der, aus dem gleichen Grund, auch von der Verwaltung der Oberschlesischen Eisenbahn, bei der er sich als Eisenbahnerarzt beworben hatte, eine Absage einstecken mußte; der beinahe in Bad Reinerz als Badearzt gelandet wäre, wenn die Regierung nicht ihr Veto eingelegt hätte; der, kaum aus der Haft entlassen, schon wieder von sich reden machte, weil er morgens von fünf bis sieben Uhr eine unentgeltliche Sprechstunde für mittellose Patienten anbot und für Arbeiter, denen er dadurch ermöglichte, ihn noch vor Arbeitsbeginn zu konsultieren. Seine Eltern lebten in Schweidnitz, dem Geburtsort der Mutter Julie Beate, geborene Prinz; bescheidene Leute, die zu arm waren, um ihrem Sohn, dem einzigen Kind, eine Ausbildung bezahlen zu können, so daß Sigismund Asch, als er 1843 an der Breslauer Universität zu studieren begann – anfangs Mathematik, bald aber Medizin – sich durch Nachhilfestunden und Zeitungsartikel sein Studium selber finanzieren mußte. Der Vater, Josef Asch, Sohn eines Buchdruckers, kam aus Gleiwitz, hatte mit 18 Jahren als Landwehrmann im 9. Schlesischen Landwehr-Infanterieregiment gedient, mit einundzwanzig seinen Staatsbürgerbrief als Königlich Preußischer Einländer erhalten, und war mit vierundzwanzig als Bürger von Breslau in die Bürgerrechtsliste eingetragen worden, nachdem er zwei Jahre lang bei einem Fayencehändler als Gehilfe gearbeitet hatte. Inzwischen betrieb er ein eigenes Geschäft mit Fayencen und Antiquitäten. Da auch Albert Bauer mit Antiquitäten – wenn auch in feudalerem Maßstab – handelte, gab es also gewisse gemeinsame Interessen.

Bei Familienfesten kamen wohl immer alle Geschwister zusammen, so daß Sigismund Asch sie vollzählig kennenlernen konnte: Wilhelm, den Erstgeborenen; Cäcilie, Jennys älteste Schwester, die damals in Krakau lebte, verheiratet mit Josef Josias Adler, einem Bruder der Mutter; Lina, die zweitälteste, die bereits seit drei Jahren heimlich verlobt war mit Theodor Morgenstern, einem romantischen Habenichts, der Maler werden wollte und unwillig bei einem Geschäsfreund Albert Bauers eine kaufmännische Lehre absolvierte; Anna, die Nachdenkliche, Poesiebegabte, erst fünfzehn, und Clara, die Jüngste, erst zwölf Jahre alt. Vielleicht war auch die Großmutter Bauer dabei, Bella Betty, eine geborene Goldschmidt, noch immer schön mit ihren weißen Haaren in der schwarzen Spitzenhaube, vielleicht präsidierte sie am oberen Ende der Tafel und hatte den Senator Jakob Adler an ihrer Seite, Fannys Vater aus Krakau.

Allerdings an Albert Bauers Fünfzigstem – 4. Juli 1850 – hat eine seiner Töchter mit Gewißheit gefehlt: die neunzehnjährige Lina, die sich damals in Landeck aufhielt und ihrem Vater einen gedichteten Geburtstagsbrief schrieb:

> Zeilen fliegt aus Waldesgrün
> hoch empor und in die Ferne!
> Ach, wie wollte ich so gerne
> mit den kleinen Vöglein ziehn,
> wollte an des Vaters Brust,
> wollte in die Heimat eilen
> und mit allen Lieben teilen
> dieses Tages sel'ge Lust.

Fünfzigjährig feiern heut,
Vater, wir den Tag der Wonne,
da einst Deines Lebens Sonne
aufgetaucht im Raum der Zeit.
Und wir preisen tief gerührt
unsres Schöpfers reichen Segen,
der bisher auf allen Wegen,
Vater, Dich und uns geführt!

Zwar auch manchen Gram und Schmerz
mußtest, Teurer, du bekriegen,
doch ein Gott gab Dir, zu siegen,
stets ein mutig starkes Herz!
Und so schaust Du heut zurück
froh und ernst – ein halb Jahrhundert,
und Du stehest wohl verwundert:
rings um Dich nur Lust und Glück.

Doch wir, die Dir heute fern,
denken Dein in reiner Liebe
und wir beten: Niemals trübe,
Gottheit, seines Lebens Stern!
Laß auch fürder unsrer Bahn
ihn so hell und freundlich strahlen;
und nach wieder fünfzig Malen
ihm uns dankbar kindlich nahn.

Wann immer Sigismund Asch »seine Jenny«, dieses rassige Temperamentsbündel, zum ersten Mal sah: für ihn stand von Anfang an fest, daß sie »die Frau fürs Leben« war. Schon bei der ersten Begegnung in Jennys Elternhaus hatte bei beiden die Liebe eingeschlagen wie der Blitz, und beide waren entschlossen, alle Hürden zu nehmen, die ihnen möglicherweise von den Eltern in den Weg zu einer Ehe gestellt wurden. Freilich durfte man an einen Ehestand vorerst noch gar nicht denken. Jenny hatte gerade erst alle Klassen der Höheren Töchterschule absolviert und sollte noch lange auf allen Gebieten der Kunst – und natürlich des Haushalts! – ausgebildet werden. Und wer war Sigismund Asch? Würde seine Arztpraxis jemals florieren? Konnte er eine Tochter aus reichem Hause ernähren? Hatte er ein ansehnliches Konto?

Aktien? – »O, ich bin auch Aktieninhaber«, schrieb Asch in einem späteren Brief[12] an Jenny, »Sehnsuchts-Aktie 280; Wiedersehens-Aktien – nicht zu bezahlen!« Für den Kaufmann Albert Bauer, der damals gerade Gründungsmitglied des »Gewerberats« wurde, mochten solche Aktien keine Beruhigung sein.

Was das Wiedersehen betraf, so werden die beiden Liebenden gewiß alle sich dazu bietenden Gelegenheiten ausgeschöpft haben. Schon am 20. Oktober des gleichen Jahres, 1850, gab es erneut ein Fest im Hause Bauer: Da feierten Jennys Eltern ihre Silberne Hochzeit, vier Tage nach dem tatsächlichen Datum. Der Anlaß, diese Feier zu verschieben, war traurig genug, denn am 15. Oktober war Fannys Vater achtundsiebzigjährig in Breslau gestorben, also tags darauf beerdigt worden, der – wie Anna Bauer in ihr Tagebuch schrieb – »unendlich verehrte, innig geliebte« Senator Jakob Adler. Doch wird man so oder so zusammengekommen sein, zum Kondolieren wie zum Gratulieren. Andere Möglichkeiten, sich zu treffen, bot das Theater, in dem die Breslauer Gesellschaft kaum eine Neuinszenierung versäumte – auch wenn es sich oft um unerträglich törichte Stücke handelte, wie wir aus Familienbriefen wissen – und sonntags konnte man sich auch bei einem Nachmittagsspaziergang am Stadtgraben begegnen.

Bis Sigismund Asch seine Jenny unter die Chuppa, den »Trauhimmel« – einen seidenen Baldachin, der von vier jungen Männern getragen wird – führen durfte, mußten noch mehr als vier Jahre vergehen, von denen wir nicht sehr viel zu berichten wissen: Am 9. Februar 1851 starb Albert Bauers Mutter mit über achtzig Jahren, die von allen geliebte und bewunderte Bella Betty aus dem Bankhaus Goldschmidt, und viele Trauergäste werden sich bei ihrer Beerdigung daran erinnert haben, daß Bella Bettys Vater und seine Brüder und Schwäger die Finanziers der Könige von Preußen waren und Privilegien genossen, von denen andere Untertanen jener Zeit nur träumen konnten.

Der 22. Mai des gleichen Jahres wurde weniger traurig als aufregend, als Asch mit zwei anderen Demokraten vor dem Schwurgericht erscheinen mußte, wo man mit unbegreiflicher Verspätung die Plakat-Aktion vom 22. Januar 1849 verhandelte. Die Anklageschrift, die am nächsten Tag von der »Breslauer Zeitung« auszugsweise veröffentlicht wurde, lautete:

Durch Beschluß des königlichen Appellationsgerichts zu Breslau vom 7. Januar 1851 sind der Student Herrmann Brehmer[13] in Berlin, der Dr. Sigismund Asch in Breslau, der Maler Philipp Hoyoll daselbst, wegen Majestätsbeleidigung, Verbreitung entstellter Tatsachen und Anreizung zum Hasse und zur Verachtung gegen die Anordnungen der Obrigkeit, wegen Störung des öffentlichen Friedens durch Anreizung der Angehörigen des Staats zum Hasse und zur Verachtung gegen einander, wegen Beleidigung des königlichen Staatsministerii und der königlichen Generalkommission zu Breslau – in Anklagestand versetzt worden.

Die Verhandlung dauerte stundenlang. Allein zwei Stunden benötigten die Geschworenen für ihre geheime Beratung. Dann verkündeten sie, daß der Fall verjährt sei. Alle drei Angeklagten wurden freigesprochen.

Jenny mag an diesem Tag um ihren Asch gezittert, und das Ehepaar Bauer wohl eher daran gedacht haben, zu Asch ein wenig auf Distanz zu gehen. Jedenfalls schien Mutter Fanny nun auffallend oft zu verreisen, wobei sie Jenny stets mitnahm, um mögliche Rendezvous mit Asch zu verhindern. Doch es gab für die beiden Liebenden einen Postillon d'amour, eine hilfreiche Seele namens Emma, die hier und da in den Familienbriefen auftaucht und offenbar eine Art Gesellschaftsdame im Haus Bauer war. Wenn Jenny aus den unfreiwilligen Ferien ein paar Zeilen an Emma nach Breslau schrieb, schmuggelte sie ein Briefchen an Sigismund Asch ins Couvert, das Emma weiterleitete. Und umgekehrt. Bevor das Paar auf diesen heimlichen Postweg verfiel, schrieb Asch offenbar öfters und direkt an Jenny, was Mutter Fanny nicht gerade gerne sah, so daß sie eines Tages Asch zu sich beorderte, um ihm am Ende einer dreistündigen Unterredung das Versprechen abzunehmen, Jenny nicht mehr zu schreiben. Asch wiederum verlangte und erhielt, quasi als Gegenleistung, von Fanny die Zusicherung, Jenny »nicht aus Breslau wegzuführen«[14]. Beide haben – Fanny zuerst – ihre Versprechen gebrochen.

Noch im Sommer 1853 kämpfte Sigismund Asch um seine Jenny (und um die Ausweitung seiner Arztpraxis) wie in den Jahren zuvor. Zu Jennys 21. Geburtstag, an dem sie wieder einmal

Sigismund Asch um 1855

»...rie, nie im Leben habe ich mich so tief, so fest in einen Gedanken hineingewühlt, als in den – darf ich es Ihnen sagen? Ja! Gewiß! – als in den unserer Vereinigung! Wenn ich Sie auf allen Pfaden mir folgen lassen wollte, in all die Details eindringen, die mein Kopf und mein Herz in Gebilden der Phantasie – die aber Realität werden kann und soll – gleichzeitig mir geschaffen haben, es würde Sie vielleicht entzücken, vielleicht auch würden Sie mich einen Schwärmer nennen! Immerhin! Wenn ich straßauf, straßab wandernd so recht Zeit zum Grübeln, wie's die Leute nennen, habe, dann bleibe ich gar nicht selten stehen und frage mich plötzlich: was hast du eigentlich gedacht? Nichts – nichts als Jenny! Und wenn ich ein Buch nehme und lese und immerfort lese, um plötzlich innezuhalten und mich zu fragen: was hast du gelesen? Nichts! Nichts als Jenny! Ja!« (Sigismund Asch an Jenny am 15. 7. 1853)

Fanny Bauer, geb. Adler (15. Oktober 1805–3. November 1874)

»Was haben wir getan? Wem etwas zu Leide? Und doch greift man uns von allen Seiten an, verfolgt uns, will uns von einander reißen. Bloß unsere Existenz ist die Ursache und Existenz unserer Zuneigung, unserer Liebe. Kennt man die einfachsten Naturgesetze nicht? Sie sind und bleiben meine Welt, in der meine Liebe mit tausend Wurzelfaserchen festgewachsen ist. Warum hat die Mutter mir nicht geschrieben? Ich weiß es, sie konnte nicht. Sie konnte mir etwas im ersten Wellenschlag der Entrüstung schreiben – aber später nein! Das ging nicht. Mir meine Liebe zum Vorwurf machen, o nein! Dazu ist sie zu klug. Und erst gar sich siegreich widerlegen lassen? Ich wollte, sie hätte mir geschrieben. Ihr schlimmster Zornausbruch hätte mir eine Anerkenntnis meiner Liebe zu Ihnen sein müssen.«
(Sigismund Asch an Jenny am 15. 7. 1853)

von der Mutter nach Karlsbad »entführt« worden war, schrieb Asch[15] via Emma an sie: »Möge der Tag Ihrer Geburt nicht wiederkehren, ohne uns vereint zu sehen; wäre es auch noch nicht für immer – denn das wage ich gar nicht für so kurzen Zeitraum zu hoffen – aber doch wenigstens so, daß ich in Ihrer Nähe weilen darf!« Und am Abend ihres Geburtstags, am 18. Juli 1853, schrieb er ihr: »Niemals habe ich die ganze Wucht aller Hindernisse und Schrecken, die man mit Recht oder Unrecht zwischen uns geschoben hat, so gewaltig empfunden wie heut. Aber harren Sie aus! Seien Sie mutig und standhaft und lassen Sie uns den Leuten zeigen, daß wir, unbeirrt von allen Äußerlichkeiten, in uns eine Kraft empfinden, die die großen Hindernisse wenn nicht mit einem gewaltigen Anstoß, so doch durch nachhaltigen, zähen Gegendruck zu überwinden im Stande ist.« –

Albert Bauer, der zuweilen Asch auf der Straße begegnete, grüßte ihn »freundlich wie sonst.« Doch was war in die Geschwister von Jenny gefahren? Bruder Wilhelm pflegte Asch geflissentlich zu übersehen, wenn er ihn traf, und die Schwestern Anna und Clara grüßten auffallend kurz und kühl, »mit einer kaum wahrnehmbaren Veränderung ihrer Gesichtszüge«[16]. Anna und Clara, gehorsame Töchter, mögen vielleicht von der Mutter gegen Asch beeinflußt oder auch eifersüchtig auf Jennys heimliches Glück gewesen sein; Anna hegte auch eine auffallende Aversion gegen die Liebesbriefbotin Emma: »Sie behagt mir im Ganzen nicht, und obgleich ich durch ihr schönes Klavierspiel manch angenehme Stunde hätte haben können, so war sie mir im Umgang doch nicht angenehm genug ...« notierte sie in ihr Tagebuch[17]. Für Wilhelm, der sich bald ein eigenes Geschäft aufbaute – Möbel, Spiegel, Polsterwaren – mußte Asch ein Hungerleider gewesen sein; zudem war er vorbestraft. Kein Schwager nach Wilhelms Geschmack.

Und Asch schrieb an seine Jenny[18]: »Die Leute mögen sich wirklich wundern, daß wir ihnen jetzt, im ›Zeitalter des Egoismus‹, der schmutzigsten Selbstsucht, der Konvenienzheiraten, den durch und durch materialisierten Gesellschaftsverhältnissen mit einer Empfindung entgegentreten, die wir für allmächtig erklären, denen sie den Rang einer Gottheit, eines Gottes, der die Eigenschaft der Allmächtigkeit haben soll!, nicht gern zuerkennen wollen. Nun, dann sollen die Hindernisse und Schranken uns lieb gewesen sein; mögen Jene durch sie erkennen, daß wir im Stande sind, die Allmacht zu beweisen!«

Josef Asch (1792–31. Mai 1857)

Pass: *Vorzeiger dieses, der Landwehrmann vom 9. Schlesischen Landwehr-Infanterie Regiment, des 1. Bataillons, und zwar von der 4. Compagnie, namens Josef Asch, mittler Statur, braune Haare, eine blaue Jacke mit citrongelbem Kragen, von hier nach seinem Geburtsort Stadt Gleiwitz zu gehen beurlaubt worden; es werden alle und jede, sowohl von der Armee, als vom Adel, Bürger und Bauern ersucht, denselben auf Vorzeigung dieses Passes, sicher und ungehindert passieren und repassieren zu lassen, doch soll dieser Pass nicht weiter wie oben gemeldet, und zwar auf unbestimmte Zeit gelten.*
Gegeben Schweidnitz, den 1. März 1816.

gez. Graf von Wartensleben
Sr. Königl. Maj. v. Preussen bestellter Obristleutnant.

Ohne im geringsten daran zu zweifeln, Jenny eines Tages heiraten zu können, fuhr Asch im Juni 1853 zu seiner Mutter nach Schweidnitz, um ihr zu sagen, daß er »gewählt« habe und daß er ihr Genaueres zu gegebener Zeit mitteilen werde. Mutter Julie Beate, die ihren Sohn kannte, war überzeugt, daß er wie stets das Richtige tun würde, so daß sie ihren Plan, eine Heirat mit einem Fräulein Kauffmann aus Schweidnitz einzufädeln, aufgab. Sie war klug genug, keine weiteren Fragen zu stellen.

Das Jahr 1854 begann für Bauers mit einer familiären Tragödie. Am 19. Januar starb Clara, die jüngste Tochter, damals noch nicht sechzehn. Zumal die sensible Anna, die auch den Jahren nach der »heißgeliebten Schwester« am nächsten stand, war untröstlich: »Nie wird sich uns dieser Schmerzenstag aus dem Gedächtnis wischen«[19]. Eigentlich wollte Albert Bauer seine Frau mit Anna sofort nach Karlsbad schicken, damit sie dort ein wenig von ihrer Trauer abgelenkt würden. Doch dieser Plan wurde auf Mai verschoben, da man gerade vollauf beschäftigt war mit den Vorbereitungen für Tochter Linas Hochzeit am 14. März 1854.

Auch Lina hatte, nicht anders als Jenny, um die Heiratseinwilligung ihrer Eltern kämpfen müssen. Sieben Jahre lang hielt sie in Treue und Hartnäckigkeit an ihrem Theodor, der so hübsche Zeichnungen machte, fest – bis Vater Bauer, der weniger auf Theodors Künste als auf dessen zweifelhafte kaufmännische Fähigkeiten sah, kapitulierte und dem Paar seinen Segen erteilte. Länger hätte er ihn nicht verweigern können: schließlich war Lina mit ihren 23 Jahren längst heiratsfähig und Theodor war – dies eine Vorbedingung! – in den »Preußischen Untertanenverband« aufgenommen worden. Überdies hatte man Theodor in Berlin die Übernahme eines Modewarengeschäftes angeboten. Eine räumliche Trennung – Lina in Breslau, Theodor in Berlin – hätte das Paar nicht hingenommen; eine Hochzeit ohne den elterlichen Segen wäre undenkbar gewesen.

Theodor Morgenstern, geboren am 19. April 1827 in Sieradz/Polen, Sohn des Medizinalrats und Kreisphysikus Morgenstern, wuchs mit vier Geschwistern in dem 50 km westlich von Sieradz gelegenen Kalisch auf, wo der Vater eine Arztpraxis betrieb. Nachdem Theodors Bruder Alexander, der in Wilna Medizin studierte, dort 1844 bei einem Pogrom »staatsgefährdender Bestrebungen« beschuldigt, inhaftiert und nach Sibirien verbannt worden war, beschloß Dr. Morgenstern sofort, den siebzehnjährigen

Theodor außer Landes zu schaffen, um ihm ein mögliches gleiches Schicksal zu ersparen. In Breslau kannten Morgensterns einen Kaufmann, bei ihm würde Theodor Aufnahme finden und in Sicherheit sein. Tatsächlich bei Nacht und Nebel verließ Theodor die auf mehreren Inselchen in der Prosna gelegene Stadt Kalisch, passierte »unter Überlistung der Kosackenposten«[20] mit sehr viel Angst und sehr viel Glück die russisch-preußische Grenze und gelangte heil nach Breslau. Dort blieb ihm nichts anderes übrig, als den Traum vom Künstlerleben auszuradieren und einen »ordentlichen« Beruf zu erlernen. Und nichts lag näher, als nun bei dem Kaufmann, der ihn aufgenommen hatte, in die Lehre zu gehen. Für Theodor folgten glückliche Jahre, zumal sein Lehrherr in ihm den Künstler erkannte und sich von ihm für das Geschäft die originellsten Dekorationen entwerfen und basteln ließ. Möglicherweise kam dadurch die kaufmännische Ausbildung etwas zu kurz – was sich später als Unheil erwies. Auch wenn Theodor unter der Trennung von seiner Familie, die in Kalisch geblieben war, litt, er durfte nicht klagen, denn man sorgte für ihn in jeder Beziehung, wie das in jüdischen Freundschaftsverhältnissen üblich ist, man führte ihn in die Breslauer Gesellschaft ein und erlaubte ihm, sobald er neunzehn war, an einem »Tanzkränzchen« teilzunehmen, in welchem auch eine gewisse Lina Bauer herumwirbelte. Lina war alles andere als hübsch, aber sie hatte einen gewinnenden Charme und ein ebenso unbändiges Temperament wie Jenny. Es war wohl bei Lina und Theodor »die Liebe auf den ersten Blick« und sie hielt unverbrüchlich trotz vieler Katastrophen bis an den Tod – über 60 Jahre.

Bei ihrer ersten Begegnung, 1847, war Lina erst sechzehn, aber doch schon voll engagiert in der Planung ihres künftigen »Pfennig-Vereins«. Wie sollte ihr da nicht Theodors Schicksal zu Herzen gehen: Ein politisch Verfolgter, der die gleichen sozialen Ansichten vertrat wie sie, ein Held, der nachts über die Prosna gelangt, oder nein, vielleicht sogar durch die eisigen Fluten der Prosna geschwommen war! Den russischen Schergen, den Pogromen entkommen! Allein! Ohne elterlichen Schutz! Und darüber hinaus ein Maler! Ein Künstler!

Auch in der Familie Bauer wurden die Künste gepflegt. Alle Töchter erhielten Hausunterricht in Musik, Jenny träumte bereits von einer Karriere als Sängerin. Doch leider merkte sie eines Tages, daß sie ihren Sopran nicht noch höher schrauben konnte, ihre

Stimmbänder streikten. Lina hat ein wenig darüber geschmunzelt, daß Jenny mir ihr im Duett weniger sang als »sich heiser schrie«. Aber was für ein Glück im Unglück: Der junge Doktor Asch, von den Eltern zu Konsultation gebeten, durfte seiner Jenny in den Hals schauen, um ihr dann nicht etwa eine Medizin zu geben, sondern den Rat, »eine Zeit lang absolut zu schweigen«[21]. Von keinem anderen Arzt hätte sich Jenny eine derart harte Maßnahme diktieren lassen, die ihr Temperament aufs empfindlichste einschränkte. Doch Asch gehorchte sie, übte, wie Lina schrieb, »fortan die Kraft der Selbstbeherrschung, führte wochenlang stets ein Täfelchen bei sich, um auf alle an sie gerichteten Fragen schriftlich zu antworten« und stürzte sich aufs Zeichnen und Malen. An der Staffelei zu sitzen, wurde Jennys Trost bis an ihr Lebensende. Noch als erwachsene Frau ging sie zu Kunstgeschichtsvorlesungen und nahm Unterricht bei dem an der Breslauer Akademie lehrenden Maler Albrecht Bräuer, der auch Lehrer des Im-

Die von dem Breslauer Architekten Carl Ferdinand Langhans erbaute Synagoge »Zum weißen Storch« wurde von Kaufmann Jakob Philipp Silberstein gestiftet.
Die Graphik von Maximilian v. Grossmann entstand um 1830.

pressionisten Eugen Spiro[22] war, und den Gerhart Hauptmann in seinem Drama »Michael Kramer« verewigte.

Linas Trauung übernahm der weithin bekannte liberale Rabbiner Abraham Geiger[23], der zuerst in Frankfurt am Main, dann in Breslau mit verstaubten orthodoxen Riten aufgeräumt hatte und später die jüdische Gemeinde in ganz Deutschland reformieren half. Alle Bauer-Kinder hatten von ihm Religionsunterricht erhalten und liebten ihn. Geiger trug keinen Bart, keine Schläfenlocken und kein Käppchen, sondern schulterlanges Haar wie ein Revolutionär, und man kann sich vorstellen, daß seine Traurede in der schönen, von Carl Ferdinand Langhans 1827 erbauten Synagoge »Zum weißen Storch« an der Wallstraße wesentlich geistvoller ausfiel, als in konventionellen Kreisen üblich.

Bald nach ihrer Hochzeit zogen die jungen Morgensterns nach Berlin. Mutter Fanny und Anna, die noch immer ganz erschöpft von der Trauer um ihre Schwester Clara war, fuhren nach Karlsbad, wo sie öfters von Jenny, aber auch von Lina und Theodor und der hilfreichen Emma besucht wurden. Anna, die in Karlsbad ein Tagebuch zu schreiben begann, machte sich, wie es für sie typisch war, viele Gedanken über Gott und die Natur und natürlich auch über ihre Schwester Lina: »Lina ist ein seltsames Geschöpf! Sie vereinigt Verstand mit Gefühl und Herz, doch ist mir manchmal ihr Betragen Theodor gegenüber rätselhaft. Einerseits bis zum Exzess hingebend, andererseits nie den Augenblick des Zusammenlebens nutzend. Dies ist ein großer Fehler …« Der Aufenthalt in Karlsbad zog sich, unterbrochen von vielen Tagesausflügen in alle Himmelsrichtungen, bis Anfang August hin.

Ausnahmsweise verbrachte Jenny in jenem Jahr ihren Geburtstag nicht unter den Fittichen ihrer Mutter in Karlsbad, sondern mit ihrem Vater in München, und es ist vorstellbar, daß dort zwischen den beiden zu einer entscheidenen Aussprache kam, denn wenige Wochen später notierte Anna in ihr Tagebuch, daß ein Wunder geschah: Am 28. September 1854 »gaben die geliebten Eltern ihrem lieben Pärchen, Jenny und Asch, das der Himmel zusammenfügt, ihren Segen, und es war eine wahrhaft erhebende Szene, als wir im engsten Kreise – die geliebten Geschwister aus Krakau auch noch anwesend – den Doktor als unseren Bruder begrüßten. Nun ist eine Zeit der Freude für das junge Pärchen. Sie sind so glücklich, sich ihr Los selbst erkämpft zu haben.« Und am Freitag, den 17. November 1854 notierte Anna:

Julie Beate Asch geb. Prinz
* 1799 † 22. 7. 1876

Josef Asch
* 1792 † 31. 5. 1857

»Gestern war die förmliche Verlobung von Jenndel und Dr. Asch. Seine Eltern sind aus Schweidnitz hierhergekommen, biedere, brave Leute, noch von altem Schrot und Korn. Der Vater ein heiterer Mann, der nichts als Witze und Anekdoten erzählt, die Mutter eine ernste sinnige Frau, die praktischen Verstand in all ihren Urteilen und Reden verrät.«

Zehn Tage nach der Verlobung schickte Asch seinem »Jenndel« eine kleine Büchse mit folgenden Zeilen:

> Mein geliebtes, herziges Jenndel! Dir einen herzlichen, treuen Morgenkuß und den Wunsch, daß Du recht sanft geruht haben mögest! Sei mir nicht böse, wenn ich Dir beifolgendes kleines Büchschen zur Aufbewahrung von Zündhölzchen mitschicke; die Pappschachtel, die Du bis jetzt auf Deinem Schreibzeug dazu benutzt hast, scheint mir doch viel Feuersgefahr zu involvieren, der ohnehin genug ausgesetzt ist Dein treuer, trockner und darum so leicht entzündlicher
>
> *Sigismund*

27. 11. 1854

Im nächsten Jahr, 1855, folgte bei Bauers ein Fest auf das andere: Am 5. Januar wurde Sigismund Asch dreißig, am 28. Februar heiratete er seine Jenny, und wie zuvor bei Lina übernahm wieder der Rabbiner Abraham Geiger die Trauung. Am 9. April feierte Anna ihren 20. Geburtstag, am 10. Mai brachte Lina in Berlin ihr erstes Kind zur Welt, das nach der im Vorjahr verstorbenen Schwester Clara genannt wurde, am 4. Juli hatte Vater Bauer seinen 55. Geburtstag, am 15. Oktober Fanny ihren 50. und am 25. November Lina ihren 25. Geburtstag. Und das Schönste: Jenny war schwanger, im Januar sollte sie niederkommen.

Im Januar 1856 wurde Jenny entbunden – eine Totgeburt. Niemand in der Familie hat eine Zeile darüber hinterlassen, außer Anna. Sie allein schrieb in ihr Tagebuch von diesem Ereignis, von Jennys »Unwohlsein und Resignation« danach. Aber am 20. Februar 1857 kehrte das Glück zurück. Da konnte Jenny einer Tochter das Leben schenken, Julie Bettina, meist nur Betty gerufen und zweifellos nach Bella Betty Goldschmidt so genannt: meiner Großmutter. Von ihrem Vater hatte sie den unbeugsamen Charakter und die Aufrichtigkeit geerbt und das, was man mit »gesundem Menschenverstand« bezeichnet; von ihrer Mutter das lebhafte Temperament und die Neigung, andere zu dominieren. Im Gegensatz zu Jenny war sie völlig unmusikalisch, dafür galt sie als Genie im Improvisieren auf allen praktischen Gebieten, sie konnte ausgezeichnet kochen und war eine ebenso beliebte wie gefürchtete Schneiderin: beliebt, wenn es darum ging, für den nächsten Maskenball – und deren gab es in dieser Familie viele! – phantasievolle Kostüme zu zaubern; gefürchtet von ihren Kindern, denen sie Kleider und Hosen verpaßte, die farblich nicht harmonierten und mit der gerade herrschenden Mode nicht das Geringste zu tun hatten. Ihre Nähkünste hingen freilich auch mit ihrer Sparsamkeit und Rationalität zusammen, es wurde bei ihr nichts vergeudet, weder Essensreste noch Stoffreste, und was man selbst machen konnte, wurde eben selber gemacht. Sie war von Kind auf tatkräftig in jeder Beziehung, und von ihr stammt der gegen lässige Dienstboten, Kinder und Enkel gerichtete, noch heute von mir verwendete Familienspruch »An die Ramme!« Am 31. Mai 1857 starb Josef Asch, Sigismunds Vater, in Schweidnitz, im Alter von nur 65 Jahren verhältnismäßig früh, wenn man bedenkt, daß die meisten Familienangehörigen – sogar in den Pest- und Hungerzeiten des 16. und 17. Jahrhunderts – das 70. Lebensjahr überschritten.

Am 21. August 1857 konnten Lina und Theodor Morgenstern aus Berlin die Geburt ihres zweiten Kindes melden: Michael Alexander, dessen Leben ich hier kurz skizziere. Er wurde Zahnarzt, ging nach Straßburg, heiratete eine Emma, die jung starb, hatte mit ihr eine Tochter Gertrud, die unvermählt starb; heiratete in zweiter Ehe eine Helene aus elsässischer Bauernfamilie, hatte mit ihr drei Kinder – Lilly, die jung starb, Lotte und Sylvester, die beide nach dem Ersten Weltkrieg die französische Staatsbürgerschaft annahmen und ganz aus dem Familienweltbild rückten – und starb noch zu Lebzeiten seiner Eltern.

Bereits im Jahr darauf, am 19. November 1858 brachte Lina ihr drittes Kind zur Welt, Olga, ein hochbegabtes und schönes Wesen, das zur Freude der Mutter Kindergärtnerin wurde, dann aber in Berlin auf die Schauspielschule ging und es bis zur »Jugendlich-dramatischen Liebhaberin« am Coburger Hoftheater schaffte; später hörte man sie, die auch Erzählungen und gute Gedichte schrieb, als Rezitatorin in Wien; sie heiratete den Politi-

Jenny Asch 1860 mit Tochter Betty (stehend) und Sohn Robert

ker und Schriftsteller Dr. Otto Arendt, der, nachdem er sich evangelisch hatte taufen lassen, zum preußischen Landtags- und Reichstagsabgeordneten aufstieg, als führendes Mitglied der deutschen Freikonservativen Partei, beziehungsweise der Reichspartei, und ein Jahrzehnt lang das »Deutsche Wochenblatt« herausgab.

1858 muß es im Hause Albert Bauers noch ein weiteres Ereignis gegeben haben, dessen genaues Datum wir nicht kennen: die Hochzeit von Tochter Anna mit dem vierzehn Jahre älteren Juristen und Schriftsteller Dr. David Honigmann[24] aus Kempen in Posen. Über und von David Honigmann gibt es so viel Literatur, daß ich hier darüber weiter nichts erwähne. 1859 bekam Anna ihr erstes Kind: Elise.

Und am 10. Dezember 1859 wurde den Bauers wieder ein Enkelkind geboren: Jenny und Sigismund Aschs Sohn Robert, der wie sein Vater Arzt wurde, sich als Gynäkologe einen Namen machte, Käthe L'Arronge heiratete – die Tochter des berühmten Lustspielautors und Mitbegründers des Deutschen Theaters in Berlin Adolph L'Arronge – und mit ihr drei Kinder hatte: Hermann, Erich, Charlotte. Alle überlebten die Nazizeit: Hermann mit seiner Frau Dorothea in den USA; Erich, Filmproduzent, mit deutscher, katholischer Frau, von der er sich einer feurigen Carmen wegen vergeblich zu scheiden trachtete, mit Sohn Peter, der später Zahnarzt wurde, in Frankreich; Charlotte in Dänemark, kinderlos verheiratet mit Walter Dyck, mit dem sie gemeinsam unheilbar dem Morphium verfiel.

Die Enkel machten Fanny und Albert zweifellos nichts als Freude. Jedoch mit Tochter Lina und ihrem kaufmännisch so unglaublich ahnungslosen Ehemann Theodor gab es schwere Sorgen. Theodor war allgemein als besonders gutmütig und arglos bekannt, und als ihn einer seiner »besten Freunde«, der hoch verschuldet war, um eine Bürgschaft bat, übernahm Theo sie unbesehen und verlor am Ende nahezu sein gesamtes Vermögen. Sein »Putz- und Modemagazin« in der Dorotheenstraße 63 ging in Konkurs, sein Geschäftskontor, Schloßfreiheit 1, wurde geschlossen. Zuhause drei Kinder, die Miete der geräumigen Wohnung in der Behrensstraße nahe dem Schloß nicht mehr zu bezahlen. Nun wurde Lina aktiv. Sie suchte sofort eine kleinere, billigere Wohnung und fand sie in Sparwaldshof, einer heute nicht mehr auffindbaren Berliner Gegend. Es war – wie Linas Erstgeborene Clara sich später erinnerte – eine trostlose Sackgasse, die, hinter dem Spittelmarkt gelegen, an der Rückwand einer Kaserne endete. Hier in Sparwaldshof, wo die Feuerwehr und die Möbelwagen der Spediteure ihre Depots hatten, stürzte sich Lina in die Arbeit, ein bereits begonnenes Märchenbuch für Kinder zu Ende zu schreiben, in der Hoffnung, damit Geld zu verdienen. Das Buch erschien noch vor Jahresende unter dem Titel »Das Bienenkäthchen« und hatte einen unerwarteten Erfolg. Der wurde für Lina zum Ansporn. Sie schrieb weiter. Neben Haushalt, Kindern und Schreibtischarbeit widmete sie sich aber noch dem Studium der »Kleinkindererziehung nach Fröbel«[25] und wurde Mitbegründerin des »Frauenvereins zur Beförderung und Einführung der Kindergärten«. Ob Vater Bauer seinem Schwiegersohn Morgenstern damals finanziell unter die Arme griff, wissen wir nicht. Gewiß ist nur, daß bei späteren Pleiten Theodors – und es sollte davon noch mehrere geben – die Familienmitglieder nur zögernd einsprangen, vielleicht weil sie inzwischen zu genau über Theos Talent Bescheid wußten.

Während Anna 1860 einem Sohn, Paul, das Leben schenkte, kam Lina kaum noch von ihrem Schreibtisch weg. Theodor sorgte derweil für den Haushalt und – für ein viertes Kind: 1861 brachte Lina ihre Tochter Martha zur Welt, ein zartes Mädchen, das eine Laufbahn als Malerin begann, aber bereits mit 26 Jahren an Tuberkulose starb. Über die Tuberkulose schrieb einmal Sigismund Asch an seine Braut Jenny, daß sie zu der »fürchterlichsten Geißel des Menschengeschlechts«[26] gehöre und mehr Opfer fordere als gelbes Fieber und Cholera, eine Krankheit, die alle Jahre wieder die Breslauer in schrecklichster Weise heimsuchte.

Im Hause Morgenstern schien sich mit Marthas Geburt vieles zu bessern. Theodor konnte in der Sparwaldstraße 15 ein »Commissions- und Agenturgeschäft« eröffnen; Lina wurde zur ersten Vorsitzenden des »Frauenvereins zur Beförderung und Einführung der Kindergärten« gewählt und veröffentlichte die Ernte eines harten Arbeitsjahres, drei Bücher: das Kinderbuch »Die Storchenstraße. Hundert Bilder aus der Kindheit in Erzählungen und Liedern für erzählende Mütter, Kindergärtnerinnen und kleine Leser«; das Sachbuch »Das Paradies der Kindheit durch Spiel, Gesang und Beschäftigung. Ein praktisches Handbuch mit Anleitungen für die Spielanwendung«, ein Werk das bis heute (!) als erstes praktisches Handbuch für Erziehende gilt; und schließlich, gemeinsam mit dem polnisch sprechenden Theodor, »Die neuesten Nationallieder Polens«, zweisprachig. Der »Storchenstraße« hatte Lina ein langes Gedicht, eine Widmung an ihre Eltern vorangestellt, dessen letzte Strophe lautet:

> Und sitz ich jetzt im Kreise meiner Kinder,
> Erzähl ich gern von jener alten Zeit,
> Die Himmelsaugen lächeln mir so selig,
> Mal ich ein Bild, das mich als Kind erfreut!
> Und was den Kleinen ich zur Lust ersonnen,
> Die hundert Bilder aus der Kinderwelt,
> Nehmt, teure Eltern, sie als meine Spende,
> Ich bin beglückt, wenn sie Euch wohl gefällt!

Wohlgefallen, zumal bei Fanny, erweckte damals Jenny, die sich zunehmend mit der Fröbelschen Kindererziehung befaßte. Bereits 1850 hatte es in Breslau den ersten Kindergarten gegeben, der allerdings bald darauf geschlossen werden mußte, weil in Preußen die Kindergärten verboten wurden. Doch sofort nach der mühsam erkämpften Aufhebung dieses Verbots, 1861, gründete Jenny gemeinsam mit den Damen Helena Ronge, Rosa Hoffrichter und Emma Lasswitz in Breslau wieder einen Kindergarten; dann einen Kindergarten-Verein, um Kindergärtnerinnen in ein- bis anderthalbjährigen Seminaren auszubilden.

Inzwischen war Bruder Wilhelm in Berlin fest im Geschäft: Möbel, Spiegel, Polsterwaren. Seine Firma hatte sich einen guten Namen gemacht, so daß Wilhelm, derweil 36 Jahre, daran denken konnte, einen eigenen Hausstand zu gründen. Am 27. November 1862 heiratete er die uns allen weitgehend unbekannte Helene Falk, die gelegentlich in Sigismund Aschs Briefen als eine wenig erfreuliche, geldgierige Person auftaucht, »ein gesellschaftliches Hindernis«[27]. Ob zu Wilhelms Hochzeit die Breslauer Verwandten nach Berlin fuhren, wissen wir nicht. Aber Lina war sicher dabei und durfte ihr gerade erschienenes Märchenbuch präsentieren: »In der Dämmerung. Märchen für junge Herzen«.

Zweifellos stammten die meisten Ideen zu Linas Kinder- und Sachbüchern letztlich von ihrer uns alle weit überragenden Mutter Fanny, die nicht nur immer neue Geschichten für ihre Kinder erfunden, sondern auch nie aufgehört hatte, ihre Töchter mit sozialen Problemen zu konfrontieren und sie zu interessieren für ein leidenschaftliches Engagement in dem, was man gemeinhin mit »tätiger Nächstenliebe« bezeichnet. Hat Fanny ihre Kinder auch dazu angehalten, fromm zu sein im streng traditionellen Sinn? Das ist kaum anzunehmen, sonst hätte sie ihren Kindern nicht von dem fortschrittlichsten aller Rabbiner, Abraham Geiger, Religionsunterricht erteilen lassen. Also kein Wunder, wenn Lina in Berlin Freundschaft mit Immanuel Heinrich Ritter schloß, dem führenden Kopf der »Jüdischen Reformgemeinde«, dessen »Kanzelvorträge aus dem Gotteshaus der jüdischen Reformgemeinde«

Dr. med. Sigismund Asch, Stadtverordneter, 1863

bei ihrem Erscheinen 1856 Aufsehen erregten. In Gemeinschaftsarbeit mit Ritter hat Lina dann 1863 ein zweibändiges »Buch zur häuslichen Erbauung für die reifere israelitische Jugend« herausgegeben: »Glaube, Andacht und Pflicht«.

Im gleichen Jahr, 1863, wurden den alten Bauers gleich zwei neue Enkelkinder beschert: am 2. Mai von Tochter Anna ein Sohn, Georg; am 27. Oktober von Schwiegertochter Helene in Berlin ein Mädchen: Clara. Und Sigismund Asch stieg zum Stadtverordneten auf, ein Mandat, das er sechzehn Jahre lang innehatte und in dem er der Stadt Breslau zu bahnbrechenden Neuerungen auf vielen Gebieten verhalf. Bereits 1864 setzte er die Kanalisation und Wassersanierung durch; er ließ die vielen offenen Kanälchen in den Gassen der Altstadt und den Ohlefluß, in den alle Abwässer flossen und der in fast jedem Jahr, wenn die Oder Hochwasser führte, eine Typhusepidemie hervorrief, zuschütten; er ordnete die obligatorische Fleischbeschau an; er verlangte größere, hellere und besser zu lüftende Klassenzimmer in den Schulen. Und zuhause, seiner Jenny gegenüber, sagte er, daß es eine Schweinerei sei, wenn Männer immer nur die Hemdkragen, nicht aber ebenso oft die Hemden wechseln würden und ließ sich von der Weißnäherin Hemden mit angenähten Kragen schneidern. Nicht genug mit dieser Hygiene: Was sollte mit den Verarmten und Stadtstreichern geschehen? Asch wurde Mitbegründer des Asyls für Obdachlose.

Stets fand er neue Wege, brachte er hilfreiche Ideen mit, man brauchte ihn, man berief ihn ins Kollegium des Städtischen Hospitals, ins Kuratorium der Fränkelschen Paulinenstiftung, und das Katholische Waisenhaus Sankt Hedwig wählte ihn zu seinem Hausarzt, eine Stellung, die er bis an sein Lebensende ausfüllte. Dieses Jahr, 1864, bedeutete für Asch einen Aufschwung und sehr viel Arbeit.

Arbeit und Grund zum Glücklichsein hatte auch Lina, denn von ihr war wieder ein Buch erschienen: »Das Leben Galileo Galileis«, ein Thema, das ihr wahrscheinlich Mutter Fanny nahegebracht und mit dem sich Lina seit ihrer Jungmädchenzeit beschäftigt hatte. Natürlich brütete sie bereits über ihrem nächsten Opus, das dann 1865 herauskam: »Die kleinen Menschen. 101 Geschichten und Lieder aus der Kinderwelt für kleine Leser, erzählende Mütter, für das Alter von 6–11 Jahren«. Doch es gab auch noch ein neues Sachbuch von ihr: »Das Paradies der Kindheit nach Friedrich Fröbels Grundsätzen«, ein »Handbuch für den Selbstunterricht und zur Benutzung in den Fröbelschen Bildungsinstituten«. Was konnte Lina in ihrem Tatendrang hemmen? Etwa daß sie schon wieder schwanger war? Nichts. »Arbeit erhebt den Menschen zum Ebenbild Gottes«, schrieb sie einmal, »dessen Dasein sich nur durch Schöpfungen und Werke kund tut«[28]. So gründete sie, unterstützt von gleichgesinnten Damen, den »Allgemeinen Deutschen Frauenverein«, in dem sie als Vorstandsmitglied sich fortan in zahllosen Versammlungen für die neue Frauenbewegung einsetzte, zumal für das Recht der Frauen auf freie Berufswahl. Warum durften Frauen nicht Medizin studieren? Nur weil die Männer behaupteten, sie seien »weder körperlich noch geistig dazu befähigt«? Waren Frauen nur zum Kinderkriegen da? Lina jedenfalls brachte das Kinderkriegen ganz selbstverständlich neben Haus-, Schreib- und Verbandsarbeit fertig. Am 1. November 1865 schenkte sie ihrem Sohn Alfred das Leben, dem Schlußlicht seiner Geschwister.

Der kurze »Deutsche Krieg« des Jahres 1866, in dem die Österreicher durch die Preußen am 3. Juli bei Königgrätz in Böhmen eine entscheidende Niederlage erlitten, forderte neben zahllosen Toten auch zahllose Verwundete und folglich schnell einzurichtende Lazarette. In Breslau wurde umgehend in der Kürassierkaserne ein Lazarett mit 600 Betten untergebracht und Sigismund Asch, der bei Prof. Klose eine hervorragende chirurgische Ausbildung genossen hatte, zum Chefarzt über 30 Ärzte berufen. Sein Können und sein unermüdlicher Einsatz waren das Stadtgespräch, zumal nachdem er während der Choleraepidemie jenes Jahres »einmal nachweislich 48 Stunden lang ohne Unterbrechung ärztliche Praxis ausgeübt« hatte, »sein Leben dabei tausendfältig in die Schanze schlagend«[29]. Aber den Orden, mit dem man ihn für das, was er für selbstverständliche Pflicht hielt, auszeichnen wollte, lehnte er höflich ab.

Der nächste Ruf kam von der »Schlesischen Gesellschaft für vaterländische Kultur«, die Asch bat, die Leitung der »Medizinischen Sektion« zu übernehmen. Jetzt ging es vom Operationstisch zum Schreibtisch, von der Krankenvisite zum Ärztekonsilium – kaum noch nach Hause. Doch trotz aller Arbeit fand Asch die Zeit, seiner Jenny zu ihrem 41. Geburtstag in seiner hinreißend schönen Handschrift ein paar Zeilen zu widmen, die, obwohl sie sicher auf das Wesen Jenny gemünzt waren, Allgemeingültigkeit haben:

> Nichts ist gefährlicher, als die Empfindungen allein Herr über uns werden zu lassen, wenn wir mitten hinein in den Kampf und das Getriebe des Lebens gestellt sind – nichts! Diese Empfindungen wollen uns nur der begleitende Wegweiser sein auf den Wegen des realen Lebens, mit dessen konkreten Faktoren wir arbeiten und rechnen und uns abfinden müssen, um auch unsererseits zu dem großen Kulturzweck, die Menschheit – und in ihr uns selbst – frei zu machen, beizutragen. Darum aber soll uns auch nicht

die Misere des Lebens allein und ausschließlich beherrschen, und darum ist es gut, zeitweis über sie hinaus unsere Blicke auf die Gebilde und Erzeugnisse der Kunst und des Genies zu werfen und so in uns selbst das Gleichgewicht herzustellen zwischen dem Realen und dem Ideellen.

Nur wenige Wochen nach ihrem 41. Geburtstag bekam Jenny ihr drittes Kind, Antonie, Toni gerufen. Es war der zweite Tag nach Kriegsende, der 25. August 1866. Aber auch in Berlin bei Wilhelm und Helene Bauer hatte es wieder Nachwuchs gegeben. Am 9. August 1866 begrüßte man dort den Stammhalter Felix.

Schon vor Beginn des Krieges, den die Militärs ja bereits vorbereiteten, machte sich in den Städten ein enormer Versorgungsmangel bemerkbar und die Preise stiegen mit jedem Tag. Zwar wurden von der Regierung Notstandsküchen eingerichtet, in denen man sich unentgeltlich einen Napf Suppe holen konnte, aber für viele Bürger, vor allem für die schlechtbesoldeten Lehrer und kleinen Beamten, bedeutete es eine Demütigung, sich auf offener Straße in die Schlange der Almosenempfänger einzureihen – ein Grund für Lina Morgenstern, mit einer neuen Idee einzugreifen. Doch dafür brauchte sie Geld. Also beschloß sie, durch Gründung eines Vereins Beitragsgelder zu sammeln, um damit in allen Stadtteilen Berlins Volksküchen einzurichten, in denen Mahlzeiten zum Selbstkostenpreis abgegeben werden sollten, so nahrhaft und wohlschmeckend, wie das die einzelne Hausfrau nicht bewerkstelligen konnte.

Mit dem »Aufruf zur Begründung von Volksküchen«, an die »Mitbürger Berlins!« gerichtet, eilte sie am 1. Juni 1866 zum Chefredakteur der »Vossischen Zeitung«, Dr. Otto Lindner, der ihr erklärte, daß ein solcher Aufruf nur dann etwas bewirken könne, wenn die Unterschriften bedeutender Persönlichkeiten darunter stünden. Also stürmte Lina los und hatte nach drei Tagen die gewünschten Unterschriften beisammen; die wichtigsten, neben Twesten und Duncker[30], stammten von Dr. Max Ring[31], einem weitläufigen Verwandten, von Eugen Richter[32], einem politischen Weggenossen Sigismund Aschs, und von Rudolf Virchow[33], der 1848 mit Asch für die Rechte des Volkes gekämpft hatte und nun Lina beschwor, »so energisch und schnell als möglich vorzugehen«. Um so etwas brauchte man Lina nicht erst zu bitten.

*Lina Morgenstern
25. November 1830
–16. Dezember
1909*

Bereits am 6. Juni erschien Virchow mit einigen anderen maßgebenden Herren zu einer Lagebesprechung in der Morgensternschen Wohnung, Leipziger Straße 73, und zwei Tage später stand Linas Appell – wahrscheinlich von Max Ring formuliert – in der Vossischen Zeitung und erhielt ein überwältigendes Echo. Jetzt konnte sie, da sie sich von vielen Seiten spontan unterstützt sah, ihren »Verein der Berliner Volksküchen« gründen. Der Vereinsvorstand, der das Werk aufbauen half, bestand anfangs nur aus drei Personen. Neben Lina: Theodor und eine Freundin. Mit diesen beiden organisierte sie in kürzester Zeit alles, was notwendig war: Kochherde, Kessel, Geschirr, Holz und Kohlen, Köchinnen, Lagerräume für Lebensmittel und natürlich die Räume – große Keller oder ausgediente Fabrikhallen – in denen das Essen an einem Schalter ausgegeben und an einfachen langen Tischen eingenommen werden sollte. Bald kamen freiwillige Helferinnen, sogenannte »Ehrendamen«, hinzu, und nach kaum einem Monat konnten drei Volksküchen ihre Tore öffnen, und in jeder von ih-

Volksküche

nen wurden täglich bis zu neunhundert Personen zum Preis von zwei Silbergroschen (später 25 Pfennig) pro Mahlzeit verköstigt.

Der Erfolg war durchschlagend. In wenigen Monaten entstanden in Berlin vierzehn Volksküchen, in denen nur das Küchenpersonal, ein Buchhalter, ein Schatzmeister und der kaufmännische Leiter entlohnt wurden. Alle anderen – Mitglieder des Vereins – arbeiteten unentgeltlich, jedoch streng nach Linas Stundenplan.

In dieser Zeit wurde Lina Morgenstern für manchen Hausbesitzer zum wahren Schrecken, denn sie war rastlos im Aufspüren möglicher Lokale für neue Volksküchen, und ihre Verhandlungstaktik, mit der sie die Hausbesitzer zur mietfreien Überlassung der anvisierten Räumlichkeiten brachte, war bekannt. Man konnte sich ihrem Ruf nach Mitmenschlichkeit schlecht entziehen. Längst wußte Lina über den Nährwert einzelner Lebensmittel genau Bescheid. So war es für sie selbstverständlich, daß die Mahlzeiten, die sie ausgab, nach ihrem Nährwert zusammengestellt wurden. Es wurden nur ausgesucht gute Lebensmittel verwendet, die man möglichst zu Großmarktpreisen besorgte. Aufsichtsdamen achteten nicht nur auf einen guten Umgangston bei den Speisenden, sondern auch auf peinliche Sauberkeit beim Kochen. Da der Speisezettel mehr als fünfzig verschiedene Gerichte umfaßte, konnte man innerhalb von drei Wochen täglich ein anderes

Gericht anbieten. Jede Portion bestand aus einem Liter gekochtem Gemüse und drei Stücken Fleisch von insgesamt 75 Gramm, eine Quantität und Qualität, die sich arme Leute zu diesem Preis nicht beschaffen konnten.

Die Speiseräume waren äußerst einfach: Holztische und Bänke, eine Kasse neben dem Eingang, wo man die Essensmarken kaufte, die man an einer Durchreiche zur Küche dann gegen die Mahlzeit eintauschte. Der einzige Schmuck bestand aus Sinnsprüchen an den Wänden, wie: »Arbeit, Mäßigkeit und Ruh, schließt dem Arzt die Türe zu«. Oder: »Mit Gott begonnen, ist schon gewonnen«. Um auch die Wohlhabenden hier zur Kasse zu bitten, wurde ihnen nahegelegt, einen Vorrat an Essensmarken zu kaufen, um sie anstelle von Bargeld den Bettlern, die an die Haustüren kamen, zu geben. Erzieherisches, Praktisches, Caritatives gehörte für Lina immer dazu; Vergeudung war in jeder Beziehung undenkbar. So wurden die Küchenabfälle als Schweinefutter abgegeben; Knochen wurden zu Seife gekocht, um die Küchen damit zu putzen; und aus dem Niederschlag des Kartoffelmehls in den Kochtöpfen wurde Stärke gewonnen, die man für die Soßen verwendete oder zum Stärken der Schürzen.

Den Adel hatte der Krieg nicht ärmer gemacht. Viele Schlösser wurden jetzt renoviert, erweitert, verschönt oder neu gebaut, und immer fand man – so auch der Kronprinz von Preußen – bei Albert und Wilhelm Bauer just jene Ausstattung, die man wünschte, echte Antiquitäten und modisches Zubehör, Tapisserien, Kronleuchter, Teppiche und die sogenannten Galanteriewaren, kleine Dosen, Tafelaufsätze, Vasen und überflüssigen Schnickschnack. Im Berliner Adressbuch von 1868 dürfen die »Gebrüder Bauer« sich Hoflieferanten nennen und melden, daß sie über ein »Atelier für vollständige Wohnungs- und Schloßeinrichtungen« verfügen, inklusive einer eigenen Parkettfabrik. Die Geschäfte der Bauers florierten, sowohl in Breslau wie in Berlin.

Lina schuftete in ihren Volksküchen, erfand immer neue Kochrezepte, ließ von Theo die preisgünstigsten Lebensmittel herbeischaffen, organisierte, plante und schrieb an einem neuen Buch. Die Anerkennung ihrer Arbeit durch das preußische Königshaus blieb nicht aus; immer wieder erschien Königin Augusta in den Volksküchen, und als Lina eine Broschüre über »Die Entstehung der Volksküchen« veröffentlichte, kaufte die Königin 25 Exemplare, um sie zu erhöhtem Preis weiterzuverkaufen und Lina die Summe zu geben. Freilich steckte Lina diese Summe nicht in die Kochtöpfe, sondern in ihre nächste Gründung: eine »Krankenkasse für das Personal der Volksküchen«. Damit kam sie der ersten deutschen Krankenkasse um 15 Jahre zuvor! Jeder Erkrankte erhielt aus der Kasse vier Wochen lang sein volles Gehalt, ärztliche Pflege, in besonderen Fällen wurde er ins Krankenhaus geschickt. Auch diese Initiative der Lina imponierte bei Hofe und wurde honoriert: Königin Augusta übernahm das Protektorat über den Volksküchen-Verein und schenkte damit Lina Zeit für eine neue Aufgabe.

Schon lange war Lina aufgefallen, daß bei den armen Leuten und den unehelichen Müttern viel mehr Kinder in den ersten Lebenstagen starben als bei bessergestellten. Das konnte nicht nur an mangelnder Hygiene oder an der Unterernährung der häufig tuberkulösen Mütter liegen. Das war oft eine Frage der Moral. Viele Säuglinge wurden einfach ausgesetzt, viele starben durch gezielte Vernachlässigung, wobei manche Hebammen mithalfen: Man nannte sie euphemistisch die »Engelmacherinnen«. Damit sollte jetzt Schluß sein. So gründete Lina Morgenstern 1868 den »Kinderschutz-Verein«. Mit Hilfe der Beitragsgelder wurden

Säuglings- und Kinderheime geschaffen, die nicht den üblichen Findelhäusern glichen, in denen die Kinder mutterlos aufwuchsen. Lina wollte etwas anderes erreichen: Durch moralische und materielle Unterstützung sollten die Mütter dahin gebracht werden, in Zukunft für ihre Kinder selber zu sorgen. Linas Erfolg war ihr einziger Lohn.

Angesteckt von Linas unermüdlichem Gründungseifer und unterstützt von ihrer Mutter, begann nun auch Jenny in Breslau

für die Einrichtung von Volksküchen zu sorgen und fügte, weil sie offenbar noch nicht ausgelastet war, ihrem Kindergärtnerinnen-Seminar ein weiteres hinzu: zur Ausbildung von Kinderpflegerinnen.

Sigismund Asch hingegen legte eine Arbeitspause ein. Anfang Juni 1867 schickte er Jenny mit den Kindern nach Bad Reinerz in die Sommerfrische zum Baden und Molke- bzw. Brunnentrinken, eine Unternehmung, die gegenüber heutigen Ferienreisen gigantisch erscheint: Drei Zentner Frachtgut wurden mitgeschickt,- darin war alles verstaut, was man in den nächsten Wochen an Wäsche und Kleidern brauchte, samt den Schulbüchern für die Kinder, einer Petroleumlampe, einigen Kochtöpfen zur Selbstversorgung, einem Tablett, Spielsachen, Schreibzeug und Jennys Zei-

Heinrich Simon (Aufnahme Geheimes Staatsarchiv Preußischer Kulturbesitz, G. Schwarzkopf, aus: Friedrich Steinmann: Geschichte der Revolution in Preußen, Berlin 1849)

chenutensilien. Die großen Körbe, in denen diese Habseligkeiten transportiert wurden, haben Generationen überlebt, so stabil waren sie. Ich habe sie als Kind noch bewundert – da waren sie bis zum Rand gefüllt mit den Theaterkostümen meiner Mutter. Auch eine Kinderfrau begleitete die Familie nach Reinerz, wobei allerdings unklar bleibt, ob man sie von Breslau mitnahm oder erst in Reinerz engagierte.

Sigismund Asch fuhr derweil allein nach Bad Ragaz in die Schweiz. Hier wollte er sich nicht bloß erholen, sondern auch in Gedanken und auf Wanderwegen einer alten Freundschaft aus revolutionären Tagen nachgehen, seiner Verbundenheit mit dem liberalen Politiker Heinrich Simon[34]. Genau wie Asch war auch der Breslauer Simon 1848 wegen Majestätsbeleidigung angeklagt worden, doch gelang es ihm, in die Schweiz zu entkommen, wo er am 18. August 1860 im Walensee ertrank.

Seinem Freund Asch hatte er einst ein seltsam magisch wirkendes Geschenk gemacht: vier gletscherblasse, opalisierende Glaskugeln in der Größe von Aprikosen, zu einer Pyramide aufeinandergesetzt, miteinander verschmolzen – ein leicht erscheinender, doch tatsächlich gewichtiger Briefbeschwerer, den ich als Kind bei der Schwester meiner Mutter, Eleonore Colden, die ihn geerbt hatte, bestaunte. Natürlich fuhr Asch von Ragaz an den nahegelegenen Walensee, und dort, im Gasthof Zum Kreuz in Murg, entdeckte er zwei Eintragungen im Gästebuch, die er bemerkenswert fand, so daß er sie abschrieb:

An H. Simon

Fühlst du vielleicht noch Deutschlands Wunden?
Schläfst du so fest im Wallensee?
Wohl dir, daß du den Tod gefunden,
dir bleibt erspart ein größres Weh.
Der Bruderkampf beginnt zu schwellen.
Deutschland an Freiheit ganz verarmt!
Wohl dir, daß mitleidsvoll die Wellen
des Kämpfers zeitig sich erbarmt.
S. Meyer, Aug. 1866

Ward dir ein Lohn auch immer deines Strebens
für deutsche Größe und für deutsches Recht,
du brachtest gern das Opfer deines Lebens
voll Hoffnung für das künftige Geschlecht.
Wohl deiner Seele, daß sie Ruh gefunden
von dieses Tages großem Schmerz,
wo eines Bruderkrieges blut'ge Wunden
zerreißen deines Deutschlands armes Herz.
Frau Schweizer

»Deutschlands armes Herz« – wieviel muß es Sigismund Asch bedeutet haben! Sein politisches Interesse war nach wie vor sehr lebendig; er muß auch in jener Zeit wieder bei öffentlichen Anlässen Reden gehalten haben, die anschließend in den Tageszeitungen erschienen. Jedenfalls erwähnt Jenny in einem ihrer Briefe, daß sie in Bad Reinerz das Lesekabinett aufsuchen wolle, um Aschs letzte Rede dort zu finden: »Obwohl ich mich im Voraus ärgere, Deine Reden immer so im Referat gekürzt zu sehen! Vielleicht diesmal nicht.«

Jenny Asch mit Betty, Robert und Toni (auf dem Schoß) 1867

Bei Honigmanns hatte es fünf Jahre lang keinen Nachwuchs mehr gegeben. Endlich, am 13. März 1868, wurde von Anna wieder ein Sohn geboren, Emil, von dem ich nur weiß, daß er kein Akademiker wurde – eine Seltenheit in dieser Familie – und eine Lina Wipperhausen heiratete, die bei Cäcilie, Annas Schwester in Wien, Gesellschafterin war.

Im gleichen Jahr, 1868, konnte Lina Morgenstern wieder ein Sachbuch veröffentlichen: »Die Berliner Volksküchen, eine kulturhistorisch statistische Darstellung nebst Organisationsplan«, ein Buch, das in vielen Städten die Gründung von Volksküchen zur Folge hatte, nicht nur in Deutschland (Hamburg, Hannover), sondern auch im Ausland, unter anderen in Warschau, Posen, Lemberg, Pest, Stockholm und Wien, wo natürlich Cäcilie voll im Einsatz war.

1869 brachte Lina dann gleich drei Bücher auf den Markt: »Blütenleben«, eine Novelle, »Liebe und Leid«, eine »Novelle nach dem Leben. Für die weibliche Jugend« und drei Erzählungen »Aus dem Volksleben«. Darüber hinaus setzte sie auch noch die Gründung der »Akademie zur Fortbildung junger Frauen und Mädchen in Wissenschaften« durch. Seit Jahren war ihr aufgefallen, daß Frauen durch den frühen Tod ihrer Ehemänner plötzlich in finanzielle Not gerieten, aber kein Geld zu verdienen wußten, denn sie hatten ja nie etwas gelernt. Das sollte sich ändern. Nicht nur sollten junge Mädchen vor ihrer Heirat alles lernen, was mit Haushalt und Kindererziehung zu tun hatte, sondern sie sollten auch ihren Bildungshorizont erweitern. Linas Akademie, die über viele Jahre bestand, bot so ziemlich alles, was sich denken läßt, angefangen von Haushaltskunde über Einführungskurse zum Studium der Naturwissenschaften (Chemie, Physik, Botanik), Anthropologie, Kunstanschauung (Zeichnen und Kolorieren) bis zu Lehrgängen in Englisch und Französisch, Gymnastik und Stenografie. Lina selbst unterrichtete in fünf Fächern: Kindespflege, Erziehungslehre, Geschichte der Pädagogik, Wirtschaftslehre und Buchführung. Jeder Kurs dauerte ein Jahr und kostete monatlich 5 Taler für 18–24 Wochenstunden. Wer wollte, konnte dazu Linas neueste Broschüre lesen: »Der Beruf des Weibes«.

Spurlos ging 1869 der 70. Geburtstag von Sigismunds Mutter Beate vorüber. Doch vom 64. Geburtstag der Urmutter Fanny blieb ein von David Honigmann verfaßtes Gedicht erhalten, das seine zehnjährige Tochter Elise zur Feier des Tages vorzutragen hatte und das die ganze Liebe und Verehrung, die man Fanny Bauer entgegenbrachte, dokumentiert:

Zum 15. Oktober 1869, dem Geburtstage der Großmutter

Wie rasch hat sich der grüne Wald entlaubt,
daß windbewegt die nackten Wipfel schwanken,
die Flur ist fast des Blumenschmucks beraubt
und schauert schon in trüben Herbstgedanken.

Doch eh des Sommers Glanz entschwinden mag,
verklärt er gern mit liebeswarmen Blicken
noch einen schönen kurzen Erdentag,
denn selbst im Scheiden will er uns beglücken!

Und dieser Tag ist seines Glanzes wert,
ein hohes Gut hat er uns einst beschieden,
Dich, Teuerste, von allen hochverehrt,
bracht' er zum Segen in die Welt hienieden.

Denn wo du wandelst, weht ein frischer Hauch
des Geistes und der tatenreichen Liebe,
und wo Du waltest, regen gleich sich auch
zu neuem Schaffen kraftvoll junge Triebe.

So lebe fort, ein hohes Musterbild,
zu dem empor, gleich einem Stern, wir schauen,
der unsren Pfad mit mildem Licht erfüllt,
und dem wir auch in dunkler Nacht vertrauen.

So lebe fort, und wie Dein Morgen war
so heiter bleib's um Dich im Abendglanze,
indess sich freudvoll reihet Jahr auf Jahr
als neue Blüt' in Deinem Lebenskranze!

Eine neue Freude für Fanny gab es bereits sechs Wochen darauf, als ihre Tochter Anna Honigmann ihr fünftes und letztes Kind bekam: Franz. Er war wohl der begabteste aller Honigmannsöhne, wurde Arzt, Chirurg und Autor mehrerer Bücher und stellte in selbstlosester Weise sein Leben in den Dienst am Kranken, bis er 1942 als Zweiundsiebzigjähriger mit seiner Frau Käthe, einer geborenen Weigert, von den Nazis aus dem ihm zugewiesenen »Judenhaus« in Breslau abtransportiert wurde ins Lager Theresienstadt. Er hatte noch rechtzeitig das Affidavit, das ihm und seiner Frau die Ausreise aus Deutschland ermöglichen sollte, seiner Tochter Toni und deren Mann, dem Literarhistoriker Dr. Werner Milch, übertragen, um sie vor dem Vernichtungslager zu retten. So haben diese beiden überlebt und ein Leben lang unter diesem Geschenk gelitten.

Das Jahr 1870, in dem Frankreich am 19. Juli Preußen den Krieg erklärte, gehört in diesem Familienbuch einzig Lina Morgenstern. Dieses Jahr forderte Linas ganzen Einsatz und begründete ihren späteren Ruhm. Denn nun mußten für die an die Front ziehenden Truppen auf den Bahnhöfen Versorgungsplätze eingerichtet werden, und eine solche Aufgabe wurde vom preußischen Königshaus niemand anderem übertragen als Lina Morgenstern. Sie verfügte ja nicht nur über große Erfahrung in Massenspeisungen, sie war auch, wie man wußte, besonders schnell im Durchführen schwieriger Pläne.

Tatsächlich gelang es ihr, innerhalb von drei Tagen auf zwei Berliner Bahnhöfen – dem Ost- und dem Niederschlesischen Bahnhof – die nötigen Räume für die Küche, Speisehallen und Proviantlager zu organisieren – auch für die Marschverpflegung der Truppen hatte sie zu sorgen – und sie schaffte Unmengen von Lebensmitteln heran, damit keine Versorgungslücke auftreten konnte. Sie trommelte das Küchenpersonal herbei und mittels eines Zeitungsaufrufes genügend Frauen und Mädchen, die unter ihrem Kommando mithalfen. Die Küchen arbeiteten im Schichtdienst von zwei Uhr nachts bis zur nächsten Mitternacht. Stunde um Stunde ratterten die Militärzüge durch die Stadt, und in jedem Zug saßen 500 bis 1000 Soldaten, die hier eine warme Mahlzeit und ihren Proviant erhielten.

Natürlich wollte das Königspaar eigenäugig Linas Leistung begutachten, und so erschien es nach kürzester Anmeldung am 2. August 1870 auf dem Bahnhof. »Leutselig unterhielt sich König Wilhelm mit den Soldaten, kostete von den Speisen, verschmähte auch nicht ein Seidel Bier anzunehmen«, lobte die gute Verpflegung der Truppen und gratulierte Lina, »daß Sie den Tag erlebt haben, an dem das Prinzip Ihrer Volksküchen eine so hohe Bedeutung gewonnen hat«[35].

Zwei Wochen dauerte der Durchzug der Truppen, und in diesen zwei Wochen kam Lina kaum aus den Kleidern, geschweige denn zu ihrer Familie. Sie war eine echte Patriotin: Als eines

Heinrich Bergius, Vater von Friedrich Bergius, als Einjährig-Freiwilliger (Krieg 70/71) So sahen die deutschen Helden aus, die Lina Morgenstern mit Proviant versorgte, ehe sie nach Frankreich in den Krieg zogen. Der Sohn dieses Soldaten, Friedrich Bergius (Nobelpreisträger für Chemie 1931), heiratete Margarete Sachs, eine Cousine 2. Grades meiner Mutter.

Nachts ein Bataillon Landwehr eintraf, ältere Familienväter, verzagt und bekümmert, ob sie je ihre Heimat wiedersehen würden – da sprach Lina den Männern Mut zu und prophezeite die Gefangennahme Napoleons. Als sie erfuhr, daß viele Soldaten den Wunsch hatten, noch einmal nach Hause zu schreiben, überredete sie den Oberpostdirektor, 50 000 Feldpostkarten zu spendieren und richtete einen Feldpostschalter ein. Da aber manche Soldaten des Schreibens unkundig waren, rief sie ihre »Ehrendamen« herbei, die für die Analphabeten dann, wie sie sagte: »Sekretärdienste leisteten«. Woran sie nicht dachte! Zum Beispiel dachte sie daran, daß eines Tages auf diesen Bahnhöfen Hunderte von Verwundeten eintreffen würden – eine Vorstellung, die in den Köpfen der Kriegsherren offenbar nicht existierte, denn es wurde diesbezüglich nicht die geringste Vorsorge getroffen.

Vier Tage nachdem der letzte Transport an die Front abgedampft war, rollte der erste Zug mit Verwundeten ein. Nichts und niemand war darauf vorbereitet. Es gab keinen Arzt, keinen Sanitäter, keinen Raum für erste Hilfe, kein Verbandsmaterial, keine Krankenwagen, um die Schwerstversehrten in die Krankenhäuser zu bringen. Die Lage war alarmierend. Allerdings nicht für die Behörden, die sich nicht rührten, sondern für Lina und ihre Mitarbeiterinnen. Aus eigener Tasche bezahlten sie, was sie an Verbandszeug schleunigst aus den Apotheken holen mußten. Da sich aber viele Helferinnen außerstande fühlten, bei den verstümmelten Kriegern Samariterdienste zu leisten, war Lina weitgehend auf sich selbst und einige beherzte Frauen angewiesen. Sie wechselten die Notverbände, wuschen und fütterten die Verletzten und bestimmten schließlich, wer ins Krankenaus mußte und wer nach Hause fahren konnte.

Doch woher sollten die Männer das Fahrgeld nehmen, das Geld für den Reiseproviant – sie hatten ja, wie sich herausstellte, ihren letzten Sold nicht erhalten! Sofort veranstaltete Lina eine Sammlung unter ihren Mitarbeitern und den Reisenden auf dem Bahnhof. Die Summe, die zusammenkam, reichte immerhin aus, um 1700 Verwundeten einen »Zehrpfennig« mit auf den Weg zu geben. Mehrere Tage vergingen, bis endlich zwei Ärzte freiwillig ihre Hilfe anboten, Tage, in denen ein Vewundetentransport nach dem andern Berlin erreichte. Noch immer gab es keine Reaktion der um Hilfe gebetenen Behörden. Auf allen Abstellgleisen standen Waggons mit stöhnenden, schreienden, sterbenden Soldaten.

Kaiserin Augusta

»Nach dem Prinzip der Volksküchen entstanden dann in Berlin, Breslau, Wien auch jüdisch geführte Küchen. Kaiserin Augusta interessierte sich für die neue Gründung und, obgleich Lina Morgenstern jede Protektion ablehnte, kam ein fast freundschaftliches Verhältnis der beiden Frauen zustande, so daß die freidenkende Jüdin außer vielen persönlichen Auszeichnungen auch eine offene Sprache führen durfte. So trat sie, ihrem Charakter entsprechend, 1879 für ihre bedrängten Glaubensgenossen durch einen Appell an die Kaiserin heran, wie später bei den Pogromen in Rumänien an dessen Königin Elisabeth«[36], Gemahlin Karls I., die in Deutschland unter dem Namen Carmen Sylva Gedichte und Unterhaltungsromane veröffentlichte[37].

Lina engagierte zwei Heilgehilfen, die sie aus der Volksküchen-Vereinskasse entlohnte. Eine Krankenschwester kam freiwillig dazu; mit ihr waren es nun sieben Frauen, die fast pausenlos Tag und Nacht Hunderte von Verwundeten versorgten.

Dann trafen die ersten Züge mit französischen Kriegsgefangenen ein. In der Mehrzahl waren es Araber und Zuaven aus den Kolonialgebieten in phantastischen bunten Gewändern, die von Lina mit einem Gemisch von Neugier und Mitleid betrachtet wurden und »mit der Empfindung, daß es einer zivilisierten Nation wie Frankreich unwürdig sei, die wilden unzivilisierten Elemente eines anderen Weltteils in den europäischen Krieg zu senden«. Lina bestimmte sofort, daß die Franzosen nicht von ihren Damen, sondern ausschließlich von den zwei Heilgehilfen behandelt wurden, wenn Wunden zu verbinden waren. Natürlich erhielten auch die Gefangenen warme Mahlzeiten, und Lina war klug genug, diese Speisungen von Beamten des Kriegsministeriums leiten zu lassen, denn einige Zeitungen begannen bereits gegen sie zu hetzen: Es sei empörend, daß sie den Franzosen dieselbe Behandlung zukommen lasse wie den deutschen Soldaten! – Darauf konterte Lina umgehend: »Im Namen des Völkerrechts und der Menschlichkeit ist es notwendig, ebenso menschlich mit Kriegsgefangenen zu verfahren, als man wünscht, daß mit unseren Kriegsgefangenen verfahren werde!«

Acht Tage nach Ankunft des ersten Verwundetentransportes hatten die Behörden noch immer nichts für die medizinische Betreuung der Verletzten unternommen. Die Kasse des Volksküchen-Vereins war erschöpft, Lina wußte nicht mehr, womit sie das Verbandszeug bezahlen sollte. Da wandte sie sich mit einem Bittschreiben an die Königin Augusta, die noch am gleichen Tag durch einen Kurier die Antwort bringen ließ, daß umgehend Abhilfe geschaffen werden solle.

Tatsächlich – nun wies man ihr einen Güterschuppen zu, in dem sie ihren Verbandsplatz einrichten konnte. Doch unmittelbar darauf erschienen bei ihr zwei Militärärzte, die ihr erklärten, daß sie hier nichts mehr zu suchen habe, denn dieser Platz sei nun ein Militärlazarett! So etwas ließ sich Lina freilich nicht gefallen. Natürlich war sie bereit, sich unter das Kommando der Ärzte zu stellen, jedoch die Einrichtung, die letztlich sie allein geschaffen hatte, würde sie, wie sie sagte, nicht verlassen, ehe der Krieg beendet wäre. Die Militärärzte kapitulierten. Lina blieb und erhielt

»in Anerkennung ihrer Dienste um das Vaterland« das Eiserne Verdienstkreuz für Frauen und die Goldene Augusta-Medaille mit dem roten Kreuz.

Schon mehrfach hatte Lina von der Königin Hilfe erfahren. So war es nur selbstverständlich, daß sie ihrer Gönnerin zum Geburtstag ein paar Zeilen zukommen ließ. Und weil ihr Gelegenheitsgedichte offenbar besonders »leicht von der Hand« gingen, versandte sie ihre Grußadressen und Dankschreiben meistens in Reimform – auch wenn die Empfängerin Königin Augusta hieß. Von ihr gibt es in Linas Nachlaß ein Handschreiben vom 1. Oktober 1870 mit folgendem Wortlaut:

> Sie haben mich zu meinem Geburtstage durch einen poetischen Glückwunsch erfreut, für den ich Ihnen aufrichtig danke; mehr aber noch danke ich Ihnen für Ihre Leistungen auf dem praktischen Gebiete der Humanität. Aus der segensreichen Tätigkeit der Volksküchen ist die Verpflegung auf den Bahnhöfen hervorgegangen, welche Sie mit großer Opferfreudigkeit leiten und dabei von den unermüdlichen Berliner Frauen erfolgreich unterstützt werden. *Augusta.*

Ganz unvergeßlich für Lina war ein Besuch der Königin im Februar 1871 in einer Volksküche, die Lina während des Krieges versuchsweise in einem Asyl für obdachlose Frauen eingerichtet hatte – mit dem Hintergedanken, daß diese Frauen Geschmack an einer geregelten Arbeit finden könnten. Dort bekam Lina zum ersten Mal das kleine Elfenbein-Portemonnaie von Augusta mit den Worten: »Verwenden Sie den Inhalt für die Krankenkasse und zur Armenspeisung und schicken Sie es gelegentlich zurück!« – »Des anderen Tages sandte ich es zurück, den Vers hineinlegend:

> Du kleines Portemonnaie
> Begleit' auf allen Wegen
> Die königliche Fee
> Recht oft zu aller Armen Segen.«

Und Lina fährt in ihren Erinnerungen fort: »So oft Kaiserin Augusta die Volksküchen besuchte, ließ sie von da ab zum Abschied dasselbe kleine Elfenbein-Portemonnaie in meine Hände gleiten mit den Worten oder ähnlichen: ›Nehmen Sie den alten Freund!‹

Stets war der Inhalt desselben in sorgfältiger Verpackung mit der Aufschrift: 90 Mark für die Krankenkasse des Dienstpersonals, 60 Mark zur Speisung Armer und 30 Mark für die Dienstboten der besuchten Küche. – Fast immer schickte ich das historische Portemonnaie mit einer Strophe, die ich hineinlegte, und die Kaiserin hatte die große Güte, all diesen kleinen Poesien ein Plätzchen in dem Portemonnaie zu vergönnen, so daß es bald eine ganze Sammlung Volksküchen-Dichtung geworden ist. Nach ihrem Tode wurde mir das Portemonnaie mit den Strophen zugesandt, das ich als heiliges Vermächtnis ehre«[38].

Am 28. Januar 1871 hatte Paris kapituliert. Am 26. Februar wurde der Krieg für beendet erklärt und Bilanz gezogen: 49 000 tote Deutsche, 139 000 tote Franzosen. 384 000 Gefangene wurden ausgetauscht. Erst im Juli 1871, also ein Jahr nach Kriegsbeginn, lief der letzte Zug mit deutschen Heimkehrern in Berlin ein. So lange hielt Lina ihre Bahnhofsküchen in Betrieb, und so lange blieb sie auf den Bahnhöfen, wo monatelang auch Theodor Morgenstern bei der Arbeit half. Dafür wurde er noch im gleichen Jahre von Kaiser Wilhelm I. mit dem Kronenorden ausgezeichnet: »Für Verdienste bei der Truppenbetreuung auf den Bahnhöfen«.

Nun durfte sich Lina endlich wieder ihren Kindern und ihrem Schreibtisch widmen. Im Herbst 1871 erschien die dritte völlig umgearbeitete Auflage ihres Sachbuchs »Das Paradies der Kindheit«, aber das sollte nicht alles sein. Mit einigen anderen sozial engagierten Damen ging sie nun daran, einen ihr wichtig erscheinenden Verein ins Leben zu rufen, den »Verein zur Fortbildung und geistigen Anregung von Arbeiterfrauen«. Ein Flop. Frauen, die von Kind auf nicht zu geistiger Arbeit angeregt worden waren und als Erwachsene nicht einsehen konnten, was man davon für einen Gewinn haben mochte, waren durch Linas Bildungskurse nicht zu mobilisieren. Nach vier Jahren, in denen Lina als Schriftführerin fungierte, schlief der Verband ein.

Theodor, inzwischen nicht mehr nur Vater seiner fünf Kinder und nicht mehr nur im Kielwasser seiner aktiven Frau, gutmütig wie gehabt und kaufmännisch naiv, ließ sich auf ein für ihn nicht durchschaubares Unternehmen ein und wurde 1872 Mitbegründer der »Vereinigten Oder-Werke für Baubedarf und Braunkohlen bei Schwedt an der Oder, vormals Freiherr von Werther«. Jedoch was der Freiherr loswerden wollte, vermochte Theodor nicht zu meistern: Nach zwei Jahren mußte er Konkurs anmelden. Wahrscheinlich hatte er sich etwas übernommen, denn 1873 versuchte er auch noch die »Eiswerke Theodor Morgenstern & Co.« in der Coloniestraße 66–75 anzukurbeln. Die Büros seiner Unternehmen lagen in der Beuthstraße 6 und am Hausvogteiplatz 5, es gab also zunehmend Arbeit, Eile und Hinundher. Und nun mußte er auch wieder seiner Frau Lina helfen, die in diesem Jahr, 1873, entschlossen war, zwei neue Einrichtungen zu schaffen: Sie gründete einen unentgeltlichen Stellennachweis für Dienstboten; und kurz vor ihrem 43. Geburtstag am 20. November 1873 den »Berliner Hausfrauen-Verein« – einer ihrer größten Erfolge. Eines der Lieblingsworte von Lina Morgenstern hieß *Selbsthilfe*. Das war aber für sie nicht bloß ein Wort, sondern ein Gedanke, der in die Tat umzusetzen war, ein Programm.

Als nach dem Krieg 1870/71 die Preise auf nahezu allen Gebieten zu steigen begannen, bei den Wohnungsmieten ebenso wie bei den Grundnahrungsmitteln, von Luxusartikeln ganz zu schweigen, sah Lina darin eine »willkürliche Verteuerung«, der sie gegensteuern wollte. In zahllosen Vorträgen versuchte sie, die Hausfrauen aus ihrer fatalistischen Passivität zu rütteln, um mit ihnen gemeinsam ein neues Projekt auf die Beine zu stellen: die Gründung einer billigen Ladenkette. Zwar gab es damals bereits die preiswerten Läden der Konsumgenossenschaften, jedoch dort Mitglied zu werden, war nicht jedermanns Neigung, nichts für Beamte und Akademikerfrauen. Für sie sollte eine andere Einkaufsmöglichkeit zu gesenkten Preisen gefunden werden. Also wurden von Lina Geschäftshäuser angeworben, die sich bereit erklärten, den Mitgliedern des Hausfrauen-Vereins bei Bareinkäufen entsprechenden Rabatt zu geben. Theodor, der als Einkäufer für Lebensmittel en gros im letzten Krieg Erfahrung gesammelt hatte, übernahm in Linas Verein die kaufmännische Leitung, natürlich unentgeltlich. Ebenfalls unentgeltlich stellte er für die »Stellen- und Arbeitsvermittlung« einen Raum seines Geschäftslokals in der Beuthstraße zur Verfügung.

Linas Stellenvermittlung fand eine große Resonanz. Innerhalb von zwei Jahren zählte man 4000 Anfragen von »Herrschaften«, sowie 3863 von Stellungsuchenden. Die Hausfrauen, die sich hier nach einem neuen Stubenmädchen oder einer Köchin umsahen, konnten sicher sein, daß die Arbeitswilligen, die sich bei Lina meldeten, »einwandfrei« waren, denn sie wurden von Lina streng unter die Lupe genommen. Zumal die vorgelegten Dienstbücher mußten sich in tadellosem Zustand befinden, es durften keine Seiten darin fehlen oder zerfetzt, Worte in verdächtiger Weise ausgemerzt oder gar gefälscht sein, was oft genug der Fall war, wenn Dienstboten, die aus einer Stellung geflogen waren, ihre schlechten Zeugnisse verschwinden lassen wollten.

Allein in Berlin gab es damals 100 000 weibliche Dienstboten, von denen die meisten sehr jung, also gerade aus der Schule entlassen waren. Diese Mädchen, »die später einmal Frauen und Mütter von Arbeitern werden«, lagen Lina besonders am Herzen und sollten »rechtzeitig zu sauberen Hausfrauen und liebevollmütterlichen Wesen« erzogen werden. Dabei übersah Lina nicht, wieviel Unheil der sogenannte »Klassenhaß« anrichtete: »Das Verhältnis zwischen Herrschaft und Hausleuten wird umso schwerer, als der Klassenhaß den Dienenden von vornherein ihre Stellung verleidet und die Brotherren als ihre Feinde hinstellt.« – »Wir müssen durch unser gutes Beispiel den Untergebenen die Lehre beibringen, daß keine Arbeit erniedrigt, die ordentlich und tüchtig geleistet wird«[39].

Der Konkurs von Theodors »Oder-Werken« bedeutete zwar einen erneuten finanziellen Einbruch im Hause Morgenstern, doch konnte er Lina nicht davon abhalten, mutig auf das nächste Ziel zuzugehen. Seit Wochen hatten die Damen des »Hausfrauen-Vereins« sie bedrängt, doch endlich ein eigenes »Vereinsorgan« zu kreieren, allerdings fehlte dafür das Kapital. So schrappte Lina alle ihre Honorare zusammen – und das waren nicht wenige! –, übernahm allein das volle Risiko und gründete die »Deutsche Hausfrauen-Zeitung«. Es war die erste Zeitung, bei der Redaktion, Verlag und Druck ausschließlich in den Händen von Frauen lagen! Lina übernahm die Schriftleitung – für die folgenden dreißig Jahre (1874–1905).

Das Blatt, das jeden Sonntag erschien, brachte weder Klatsch noch Sensationen, sondern Information über Frauenberufe, Gesundheit, Erziehung, neue Literatur, Kunst und Wissenschaft. In einer »Hygienischen Rundschau« wurden Leserbriefe durch einen ärztlichen Beirat beantwortet; daneben gab es einen juristischen Beirat für alle Rechtsfragen. Damit aber ein größerer Leserkreis angesprochen werden konnte, legte Lina der Wochenschrift ein »Unterhaltungsblatt« bei – Gedichte, Rätsel, Anekdoten – und eine Beilage speziell für Kinder. Das Jahresabonnement kostete

Sigismund und Jenny Asch

6 Mark; für Australien, wo die Wochenschrift ebenso wie in anderen Ländern vertrieben wurde, kostete es 11,20 Mark.

Offensichtlich hatte Lina eine Marktlücke entdeckt, denn ihre Risikofreudigkeit wurde belohnt mit einem steilen Anstieg der Abonnentenzahl. Natürlich mietete sie für den Verlag kein eigenes Haus: Sie brachte ihn in dem von Theo nicht mehr benötigten Geschäftslokal in der Beuthstraße 6 unter. Um die »Deutsche Hausfrauen-Zeitung« auch jenen Frauen bekannt zu machen, die nicht im Hausfrauen-Verein Mitglied waren, ließ Lina Werbeblätter verteilen, aus deren Inhalt hervorging, daß die Zeitschrift »die Absicht verfolgt, als Anwalt der Familie und der Frauen anregende und belehrende Aufsätze über Kindespflege, Erziehung, häuslichen und Schul-Unterricht, Gesundheitslehre, Krankenbehandlung, über Küche, Ernährung, Haus- und Landwirtschaft zu bringen, Kenntnis zu geben nicht allein über die Wirksamkeit der Hausfrauen-Vereine, die sie vertritt, sondern sämtlicher Vereine des In- und Auslandes, in denen Frauen tätig sind.«

Jenny Asch flitzte derweil in Breslau von einer Vorstandssitzung zur andern, vom »Pfennig-Verein« über den »Deutschen Fröbel-Verband« zum »Allgemeinen Kindergärtnerinnen-Verein«, leitete Seminare, überprüfte das Funktionieren der Volksküchen und reiste gelegentlich auch zu Lina nach Berlin, um dort nach dem Vereinswesen zu sehen und danach zerflattert, erschöpft und konfus zu ihrem Asch zurückzukehren, der sie wie immer liebevoll-nachsichtig, wenn auch leise kopfschüttelnd in die Arme schloß.

Nur drei Häuser neben dem Möbelhaus Bauer am Schweidnitzer Stadtgraben hatte es sieben Jahre lang eine riesige Baustelle gegeben, auf der auch während des Krieges die Arbeit nicht ruhte: Hier entstand nach einem Entwurf von Edwin Oppler (1831–1880) die von den liberalen Juden geförderte sogenannte Neue Synagoge – neben der Berliner Synagoge die größte und schönste in Deutschland. Am 29. 9. 1872 konnte sie endlich ihre Tore öffnen, ein Ereignis, zu dem Annas Mann, der Gemeindesyndikus Dr. David Honigmann, ein »Tafellied zum Festmahle« nach vollzogener Einweihung schrieb. Es wurde bei Wilhelm Gottlieb Korn in Breslau gedruckt.

*Tafellied zum Festmahle nach Einweihung
der Neuen Synagoge zu Breslau
am 29. September 1872*

Nun steht es da vollendet,
das Werk in stolzer Pracht,
wie es mit hohem Sinne
der Meister kühn erdacht.
Auf Säulen strebt im Äther
die Kuppel himmelwärts
und führt ins Reich des Schönen
fort mit sich Aug und Herz.

Wie strahlt der Bau so glänzend
in edler Formen Schmuck;
wie schweift in luftgen Bogen
des Steins gewaltger Druck;
wie ist zum herrlichen Ganzen
das Schönste ausgewählt,
wie hat sich Kraft und Anmut
harmonisch eng vermählt!

Heut haben wir in Andacht
das Gotteshaus geweiht,
das seines Künstlers Namen
trägt zur Unsterblichkeit;
um sie hat er geworben
wohl sieben Jahre heiß:
nun hat er sie errungen
als höchsten Ehrenpreis!

Nun lobt das Werk den Meister
doch diesen nicht allein:
es preist mit tausend Zungen
auch die Gefährten sein,
die kunstreich ausgeführet
des Meisters hohen Plan
und treulich ihn begleitet
auf seines Genius Bahn.

Es preist mit lauter Rede
noch einen andern Ruhm,
der strahlend ist gewoben
um dieses Heiligtum:
das ist der Ruhm des Geistes,
der Einsicht und der Macht,
die solch ein Werk gewaget
und glücklich auch vollbracht.

> Ein Haus, das Gott zur Ehre
> auf festem Grunde steht,
> von dessen Turm das Banner
> des reinen Glaubens weht;
> das in den weiten Hallen,
> in Scharen dicht gedrängt,
> die einige Gemeinde
> in Lust und Leid umfängt.
>
> Auf daß der Himmel schirme
> des Baues Herrlichkeit,
> der späten Enkeln künde
> den Geist der Väterzeit: –
> Darauf soll jetzt erklingen
> der volle Festpokal,
> daß mächtig widerhalle
> der Jubel durch den Saal.

Die späten Enkel haben dann einen anderen Geist erlebt: In der Nacht vom 9. zum 10. November 1938 (»Reichskristallnacht«) wurde die Synagoge niedergebrannt und bald danach abgerissen.

Bei den alten Bauers vergingen die Jahre 1873 und 1874 geruhsam. Am Schweidnitzer Stadtgraben, Ecke Schweidnitzer Straße 1, wurde es stiller. Alle Bauer-Kinder hatten nun ihre eigenen Familien, sechzehn Enkel wuchsen prächtig heran. Abgesehen von Theodor Morgenstern konnten die Schwiegersöhne nur Gutes melden: Cäcilies Mann, Josias Adler, war ein erfolgreicher Kaufmann in Wien; David Honigmann, ein anerkannter Jurist, hatte sich »nebenbei« unter die Schriftsteller begeben und seine erste, später noch oft nachgedruckte Erzählung in einem Leipziger Verlag veröffentlicht: »Das Grab in Sabionetta«; und Sigismund Asch war von einer Lebensversicherung zum Revisionsarzt berufen worden, eine Tätigkeit, die er bis an sein Lebensende neben seiner immer umfangreicher werdenden Praxis und seinen Aufgaben als Stadtverordneter ausübte – nach 27 Jahren hatte er 81 000 Obergutachten abgegeben und registriert.

Albert Bauer durfte sich nun »Dort auf dem alten Lehnstuhl an dem Ofen«[40] – wie es Lina anno 1861 in einem Gedicht beschrieb – behaglich ausstrecken, denn inzwischen wurden seine Geschäfte vortrefflich von seinen beiden Neffen Otto und Ernst geführt, den Söhnen seines früh verstorbenen Halbbruders Isaak Wilhelm[41], mit dem gemeinsam er die Firma »Gebrüder Bauer« aufgebaut hatte. Von aufwendigen Festen im Hause Bauer wurde nicht mehr berichtet. Fanny, vom Leben erschöpft, begann zu erblinden. Es mag sich um ein Glaukom gehandelt haben, denn auch ihre Enkelin Clara Roth verlor später durch ein Glaukom das Augenlicht. Sicher wird Fanny die beiden letzten Neuerscheinungen ihrer Tochter Lina nicht mehr haben lesen könnnen, doch sie wird sich darüber gefreut haben, denn neben »Zwölf Erzählungen für die reifere Jugend« hatte Lina ein Sachbuch ganz im Sinne ihrer Mutter herausgebracht: »Der Kindergarten und die Schule und In welcher Weise ist die organische Verbindung zwischen beiden herzustellen«.

Die alte Generation nahm Abschied von dieser Welt. Am Mittag des 3. November 1874 schloß Fanny für immer ihre schönen klugblickenden grauen Augen. Drei Tage darauf, als alle Kinder und Enkel aus Berlin und Wien herbeigereist waren, wurde sie auf dem jüdischen Friedhof an der Lohestraße begraben.

Mit Fanny war nicht nur eine überragende, die Nachkommen prägende Persönlichkeit dahingegangen. Ihre Weisheit, ihre Weitsicht und Menschlichkeit fehlten überall und allen. Ihr Vorsitz im »Pfennig-Verein« wurde nun von Jenny übernommen, die mit ihrer Schwester Anna den Vater über seinen Verlust zu trösten versuchte. Aber Albert Bauer, dessen »heiteres, tätiges Wesen den Geist des Vaterhauses einst mitbestimmt« hatte[42], blieb untröstlich. Überdies war auch kurz vor oder nach Fannys Tod Alberts

Halbschwester Henriette, verwitwete Goldschmidt, in Potsdam gestorben, mit deren Sohn Wilhelm, der als Prokurist in der Bauerschen Möbelfabrik arbeitete, die Familie eng verbunden war. Am 5. Juni 1875 starb Albert Bauer, nur sieben Monate nach seiner geliebten Fanny.

Das hohe Grabmal, der Friedhofsmauer angelehnt, ist noch heute in seinem oberen Teil erhalten, eine Marmortafel, marmorgerahmt zwischen zwei Pfeilern, mit den eingemeißelten Worten:

> Hier ruhen sanft im ewigen Frieden,
> Von Kindern und von Enkeln viel beweint,
> Die fünfzig Jahr im Leben treu vereint
> Auch nicht im Tode von einander schieden.
> Unsere theuersten Eltern.

Mit Alberts Tod starb die Möbel-Bauer-Dynastie nicht aus. Aber sie versank doch sehr bald in einem Schatten, in dem sie sich schließlich verlieren sollte mitsamt ihren fleißigen, kaufmännisch versierten Neffen aus den Nebenlinien. Unter den direkten Nachkommen Alberts und Fannys wuchsen vorwiegend Mediziner und Geisteswissenschaftler heran, die zwar alle zu ihren Hochzeiten teure Antiquitäten und Novitäten aus dem Möbelhaus Bauer als Geschenk entgegennahmen, jedoch sonst mit dem merkantilen Familienzweig wenig Umgang pflegen wollten. Ein Adreßbuch jener Zeit verrät uns, daß nach Alberts Tod sein damals einundvierzigjähriger Neffe Otto Bauer die verwaiste Wohnung in der Schweidnitzer Straße 1 bezog und gemeinsam mit seinem jüngeren Bruder Ernst, der auf der gegenüberliegenden Straßenseite, Neue Schweidnitzer Straße 19, wohnte, die Firma weiterführte, den Verkauf am Schweidnitzer Stadtgraben 11, die Fabrik in der Gartenstraße 12, Hinterhaus parterre. Die Verbindung zur Berliner Filiale, aus der Wilhelm Bauer den preußischen Adel mit ganzen Schloßeinrichtungen versorgte, blieb eng.

Im Februar 1875 hatte Lina Morgenstern beschlossen, einen Prämienfonds ins Leben zu rufen, natürlich in Gestalt eines Vereins. Er hatte zum Ziel, treue Dienstboten zu belohnen, um damit dem zunehmenden Wechsel der Hausmädchen entgegenzuwirken. Geplant war eine alljährliche Feier, in der Prämien an pflichtbewußte langjährige Dienstboten vergeben werden sollten. Am

20. November 1875 war es dann soweit: Im Bürgersaal des Berliner Rathauses wurden die ersten 33 Prämien verteilt, »wertvolle Erinnerungszeichen«, also Broschen, mit der Aufschrift »Für treue Dienste«. 1898, als der Prämienfonds 23 Jahre bestand, konnte Lina die 800. Ehrennadel vergeben. Drei Jahre nach der Gründung wurde zusätzlich noch ein »wertvolles Buch« und auch Geld mit der Nadel vergeben, wobei das Geldgeschenk – zwischen 10 und 30 Mark, nach Dienstjahren gestaffelt – allerdings erst nach zehnjähriger Dienstzeit zum ersten Mal fällig wurde. Linas Erziehungsprinzipien!

Im Jahr darauf, 1876, erscheint von Lina bloß eine Broschüre, die »Zehnjährige Vereinsgeschichte der Berliner Volksküchen«, verfaßt zum Stiftungsfest am 8. Juni 1876 im Auftrag des Volksküchenvereins. Von Annas Mann hingegen, dem Juristen David Honigmann, erscheint in einem Leipziger Verlag eine zweite Novelle, »Berel Grenadier«, ein Buch, das sich gut verkauft und lange nicht in Vergessenheit gerät. Sigismund Asch, der sich zunehmend als Familien-Almosenier und Finanzberater profiliert, wird Aufsichtsratsmitglied im Schlesischen Bankverein und Initiator einer »Ärztlichen Hilfskasse für den Regierungsbezirk Breslau«, um invalide Kollegen und Arztwitwen zu versorgen, für die es zuvor nirgends eine soziale Unterstützung gab. Und natürlich wird Asch zum Vorsitzenden dieses Vereins gewählt.

Am 22. 7. 1876 stirbt siebenundsiebzigjährig Aschs Mutter, Julie Beate, in Breslau – ihren Grabstein, den wir auf dem Friedhof an der Lohestraße vermuten, haben wir aber bisher noch nicht gefunden. Von der alten Generation lebt jetzt nur noch eine Schwägerin Alberts, Therese Taube Bauer, geborene Hirsch, die Witwe von Alberts Halbbruder Isaak Wilhelm und Mutter der beiden in der Breslauer Möbelfirma tätigen Brüder Ernst und Otto. Und es lebt noch Fannys jüngster Bruder Josef Josias Adler, der Mann Cäcilies. Die Adlers wohnen in Wien, wo Cäcilie auf der Hohen Warte ein Blindeninstitut gründet und die sogenannten »Sparkörbchen« einführt. Diese Körbchen, von blinden Mädchen geflochten, werden nicht nur bei einigen Familien zuhause, sondern auch in verschiedenen Geschäftshäusern gleich neben der Kasse ebenso bescheiden wie unübersehbar plaziert, um die Besucher zu Spenden aufzufordern. Am Jahresende werden die Körbchen eingesammelt und die Beträge einem israelitischen Hilfsfonds zugeführt. Cäcilie bleibt zu ihrem Leidwesen kinderlos, reist wohl aber öfters in Begleitung eines Mädchens, vielleicht einer Zofe. Jedenfalls im Juli 1886 schreibt Asch, der in Karlsbad Cäcilie begegnet, an Jenny: »Ihre Elise ist hübsch, aber doch ein bissel gar zu einfach oder verschlossen, um auch nur lustig zu sein!«[43]

Schon bald vertritt Josef Josias Adler als letzter die »alte« Generation, denn am 17. 12. 1877 stirbt in Berlin (oder Potsdam?) Therese Taube Bauer, was wir dem Kassenbuch von Linas »Pfennig-Verein« entnehmen, dem von Therese »ein Vermächtnis von 75 Mark« zufiel. Von Lina wissen wir, daß sie 1877 ihr »Naturgeschichtliches Bilderbuch« veröffentlicht, ins Präsidium des Allgemeinen Deutschen Frauenvereins gewählt wird und neue Pläne im Kopf hat. Doch davon später.

Hierher gehört eine längere Parenthese: die Freundschaft Aschs mit dem Theatermann Adolph L'Arronge[44]. Die beiden Männer mußten sich innerhalb der letzten drei Jahre kennengelernt haben, nachdem Adolph L'Arronge 1874 von Berlin nach Breslau übersiedelt war, um die Leitung des Lobe-Theaters zu übernehmen. L'Arronge, Sohn des Komikers und Theaterdirektors Theodor L'Arronge – der eigentlich Aronsohn hieß – und einer Soubrette, war damals erst 36 Jahre alt, hatte sich aber bereits einen Namen gemacht als Opernkapellmeister in Danzig, Königsberg, Köln, Würzburg, Stuttgart, Pest und Berlin, wo er ab 1866 an der Kroll'schen Oper tätig war und eine erste Posse herausbrachte »Das große Los oder Fortunas Anverwandte«. Der Erfolg, mit dem er wohl kaum gerechnet hatte, ermunterte ihn, in diesem Genre weiterzuschreiben, quasi mit der linken Hand – denn am Theater inszenierte er weniger die heitere Muse als die üblichen Klassiker, die auf allen Spielplänen standen. Nun kamen in flotter Folge, beinahe Jahr für Jahr, seine eigenen ungemein publikumswirksamen Lustspiele hinzu. An Themen herrschte bei ihm kein Mangel, er entdeckte sie ringsum im prallen Leben, schließlich gab es genügend »komische« Familien – zum Beispiel die Aschs! Nachdem das Volksstück »Hasemanns Töchter« 1877 herausgekommen war, machte sich L'Arronge an sein nächstes Lustspiel: »Doktor Klaus«, wodurch die Aschfamilie nolens volens in die Bühnenliteratur einging, denn hinter dem knorrigen »Doktor Klaus« verbarg sich kein anderer als Sigismund Asch. Schmunzelnd überreichte der Autor ihm die Urschrift mit der Widmung »Hier, lieber Freund Asch, der Du unfreiwillig Modell gestanden hast zu meinem Doktor Klaus, hast Du das erste Manuskript meines Stückes. Ich denke, es wird uns beiden keine Schande machen. Dein treuer Adolph L'Arronge.« Fortan gehörten »Hasemanns Töchter« und »Doktor Klaus« zu den meistgespielten Stücken L'Arronges, fanden sich im Repertoire aller Theater, wurden in mehrere Sprachen übersetzt, sogar ins Türkische und Japanische, und erreichten, wie die Buchhaltung L'Arronges registrierte, zu seinen Lebzeiten über zehntausend Aufführungen.

Ein solcher Erfolg mußte einem Kritiker wie Theodor Fontane suspekt sein. »Diese Art von Possen« – schrieb er in der Kreuz-Zeitung[45] – »verbreiten sich wie eine Seuche. Man kann sie nicht verbieten, und das Publikum rennt diesem Spaßmacher hinterher, als sei's ihm angekettet. Wie zu erfahren, ist auch die gesamte Provinz von dem seltsamen L'Arronge-Fieber befallen. Und Wien meldet Aufführungsziffern, wie man sie nie zuvor als reell hätte akzeptieren können ...«.

So war es nicht verwunderlich, wenn das kleine Theater in Karlsbad, nachdem es gehört hatte, daß Sigismund Asch sich unter den Kurgästen befand, sofort ihm zur Ehre und zum Spaß den »Doktor Klaus« auf den Spielplan setzte, denn den Text dieses Stückes wußten die Schauspieler auswendig. Wir können uns vorstellen, wie die Breslauer Gesellschaft bei der Uraufführung im Lobe-Theater geschmunzelt haben mag über die gelegentlichen Sottisen, mit denen Jenny auf der Bühne bedacht wurde, während Asch, der beliebteste Arzt Breslaus, trotz der jedem Lustspiel eigenen Karikierung letztlich von seinem Freund ein Denkmal gesetzt bekam. Auch später, während einer lebenslangen Verbundenheit, hat Adolph L'Arronge in vielen Gelegenheitsgedichten zu Geburtstagen und anderen Jubiläen das so ungleiche Paar Jenny und Sigismund mit witzigen Versen überrascht und uns damit einen Einblick in die Familie beschert: Jennys Betriebsamkeit in ihren Vereinen, ihr Unmut, wenn sich Asch nach der Praxis beim Skatspielen Entspannung verschaffte, ihre Eifersucht auf seine Freunde, wahrscheinlich auch auf den grünen Papagei Peter, der sich gegen alle Regeln eines hygienischen Arzthaushaltes jede nur denkbare Freiheit erlauben durfte, ja sogar von Sigismund dazu animiert wurde; schließlich die stadtbekannte Tatsache, daß Asch in rührender Weise für die täglichen Einkäufe sorgte. »Wenn sein Doktorwagen mittags von ausgedehnter Praxisfahrt zurückkam, dann brachte der Doktor bis ins hohe Alter alles mit, was sonst die Hausfrau zu besorgen pflegt – Geflügel und Fisch nicht ausgenommen; und immer Blumen!«[46]

Welche Bedeutung für Adolph L'Arronge das Stück »Doktor Klaus« hatte, das mit zu seinem späteren Millionenvermögen beitrug, welche Bedeutung aber auch die ganze Familie Asch für ihn hatte, geht vielleicht am deutlichsten aus einem Gedicht hervor, das L'Arronge zum 70. Geburtstag von Sigismund Asch schrieb und selber an jenem 5. Januar 1895 in Breslau vortrug:

> Einst kam ich von der Spree
> nach Breslau her, juchhe!
> Ich kam mit gutem Mut
> und auch mit Geld und Gut.
> Doch kaum hatt ich hier Platz genommen,
> da war auch schon ins Meer geschwommen,
> was ich im Portemonnaie
> gesammelt an der Spree.
>
> Da war mir zwischen Ohle[47]
> und Oder gar nicht wohle,
> ich dachte an mein Spree-Athen[48]
> und plante schon das Wiedersehn;
> denn nirgends ist's so scheene
> als dorten, ubi bene.
>
> So war, den Plan erwägend,
> die Rückkehr überlegend,
> ich beinah schon in Mochbern[49] –
> da traf mein Weib die Doktor'n[50],
> und ich traf auf den alten Klaus[51]
> und sah die Bälge[52] und sein Haus –
> das hat mir sehr gefallen,
> er namentlich von Allen.
> Zwar spielt' er damals noch nicht Skat,
> was er erst später lernen tat,
> dagegen war er im Pikett[53]
> zu mir sehr nett.
>
> Das, was man so zum Unterhalt
> gebrauchte, das gewann ich bald.

So schloß sich unser Freundschaftsband,
wir gingen seither Hand in Hand.
Ich lernt' ihn kennen ganz genau,
auch seine Kinder, seine Frau.
so ist der Doktor Klaus mir schier
als wäre er ein Stück von mir.

Doch seine Ehe ist nicht ohne Schatten,
es sind nicht immer einig beide Gatten.
Sie zwar *verein*igt sich sehr viel[54],
Er ist für Viere bei dem Spiel[55].
Sie liebt am Abend späte Gäste,
doch wenn man sich vergnügt aufs Beste,
vermißt man plötzlich ihn.
Wo ist er hin?
Gerufen zu Patienten, der geplagte Mann?
Da öffnet sich die Türe nebenan,
und er ruft »Gute Nacht« heraus
 der Doktor Klaus.

Nachher dann, wenn die Gäste sich empfohlen
und sie sich auch ins Kämmerlein gestohlen,
dann wird sie ihm wohl die Leviten lesen.
Ich freilich bin noch nie dabeigewesen.
Allein ich hörte doch am Morgen,
wie er sich müht' für sie zu sorgen,
mein Jennerl hier, mein Jennerl dort –
und manches andre Schmeichelwort,
und dann zu Mittag drei Fasanen,
ein Korb voll Äpfel, Birnen und Bananen,
und dann die Fischfrau – das ist seine Forsche –
ein Kabeljau, ein Schellfisch und zwei Dorsche!
 So schließt im Haus
 fast jeder Strauß
 beim Doktor Klaus.

Zwar spielt er gern
im Haus den Herrn.
Sie ist nur klein,
und er kann schrein,

und sagt sie Ja, dann sagt er Nein.
Er hat ein mächtiges Organ,
da kann sie dann nicht gegen an.
Er tobt, als ob es bei ihm brennt,
haut auf den Tisch, springt auf und rennt
durch alle Zimmer.
Das tut er immer.
Dann kommt er wieder
und setzt sich nieder,
und ist ganz still,
tut, was sie will.
Aber 's sieht so aus
als wäre er
der Herr im Haus –
 der Doktor Klaus.

'nen kleinen Vogel hat am Ende jeder,
doch unser Klaus hat seinen grünen Peter[56].
Er könnt sich doch an der gebornen *goldnen* Bauer laben[57] –
nee, er muß noch ein *Messing*bauer haben.
Da sitzt das Vieh, doch niemals lange,
er lockt ihn zu sich auf die Stange
und auf die Schulter –
ja, das duld't er.
Er läßt ihn auch in die Gardinen fliegen –
den Gästen freilich macht das kein Vergnügen.
Allein das ist ihm ganz egal,
der Peter sitzt auch mit beim Mahl.
Er knabbert Fisch und Fleischgericht,
verschont auch Obst und Käse nicht,
dann schielt das Biest auch noch ein bissel
gar nach der Gänseleberschüssel
und frißt die Trüffeln raus
 beim Doktor Klaus.

Mit den Patienten gibts viel Plage,
bei Nacht noch mehr als wie am Tage.
Zum Beispiel einer kommt um Drei
gewöhnlich nach 'ner Keilerei
des Morgens aus dem Bums nach haus

und sieht dann gottserbärmlich aus.
Die Frau läuft fort und klingelt bei dem Doktor,
der hört die Klingel und im Schnarchen stockt er.
Frau Klaußin aber ist am Fenster schon
und spricht ganz leise, fast im Flüsterton:
Der Doktor heut nicht kommen kann;
was fehlt denn Ihrem lieben Mann?
Da schreit er schon: Was gehts dich an!
Sie wendet ganz vernünftig ein:
der Mann wird bloß besoffen sein.
Da will er sich vor Wut erbosen,
springt wütend in die Unterhosen
und brüllt: Ich brauche keinen Vormund!
Lieg ich an Ketten wie ein Torhund?!
Reißt's Fenster auf und ruft hinunter:
Ich komme gleich, ich bin ganz munter,
und rennt hinaus
 der Doktor Klaus.

So könnt ich wohl noch mancherlei berichten
von Ihm und Ihr so lustige Geschichten.
Denn lustig nehmen sie's am Ende
und reichen sich vergnügt die Hände.
Wenn er zu toben Lust verspürt,
sie niemals die Geduld verliert,
und wird er mal so recht fuchswild,
setzt sie sich hin und malt ein Bild –
gemütlicher kann man sich doch nicht zanken?
Drum tröste ich mich auch mit dem Gedanken:
Hat's nun beinahe vierzig Jahr gehalten
das Band der Liebe bei den guten Alten,
dann wirds auch noch ein Weilchen gehen.
Ich wette drauf, Ihr werdet's sehen,
die Frau, die hält,
wenns Gott gefällt,
noch einmal vierzig Jahre aus
 beim Doktor Klaus.

Adolph L'Arronge

Eines der von L'Arronge burschikos als »Bälge« bezeichneten Aschkinder war der damals gerade mit dem Medizinstudium beginnende Robert, der zweifellos schon einige Male den beiden Töchtern L'Arronges, Käthe und Gertrud, auf Breslauer Gesellschaftsabenden begegnet war und sich schließlich für die Ältere, Käthe, entschied: Sobald er sein Studium bei Karl Schröder in Berlin und H. Fritsch in Breslau beendet und sich als Facharzt für Gynäkologie[58] in Breslau niedergelassen hatte, heiratete er sie, eine kesse, bis ins hohe Alter sylphidenhaft schlanke Person, die, wie ich meine, in ihrer von Mutter Selma ererbten extravaganten Eleganz überhaupt nicht zu dem ruhigen, weisen, Wärme verströmenden Robert paßte. Dennoch: Sie scheinen sich wunderbar ergänzt zu haben und mit ihren drei Kindern glücklich gewesen zu sein.

Robert starb – wie so viele in unserer Familie – an einem erschöpften Herzen, als ich ein Kind war, so daß ich nur eine nebelhafte Erinnerung an ihn habe: Wie er sich, als ich einmal krank im Bett lag, über mich beugte. Meine Mutter erzählte, daß er es ablehnte, bei meiner Geburt dabei zu sein, weil er der Meinung war, Hebammen wären bei einem Geburtsvorgang hilfreicher als Ärzte. Doch kaum war ich auf der Welt, eilte er zu uns, um zuerst die Nachgeburt prüfend in seinen Händen zu drehen und anschließend auch mich zu betrachten. Seine Frau Käthe, die ihn lange überlebte, zog später nach Berlin in eine hochherrschaftliche Wohnung am Kurfürstendamm, wo ich sie als junges Mädchen öfters besuchte und immer von ihrer Edelsteinsammlung fasziniert war. Man durfte nicht sagen, daß man etwas schön fand – schon bekam man es von ihr geschenkt. So erbte ich von ihr ein paar hinreißend mondäne Kleider und den schönsten Türkisschmuck. Während des Krieges mußte ich gelegentlich bei ihr, die über eine Schwarzmarktquelle verfügte, ungerösteten brasilianischen Kaffee für meine migränegeplagte Mutter abholen, in meinem Schulranzen verstaut. Eines Tages, Anfang der vierziger Jahre, war Käthe verschwunden: Dr. Franz Höhn, der Geliebte und Lebensretter ihrer Cousine Eva L'Arronge[59], hatte sie auf Gott weiß welchem Weg nach Dänemark zu ihrer Tochter gebracht – mitten im Krieg. So konnte sie die Nazizeit überleben. – Ende der L'Arronge-Parenthese und zurück ins Jahr 1878.

Inzwischen war Betty, die älteste Aschtochter, zu einem bildschönen Mädchen herangewachsen, ein Temperamentsbündel wie ihre Mutter, eine glänzende Tänzerin, die auf allen Hausbällen den Männern den Kopf verdrehte und ihren eigenen Kopf durchzusetzen verstand. Schon als Vierzehnjährige zeigte sie ihren Eltern, daß sie ihr Leben selbst bestimmen wollte. Sie beschloß, sich taufen zu lassen. Ich glaube nicht, daß Betty sich mit jüdischen oder christlichen Glaubensfragen beschäftigte, sondern eher, daß sie damals, als ihre Mitschülerinnen in der Höheren Töchterschule zum Konfirmationsunterricht gingen, nicht abseits stehen wollte. In der Synagoge hatte man die Bauerschen Familienmitglieder – von Honigmanns abgesehen – wohl nur selten erblickt. Bei Aschs zuhause lebte man nicht koscher und viel zu liberal, um religiöser Bindungen zu bedürfen. Das Mädchen sollte glücklich werden, das war den Eltern das einzig Wichtige. Sie willigten ein.

Von Sigismund Asch war bekannt, daß er sein Judentum nie-

Karl Jaenicke,
1876

mals verleugnete. »Als die ›Schlesische Zeitung‹ Ende der siebziger Jahre in das antisemitische Fahrwasser mit vollen Segeln einlief und dadurch eine jüdische Protestversammlung veranlaßte, welche im Saale der ›Gesellschaft der Freunde‹ tagte, war Dr. Asch ihr Sprecher, der die Anwesenden mit den mächtig wirkenden Worten ›Hochgeehrte Trauerversammlung‹ ansprach. Als dann bei den Landtagswahlen sich ein reaktionärer Wahlmann, namens Aßmann, antisemitische Äußerungen erlaubte, geriet Dr. Asch in solche Erregung, daß er den Mann in die Luft hob«[60].

Während sich Toni, die jüngste Aschtochter, noch schüchtern, wie es ihre Art war und blieb, unter die Flügel der Glucke Jenny duckte, hatte Betty bereits ihren »Mann fürs Leben« in der Breslauer Gesellschaft ausgemacht, einen sanften, blonden, blauäugigen Spätromantiker, der heimlich Gedichte schrieb und widerwillig – weil er nicht wie sein Vater und seine Brüder Gutsverwalter werden wollte – Jura studiert hatte: Karl Friedrich Wilhelm Johannes Jaenicke. Allein seine Vornamen verraten, daß er, der auf Schloß Kopojno, dem väterlichen Rittergut in der Nähe von Konin, geboren wurde, ein preußisches Elternhaus hatte. Die Vorfahren stammten aus der Mark Brandenburg. Karl Jaenicke, der an der Universität in Berlin Deutsche Philologie und Jura studiert hatte und seit 1874 Referendar am Stadtgericht und Appellationsgericht in Breslau war, konnte sich keine idealere Frau erträumen, als die um acht Jahre jüngere Betty, die mit ihrer lebensbejahenden Energie seine Melancholie zu verscheuchen wußte, wenn ihn wieder einmal, wie so oft, der Weltschmerz zu übermannen drohte. Sie hatte das Zeug dazu, die andere Seite seines Wesens aufzudecken: seinen Humor. Es war jener leise Schmunzelhumor, der auch in der Familie Asch regierte, und so war es kein Wunder, daß Sigismund Asch an Karl, der überdies hochgebildet und belesen war, Gefallen fand. Freilich, bis zu einer Hochzeit würde aus dem Referendar noch ein Assessor werden müssen, das hieß: ein weiteres Prüfungsjahr für das zur Ehe entschlossene Paar.

Für Lina Morgenstern in Berlin gab es 1878 wieder einen Erfolg zu melden. Nachdem sie immer wieder bei ihrer Arbeit in den Volksküchen feststellen mußte, daß die Frauen, die ihr dort halfen, nur wenig vom Kochen und meist so gut wie gar nichts vom Nährwert der einzelnen Lebensmittel verstanden, wußte sie, daß hier mehr als nur ein Nachhilfeunterricht vonnöten war. Längst hatte Lina spezielle Kochrezepte zum Beispiel für Zuckerkranke veröffentlicht; sie verstand etwas von Kalorien und Vitaminen, von schonender Zubereitung der Speisen und rationellem Umgang mit Vorräten und Feuerung. Diese Erfahrungen wollte sie weitergeben. Also gründete sie eine Kochschule, in der sie Frauen zu Kochlehrerinnen und Wirtschafterinnen ausbilden ließ. Auch diese Gründung erhielt das schönste Echo seitens der Frauen, so daß Lina mit Schwung auf ihr nächstes Ziel zusteuerte. Es sollte das erste Ziel werden, das sie nicht erreichte.

In den letzten drei Jahren hatte der englische Frauenverein, mit dem Lina in Verbindung stand, sie wiederholt aufgefordert, gegen die Prostitution vorzugehen. Ein heißes Eisen. Viel zu heiß, wie Lina bald merkte, um die Damen des Allgemeinen Deutschen Frauenvereins dafür zu begeistern. Hier hatte der Staat ein Mitspracherecht, das man nicht unterschätzen durfte. Nein, mit der zwielichtigen preußischen Sittenpolizei mochte keine der Damen sich auseinandersetzen. Also wagte Lina den Alleingang. Das Thema ließ ihr keine Ruhe: Daß es Eltern gab, die ihre unmündigen Töchter nachts auf die Straße und in die Gastwirtschaften schickten, wo sie Blumen oder Streichhölzer verkaufen sollten, dabei aber oft genug einem ganz anderen Gewerbe nachgingen. Wie war es möglich, daß der Staat einerseits nichts dagegen unternahm, andererseits den Mißbrauch Minderjähriger mit Zuchthaus bestrafte? Wie war es möglich, daß die Sittenpolizei einige dieser Mädchen aufgriff und ins Gefängnis expedierte, andere aber laufen ließ? Lina wollte es wissen. Und sie erfuhr, daß manche Mädchen bereits ab elfeinhalb Jahren die behördliche Erlaubnis zur gewerblichen Prostitution erhielten. Jetzt gab es für Lina kein Halten mehr. Sie wurde bei Graf Pückler, dem Chef der Berliner Sittenpolizei vorstellig. Der Graf empfing sie, hörte sich Linas ungeheuren Vorwurf, daß hier ein Mißstand von den Behörden nicht nur geduldet, sondern gefördert werde, mit steinernem Gesicht an und komplimentierte sie hinaus. Von diesem Terrain mußte sich Lina zurückziehen, hier hatte sie keine Chancen. So dachte sie nun daran, wie sie den Mädchen, die eine Gefängnisstrafe abgesessen hatten, helfen konnte, damit sie nicht wieder

Betty, 22 Jahre, als Braut

auf die schiefe Bahn gerieten. Ein Heim mußte geschaffen werden, um solche Mädchen unterzubringen und – nach einer zweijährigen Ausbildungszeit – an Familien oder die Industrie zu vermitteln. Doch bis Lina dieses Vorhaben verwirklichen konnte, verging ein ganzes Jahr.

1879: Das Jahr, in dem Wilhelm Bauer auf der Berliner Gewerbe-Ausstellung für seine Möbel eine Goldmedaille erhielt und Karl Jaenicke Assessor am Kreisgericht Guhrau wurde. In einer Stadt wie Guhrau am Gericht zu arbeiten, war freilich nicht das Nonplusultra. Für seinen Schwiegersohn in spe hatte sich Sigismund Asch eine bessere Stellung gewünscht. So ließ er jetzt alle seine Verbindungen spielen, bis er Karl Jaenicke als besoldeten Stadtrat in Breslau untergebracht hatte. Anschließend hielt Asch es für geboten, in seiner Eigenschaft als Stadtverordneter zurückzutreten.
Vier Wochen später, am 11. Dezember 1879, konnte Karl Jaenikke seine Betty vor den Traualtar führen. Betty war das erste Enkelkind der Bauers, das heiratete, und es ist anzunehmen, daß zu diesem Fest im Hause Asch sehr viele Familienmitglieder, auch jene aus Berlin und Wien, herbeikamen. Natürlich auch die Geschwister von Karl, von denen es zehn oder sogar zwölf gegeben haben soll, und Karls Mutter Emma, geborene Kleine, die damals bereits seit sieben Jahren verwitwet war und zurückgezogen in Breslau am Tauentzienplatz 3 lebte.
Betty, die sich gegen jede Art von Bevormundung von Kind auf zur Wehr setzte, wurde von ihrer Mutter, mit der sie zweifellos oft aneinandergeraten war, mehrmals als unliebenswürdig und mürrisch geschildert – ganz anders als von Sigismund Asch. Vielleicht gehörte sie zu jenen Weibspersonen, die besser mit Männern zurechtkommen als mit Frauen. Mürrisch jedenfalls erscheint sie auf allen Fotos, wahrscheinlich war ihr der Fotografierzwang zuwider. »Bei der geringsten Veranlassung ist sie anderer Meinung«, schrieb Jenny in einem Brief, »sie muß einmal einen Pantoffelhelden finden, sonst gehts nicht«[61]. War Karl ein Pantoffelheld? Wir wissen es nicht. Wir wissen nur, daß er, der unter schweren Migräneanfällen litt, gelegentlich, wenn Betty wieder einmal der Gaul durchging, bat: »Schrei ein bissel leiser«. Das blieb im Hause Jaenicke ein geflügeltes Wort.

Pünktlich nach neun Monaten, am 8. September 1880 brachte Betty ihr erstes Kind zur Welt: Eva. Ihr zweiter Name lautete Fanny, woraus zu entnehmen ist, daß unsere Urmutter Fanny unvergessen war.

Vor allem in Lina Morgenstern blieb Fanny, die sich jahrelang in den beiden Breslauer Vereinen um die »Fortbildung der weiblichen Jugend« und um die »Rettung verlassener Kinder« gekümmert hatte, allgegenwärtig, ganz besonders nach Linas Fiasko bei der preußischen Sittenpolizei. Nun wollte sie sich für die strafentlassenen Mädchen einsetzen. Man darf nicht vergessen, daß damals jedes Mädchen ins Gefängnis kam, das den Eltern davongelaufen und in einer anderen Stadt aufgegriffen worden war, ob es sich dabei um Prostitution handelte oder nicht. Viele Mädchen stammten aus zerrütteten, verlotterten Familien, und allein diese Vorstellung genügte Lina, um hier aktiv zu werden.

So gründete sie, gemeinsam mit ihrer Freundin Gertrud Guillaume-Schack[62], den »Verein zur Rettung und Erziehung minorenner strafentlassener Mädchen« und übernahm den Vorsitz. Noch im gleichen Jahr konnte mit Hilfe der Mitgliederbeiträge eine »Haus-, Landwirtschafts- und Industrieschule« gegründet werden, für die Lina – zuerst auf eigene Kosten – ein Haus mietete. Zu ihrem Leidwesen wurde diese segensreiche Einrichtung, die ein Priester betreute, nach fünf Jahren direkt dem Gefängniskomplex angegliedert und damit Linas Einfluß dort beendet. Der Verein löste sich auf.

Weniger ein Ereignis als eine kleine Festlichkeit hatte noch im Jahr 1880 stattgefunden: Am 28. Februar feierten die Aschs ihre silberne Hochzeit. Zu diesem Tag ließ Sigismund für seine Jenny von einem Breslauer Juwelier ein Diadem anfertigen in Form eines silbernen Myrtenzweiges mit unregelmäßig darin verteilten Perlen. Es war so kostbar, daß nach Jennys Tod sich niemand damit schmückte, es blieb in seiner lederbezogenen Schatulle, in der ich es auf dunkelblaue Seide gebettet sah, bevor mein Vater es 1942 mit andern Schätzen ins Safe der Deutschen Bank trug. Dort wurde es von keiner Bombe erreicht – aber 1945 von den Berlin erobernden Russen davongetragen ...

1881 hatte Lina Morgenstern ihre Schlappe vor der Berliner Sittenpolizei offensichtlich noch nicht verwunden. Denn wie zum Trotz wurde sie jetzt Mitglied im »Britisch-Kontinentalen Bund zur Bekämpfung der vom Staate geduldeten und geregelten ge-

Lina Morgenstern

werblichen Unzucht«, dessen Vorsitzende Josephine Butler hieß. Gleichzeitig wurde sie Mitbegründerin des »Vereins zur Erziehung schulentlassener Mädchen für die Hauswirtschaft«, dessen Mitgliedsbeiträge es ermöglichten, in Berlin-Marienfelde eine Haushaltungsschule zu eröffnen. Natürlich konnte Lina auch wieder ein neues Sachbuch herausbringen: »Universalkochbuch für Gesunde, Kranke, Genesende und erstes Lehrbuch für Kochschulen«[63].

Das Jahr 1881 war ein munteres Jahr: Betty bekam am 17. Oktober ihr zweites Kind, Wolfgang Albert, dem alle guten Eigenschaften der Familie in die Wiege gelegt wurden, Klugheit und Charme, Potenz und Humor, Weitsicht, Umsicht, diplomatische Balance, Redegewandtheit und Witz. Auch bei diesem Kind Bettys bedeutete der zweite Taufname eine Reverenz vor dem Großvater Albert Bauer, dem die Familie so viel zu verdanken hatte.

Adolph L'Arronge hatte inzwischen vom Lobe-Theater in Breslau Abschied genommen und war nach Berlin zurückgezogen, reich genug, um dort das etwas heruntergekommene Friedrich-Wilhelmstädtische Theater zu kaufen, aus dem zwei Jahre später unter Mitarbeit der Kollegen Barnay[64], Haase, Friedmann und August Förster das berühmte Deutsche Theater wurde.

Das folgende Jahr, 1882, schien hauptsächlich wieder nur Lina Morgenstern zu gehören. Ihr Buch über »Die Berliner Volksküchen« erreichte »vermehrt und gänzlich umgearbeitet« die 4. Auflage. Zum 100. Geburtstag ihres Leitbildes Friedrich Fröbel verfaßte sie eine Festschrift über Fröbels Leben und Werk und veröffentlichte neben einer Broschüre zum Thema »Ernährungslehre, Grundlage zur häuslichen Gesundheitspflege«[65] noch ein Buch unter dem Titel »Die menschliche Ernährung und die kulturhistorische Entwicklung der Kochkunst«.

Den festlichen Höhepunkt bildete dann Mitte Dezember die Hochzeit von Linas Erstgeborener: Clara heiratete den Cellisten Philipp Roth[66], der ein lieber, aber als Künstler wenig erfolgreicher Mensch gewesen sein soll. Natürlich fuhr Jenny zu diesem Ereignis nach Berlin, und natürlich schrieb sie – wie üblich in dieser Familie, wenn man nur zwei Tage voneinander getrennt war – an Sigismund einen Brief über alle Ereignisse, alle ihre Besuche und das herrliche Tohuwabohu bei Morgensterns. Leider blieb ihr Brief nicht erhalten – dafür aber die wunderbar kluge, kritische und humorwarme Antwort von Sigismund Asch, die wenigstens auszugsweise hier zitiert sein soll:

Breslau, 17. 12. 1882
Liebste Jenny! In Deinem heut sehr spät an uns gelangten Brief vom 16ten haben wir uns mit einiger Mühe zurechtgefunden und den Eindruck davongetragen, daß Du ein richtiger Steeple-Chaser[67] in Berlin wurdest. Ich wünsche, daß es Dir und uns wohlbekommen möge, und es gibt mir andererseits die beruhigende Gewißheit, daß Deine Gesundheit eine recht wackere und schwer zu erschütternde ist, wofür ich dem Schicksal recht dankbar bin. Stelle sie

nur nicht zu sehr auf die Probe; – im übrigen aber solltest Du Dich nicht allzu sehr wundern, wenn z.B. Bob[68] auf der Universität sich doch auf etwas losließe und nicht regelmäßig schreibt oder telegraphiert. Allerdings ist er nur ein Student, während Du eine Frau in den besten Jahren bist! Das ist freilich ein gewaltiger Unterschied. Natürlich nimmt es uns ein wenig Wunder, daß Du über Deine Ankunft nichts meldest. Ich kalkuliere, daß Du wohl Mittwoch oder so herum kommen wirst. Ich kalkuliere – verstehe mich recht; mehr nicht! Ich will Dir keine Vorschriften machen!
Die Hochzeit werden nun wohl alle Beteiligten glücklich überstanden haben. Betty, Toni etc. haben geschrieben. Ich habe mich mit einem Telegramm getröstet, da ich wirklich zum Schreiben keine Zeit hatte. Ich hoffe, daß das das Glück des jungen Paares nicht wesentlich stören wird. Drücke ihnen mündlich nochmal meine besten Glückwünsche aus!

Beim Herumfegen in Berlin muß Jenny in einem Geschäft einer Lampe begegnet sein, die sie unbedingt ihrem Sigismund zu seinem bevorstehenden Geburtstag mitbringen wollte und über deren Sinn oder Unsinn die Eheleute bereits debattiert hatten. Daher fährt Sigismund in seinem Brief fort:

Lampenfrage: Ist wohl durch meine letzten Mitteilungen gänzlich erledigt. Zum Überfluß noch einmal: ich bitte Dich, keine Lampe zu kaufen – ich bedarf solcher, von denen Du sprichst, absolut nicht – habe keinen Platz dafür – es sind Putz- nicht Arbeitslampen; machen Ruß, brennen nicht besser. Diamantbrenner ist, nebenbei gesagt, eine unbrauchbare, bald vergessene Konstruktion! Ich kenne sie! Also: Laß es beim guten Willen. Würde die alte Lampe repariert, ist mir das vollauf genug. Du weißt, daß ich solche Dinge nicht liebe und nur in die Verlegenheit komme, mich freuen zu sollen, wo ich keine innere Veranlassung habe. Wenn Du etwas Hübsches für Toni findest, ist es mir recht. Wir haben wenig für sie[69] und wenig Zeit, hier noch etwas zu besorgen! Deine Zeit in Berlin ist aber wohl auch knapp genug!

Ich will Dich nicht länger aufhalten, da Du wahrscheinlich auch zum Lesen weder Zeit noch Lust hast. Alle[70] – Alle grüßen und küssen Dich selbstredend aufs Herzlichste und ich selbst umarme Dich als Dein getreuer Dich herzlich liebender
Sigismund.

Im Hause Bauer, bei den Töchtern Honigmann, Morgenstern und Asch, wurde keine Gelegenheit ausgelassen, Feste gebührend zu feiern, und das hieß: mit einer kleinen selbstgedichteten Burleske, einem liebevoll-frechen Couplet, einem Schattenspiel oder den damals so beliebten »Lebenden Bildern«. Die besten und witzigsten Dichter fand man zweifellos unter den Honigmanns, dort dichteten nicht nur Anna und ihr Mann David, sondern alle ihre fünf Kinder. Lina Morgenstern galt eher als schlichte Verseschmiedin – ihre Domäne war die Prosa und die freie Rede. Auf lyrischem Gebiet wurde sie sehr bald von ihrer Tochter Olga überflügelt. Sigismund Asch dichtete, soviel ich weiß, nicht. Dafür nahm sein Schwiegersohn Karl Jaenicke das Dichten ernst: 1882 schrieb er sein erstes Lustspiel »Flamme und Rauch«. Ob es aufgeführt oder gedruckt wurde, ist mir nicht bekannt, in Bibliotheken war es nicht zu entdecken. Für Karl Jaenicke bedeutete Literatur, ob er sie nun las oder selber hervorbrachte, eine Erholung, ein Ausbüchsen aus dem so ungeliebten Beamtenberuf. Zuhause hatte er seine große Bibliothek mit wertvollen Erstausgaben; über seinem Schreibtisch hing das Bild Goethes, von Ferdinand Jagemann[71] 1819 gezeichnet – heute eine Rarität, die in der Familie geblieben ist –, ein Bild, das an jedem 28. August, Goethes Geburtstag, mit Efeuranken geschmückt wurde. Seitlich hing eine kleinere Zeichnung, die Goethes Kopf auf dem Sterbebett zeigt, die Olympierstirn von Lorbeer bekränzt, der Mund eingefallen.

Ein glückliches Jahr war zu Ende, ein trauriges begann. Denn am 28. April 1883 starb in Wien der von allen hochgeehrte und geliebte Josef Josias Adler, Fannys jüngster Bruder und Cäcilies Mann, laut Todesurkunde an »Allgemeiner Zehrung«, was Tuberkulose bedeuten mag oder Krebs. Mit ihm war der letzte seiner Generation dahingegangen. Cäcilie stürzte sich in die Arbeit mehrerer caritativer Vereine, wurde Mitarbeiterin des israelitischen Blindeninstitutes auf der Hohen Warte in Wien und spendete

Geld, wo sie nur konnte. Da sie nach ihres Mannes Tod ein Testament machte, dessen Fotokopie wir besitzen, wissen wir, daß sie keine arme Witwe war, denn allein die Legate, die in ihrem Testament aufgeführt werden, erbrachten zusammengerechnet die Summe von 51 000 Gulden. Der Rest, der ein Vielfaches dieser Summe betragen haben muß, sollte ihren Haupterben, den vier noch lebenden Geschwistern zufließen.

Jenny und Dr. Sigismund Asch 1882

Bei Morgensterns gab es eine Katastrophe, mit der keiner gerechnet hatte. Das Konsumgeschäft des Hausfrauenvereins, das Theodor Morgenstern leitete, ging in Konkurs. Die Gründe lagen vor allem in der Tatsache, daß in letzter Zeit sehr viele neue Konsumvereine entstanden waren und entsprechend viele Kunden zur Konkurrenz abwanderten. Aber auch Antisemitismus schien eine Rolle gespielt zu haben, denn Lina schrieb darüber in einer »Selbstbiographie«, die niemand von uns besitzt, die aber im »Semi-Kürschner« von 1913 erwähnt wird[72]:

Je mächtiger unser Konsumgeschäft wurde, desto rachsüchtiger wurden unsere Feinde, die Kaufleute; dazu kam der immer mehr zunehmende Antisemitismus. Gehässige, verdächtigende Artikel erschienen in der Staatsbürgerzeitung, dem Kulturkämpfer, dem Organ der vereinigten Kaufleute etc. Sie suchten alle das Vertrauen der Mitglieder zu erschüttern, so daß an 2000 Familien ausschieden; und am Ende des Jahres 83 war der Hausfrauenverein veranlaßt, sein Konsumgeschäft zu liquidieren. Da mein Mann Garantie für den Verein geleistet hatte, mußten wir mit unserm ganzen Vermögen für die Verluste aufkommen. Ich bat den Verleger der Hausfrauenzeitung, der zugleich die Druckerei besaß, um ein Jahr Kredit und übernahm den Verlag und die Redaktion der Deutschen Hausfrauenzeitung, die damals die erste dieser Art war. Mein Mann trat als Leiter des Verlages ein und es gelang uns, unsere Existenz von neuem aufzubauen.

Die erneute finanzielle Pleite bei Morgensterns veranlaßte die älteste Tochter, Clara Roth, die sich hauptsächlich in der Kindergartenarbeit engagiert hatte, ihr Hobby, das Basteln, zu einem Beruf zu machen. Schon länger hatte sie sich mit jeder Art von Kunstgewerbe beschäftigt, vor allem mit Kerbschnitzerei. Nun machte sie ein »Atelier für Kunsthandarbeit« auf und schrieb ein Buch über Kunsthandwerk samt Anleitungen, die sie mit eigenen Illustrationen – das künstlerische Erbe ihres Vaters! – versah. Immerhin konnte sie mit den Einnahmen ihre Eltern in jenem schwierigen Jahr ein wenig unterstützen.

Allerdings gab es für die vom Schicksal gebeutelten Morgensterns auch einen Trost: Linas »Kochrezepte der Berliner Volksküchen« erlebte die 4. Auflage, und bei der Hygiene-Ausstellung des Jahres 1883 erhielt Linas Kochschule eine Goldmedaille. Darüber hinaus wurde ihr zu Ehren in New York die »Lina-Morgenstern-Loge zur Unterstützung für Arme und Kranke« gegründet, eine Einrichtung, die über Linas Tod bestehen blieb.

Adolph L'Arronge, der als künftiger Schwiegervater von Robert Asch schon ganz zur Familie gehörte, hatte zweifellos alle guten Sterne und Musen auf seiner Seite: Im Herbst 1883 eröffnete er sein Deutsches Theater mit einer Aufführung von »Kabale und

Liebe«, Josef Kainz[73], ein damals noch unbekannter fünfundzwanzigjähriger Schauspieler, in der Hauptrolle.

Obwohl alle Bauer-Kinder mit Wärme aneinander hingen, ist doch ein engerer Kontakt zwischen Wilhelm Bauer und seinen Geschwistern nirgends verbürgt, was teilweise an dessen Ehefrau Helene, von Asch als »gesellschaftliches Hindernis« bezeichnet, gelegen haben mochte; teilweise aber auch an Wilhelms kaufmännischem Beruf: Unter Wilhelms Schwägern – von Josef Josias Adler abgesehen – gab es keine Kaufleute, keine Bankiers, geschweige denn »Oberhoffaktoren« wie in alten Zeiten, sondern nur Mediziner, Juristen und Geisteswissenschaftler, die sich für Wilhelms Geschäfte, seine Möbel und seine Ziegelei kaum interessierten. Dennoch blieb man mitteilsam einander verbunden, zumal wenn man erfuhr, daß einer der Angehörigen erkrankte. Wilhelm Bauer, der – wie Robert Asch es ausdrückte[74] – »im Leben so wenig Zeit hatte, von seinen Kämpfen und Leiden auszuruhen«, erkrankte schwer, vermutlich an einem Tumor, und starb qualvoll, erst 58 Jahre alt, am 19. Juni 1885. Durch die alarmierenden Telegramme von seinem bevorstehenden Tod herbeigerufen, waren Jenny und Cäcilie nach Berlin geeilt, um bis zur letzten Stunde bei ihrem Bruder zu sein. Eigentlich hatte Sigismund Asch seine Jenny begleiten wollen, was sie aber seiner Überarbeitung wegen ablehnte. So schrieb er ihr, nachdem er die Todesnachricht erhalten hatte:

> Mein herzliebes Weib! Was soll ich sagen und klagen über das Herzleid, was Du wieder in Berlin durchgemacht hast und was Du in Deiner Herzensgüte mir zu ersparen energisch genug warst. Dem Verschiedenen ist die Erlösung von schwerem Leid zu gönnen – aber der Anblick dieser Leiden ist gewiß herzzerschneidend gewesen[75].

Sigismund, der Arzt, wird gewußt haben, wie dieses Sterben verlief.

Ob Wilhelm ein Testament hinterließ, wissen wir nicht. Doch wir wissen, daß zumindest die Ziegelei und die Häuser, die Wilhelm erworben, beziehungsweise von seinem Vater geerbt und verwaltet hatte, einen Wert darstellten, der aufgeteilt werden sollte zwischen seiner Frau und seinen Geschwistern. Die einen wollten den Besitz verkaufen, um möglichst schnell zu Geld zu kommmen – zu ihnen gehörte die Witwe Helene, Lina Morgenstern, die dringend ihr Finanzloch stopfen mußte, und Anna Honigmann, die gerade die Hochzeit ihrer Erstgeborenen, Elise, ausrichtete –; die anderen, zu denen die Aschs gehörten, wollten das Erbe längerfristig genutzt sehen, es also verpachten und vermieten. Die reiche Cäcilie neigte je nach Stimmung oder Beeinflussung zu diesem oder jenem. Letztlich sollte Sigismund Asch, der kluge und finanziell versierte Kopf der Familie entscheiden. Es war, wie er einmal schrieb, ein Amt »um auf allen Bäumen herumzuklettern«, weil er ständig dem Hinundher der Meinungen seiner Schwägerinnen ausgesetzt war, und dieses Gezerre sollte er noch längere Zeit ertragen.

Kurz vor oder nach Elise Honigmanns Hochzeit mit dem Arzt Dr. Baruch Spitz starb ihr Vater Dr. David Honigmann am 22. Juli 1885, nicht nur von der gesamten Familie unendlich betrauert, sondern auch von der großen jüdischen Gemeinde, deren Syndikus er nahezu drei Jahrzehnte war. Ihm, der eigentlich Mediziner werden wollte, aber durch Abraham Geiger, mit dem er eng befreundet war, überredet wurde, Rechtswissenschaften zu studieren, um damit als Jurist der zerstrittenen Breslauer Judengemeinde – hier die Orthodoxen unter Tiktin[76], dort die Reformwilligen unter Geiger – wieder zu Einheit und Ansehen zu verhelfen, ihm hatte diese Gemeinde mehr als nur eine innere Erneuerung zu verdanken. David Honigmann war auch für die Gleichberechtigung der jüdischen Glaubensgenossen auf allen Gebieten eingetreten und hatte sich ebenso weise wie energisch dafür eingesetzt, daß Juden als »integrierender Bestandteil des deutschen Volkes von lediglich anderm Religionsbekenntnis« anzusehen seien[77]. Mit Ferdinand Lassalle hatte er einst in dem von Abraham Geiger ins Leben gerufenen »Lehr- und Leseverein« unterrichtet; er war zum Mitglied der Breslauer Stadtverordneten-Versammlung aufgestiegen und fehlte nun als kluger Mentor überall. Mit ihm hatte die Stadt Breslau ihren juristischen Berater im Magistrat verloren: die Oberschlesische Eisenbahn ihren Generalsekretär; die Posen-Kreuzburger Eisenbahn den Vorsitzenden ihres Aufsichtsrats.

Für Anna war sein Tod ein kaum zu verwindender Schicksalsschlag. Von ihren fünf Kindern zählte das jüngste erst 16 Jahre, zwei ihrer Söhne studierten noch, nur der älteste, Paul, mochte damals wohl schon sein Jurastudium beendet haben.

Eine Woche nach der Beerdigung David Honigmanns wurde den Aschs durch Betty am 31. Juli 1885 ein drittes Enkelkind geschenkt: Eleonore Emma, wobei der zweite Taufname eine Reverenz vor Karl Jaenickes Mutter war. Eleonore, nicht die hübscheste, aber die gescheiteste ihrer Geschwister, studierte später Germanistik und Anglistik, wurde Lehrerin, heiratete den Augenarzt Dr. Kurt Colden alias Cohn und konnte sich nach dem Tod ihres Mannes mit ihren zwei Kindern vor den Nazis nach England retten, wo sie sich tapfer durchschlug, eine Zeitlang als Lehrerin in der Nobelschule Gordonstoun, wo sie einem künftigen Prinzgemahl namens Philip Mountbatten Manieren beibrachte. Lina Morgenstern startete einen neuen Versuch, Geld zu verdienen: Sie gab in ihrem Verlag einen »Allgemeinen Frauenkalender« heraus, dessen Herausgeberin sie bis zu ihrem Tod blieb, woran sich ablesen läßt, daß sich der Kalender offenbar gut verkaufte. Freilich reichte das nicht, um die Familie zu sanieren. Schon im folgenden Jahr sah sie sich gezwungen, ihre Schwester Cäcilie anzupumpen, und auch an Asch wagte sie sich wieder heran, indem sie ihm zwei Hamburger Prämienbriefe als Pfand gegen eine Unterstützung anbot. Ein ähnliches Ansinnen kam von ihrer Tochter Clara Roth, die Asch einen Silberkasten verpfändete, den er, ohne je den Inhalt zu überprüfen, zu Claras Beruhigung entgegennahm.

Nachdem Linas Sohn Michael Alexander Zahnarzt geworden und nach Baden-Baden übersiedelt und Clara unter der Haube war, entschloß sich nun auch Olga, die zweitjüngste Tochter, das Elternhaus zu verlassen, so daß Lina nur mehr die zwei Jüngsten daheim hatte, die lungenkranke Martha und Alfred, der damals vermutlich studierte. Möglicherweise wurde Olgas Entschluß von Tante Cäcilie unterstützt, die Olga bereits eine Mitgift von 3000 Gulden versprochen hatte, falls sie heiraten würde. Vorerst jedoch wurde von einer Heirat gar nicht gesprochen. Olga war selbständig und wollte unabhängig sein. Als ausgebildete Kindergärtnerin leitete sie einen eigenen Kinderhort, wechselte aber, nachdem sie in Berlin bei Minona Blumauer Schauspielunterricht genommen hatte, den Beruf: Botho von Hülsen[78], Generalintendant des Hoftheaters in Berlin, empfahl sie ans Hoftheater in Coburg, wo man sie für das Fach der »Jugendlich-Naiven und Sentimentalen« engagierte. Auch in Gotha sah man sie auf der Bühne. Nebenbei gab sie Sprechunterricht, schrieb Kinderbücher und veröffentlichte unter dem Pseudonym Rosa Morgan Gedichte.

Später kamen noch »Reisebriefe« und Essays hinzu, schließlich ein Drama, das sie speziell für sich geschrieben hatte – für sich in der Hauptrolle.

Der Februar 1886 war kalt, Marthas Tuberkulose verschlimmerte sich, Lina schien am Ende ihrer Kraft. Vor allem der bevorstehende Auszug von Olga, mit der sie immer unter einem Dach gelebt hatte, setzte ihr zu. So fuhr Jenny nach Berlin, nicht nur um Lina zu trösten, sondern um ihr zuzureden, noch vor Olgas Auszug mit Theodor und Martha zu verreisen, am besten in den warmen Süden, in Meran blühten die Mimosen. Doch Lina wollte lieber nach Venedig, obwohl dort zur Zeit eine Epidemie herrschte. Sigismund Asch, der sich prinzipiell nicht in anderer Leute Angelegenheiten einmischte, wurde nun allerdings energisch und feuerte Jenny einen Brief nach Berlin: daß Lina »sich doch zweimal überlegen soll, ob sie gerade in eine Epidemie hineinfahren will oder ob es nicht geraten sei, in Meran zu bleiben oder in Avio![79] Sie sollte doch einmal einen Arzt darüber sprechen – und selbst wenn es Fräulein Tiburtius wäre! Ich wollte es nur gesagt haben«[80].

Am nächsten Tag schrieb Asch erneut einen Brief an Jenny, nachdem er ein »seitenlanges« Schreiben von einem nicht näher bezeichneten A. Simonssohn erhalten hatte, das sofort von Asch im Sinne Annas, Jennys und Cäcilies beantwortet werden mußte. Dem ist zu entnehmen, daß Simonssohn als Rechtsbeistand von Helene auf den Plan gerufen worden war, weil sie unbedingt verkaufen wollte, was ihr nicht allein gehörte, nämlich die Ziegelei, die einst Albert Bauer seinen Kindern zu gleichen Teilen vermacht hatte. Asch, verärgert, daß er jetzt neben seiner Arztpraxis diese »langen Episteln« zweimal abzuschreiben hatte, um sie an Lina, beziehungsweise Cäcilie zu senden – mit Anna Honigmann traf er sich noch am gleichen Nachmittag – kommentierte bündig: »Es ist eine nette Gesellschaft. *Ich bitte Dich herzlich*, Dich in keinerlei Diskussionen irgendwelcher Art mit irgendwem einzulassen. Es führt solches Beginnen zu nichts und macht nur unnütze Bitterkeit. Was innerlich getrennt ist, kommt doch nicht mehr zusammen.« Und am Ende dieses Briefes fragt er Jenny: »Warum hat es einen Krach zwischen Theo und Olga quod Bräutigam gegeben? Ich glaube, daß dort alles Krach ist.« Sollte Olgas Bräutigam, ihr zukünftiger Mann Dr. Otto Arendt, vielleicht der Anlaß gewesen sein, daß Olga ihr Elternhaus verließ? Wir wissen es nicht.

Jenny wollte noch – vor allem um ins Deutsche Theater zu gehen – ein paar Tage in Berlin verbringen, wußte aber nicht, wo sie wohnen sollte. Bei Morgensterns war es offenbar nicht mehr möglich, zu L'Arronges mochte sie nicht, ein Hotel war ihr zu teuer. Auf ihren letzten Brief antwortete Asch, er habe »uns alle sehr erfreut, da er uns meldet, daß Du wohlauf bist. Im übrigen war er allerdings ein wenig erfreuliches Spiegelbild der um Dich herumtobenden Konfusität. – Nun möchte ich doch aber recht bald wissen, wo meine Frau zu bleiben gedenkt. Kraft meiner Autorität verbiete ich hierdurch allen Ernstes, daß Du, falls Lina abgereist ist, etwa alleine bei Olga bleibst und so ein bißchen den Auszug mitmachst. Ich kann nicht sagen, daß ich überzeugt wäre, daß Dir das nicht ähnlich sähe ...«[81].

Selbstverständlich wurden die Hochzeitstage der Familie ebenso gefeiert wie die Geburtstage. Doch an ihrem 31. Hochzeitstag waren die Aschs getrennt, denn Jenny fegte noch immer in Berlin umher, und Sigismund Asch hatte in Breslau seine Praxis zu versorgen. Also schrieb er Jenny, damit sie auf jeden Fall pünktlich zu diesem Datum einen Gruß erhielt, am Vortag[82]:

Polterabend! Meine geliebte Jenny! Es ist zwar schon recht lange her, daß wir »ihn« gefeiert haben, und es wird Dir am Ende auch zweifelhaft sein, ob Du auch jetzt noch Dir dazu zu gratulieren Veranlassung gehabt hast – indes, da doch nichts mehr daran zu ändern ist, so wollen wir es halt beim alten lassen und miteinander als gute Kameraden weiterwandern so gut und so lang es eben geht! Ich will Dich also nicht beglückwünschen – aber ich wünsche Dir recht viel Glück und vor allem, daß Dir erhalten bleiben möge Dein frischer Sinn und Deine jugendliche Elastizität, welche mir nun doch allmählich gar sehr zu schwinden beginnt. Ich werde mit Riesenschritten ein alter Mann! Und man kann garnicht sagen, daß das zu den Annehmlichkeiten des Lebens gehört. Im übrigen aber bin ich sehr damit einverstanden, daß Du noch ein Weilchen in Berlin bleibst. Du hast daran sehr recht getan – nur nicht etwa Olga den Umzug mitmachen. *Das verbiete ich Dir ernstlich!* Ich will, daß Du Dich jetzt in Berlin erholst und glaube, daß Du Dich in den letzten Tagen mehr angestrengt hast, als Du dies zu

Haus zu tun nötig hast! Also ordre pariert! junge Frau! Und alle die Lehren, die man in sehr beredter Weise andern zu geben versteht, auf sich selbst angewendet! Ich wünsche von Herzen, daß Du munter und frisch nach Hause zurückkehrst und gebe Dir gern länger Urlaub als bis Mittwoch, wenn ich auch durchaus nicht sagen will, daß ich Dich nicht vermisse. Also komme, Liebste!, wenn Du Dich sehnst, und bleibe, wenn Du es für gut für Dich hältst. Wir gönnen es Dir alle von Herzen! Gib Nachricht von Dir und unterhalte Dich so gut Du kannst. Laufe nicht so viel, sondern fahre! Und nimm Olga mal mit ins Deutsche Theater und schenke dem Alfred etwas![83]

Inzwischen hatte der von Helene Bauer ins Vertrauen gezogene Herr Simonssohn auf sein langes Schreiben eine Antwort von Asch erhalten, und es gab auch schon eine Reaktion, deren Inhalt Asch seiner Jenny sofort mitteilte:

Nun noch eine kleine Neuigkeit! Mein Brief an Simonssohn hat gründlich eingeschlagen! So scheint es wenigstens. Ich erhielt von Helene heut morgen einen Brief, worin sie schreibt, ich möchte doch ja nicht böse sein – Simonssohn hätte sich nur informieren wollen – sie dächte gar nicht ans Hausverkaufen u.s.w. Aber! Clara[84] müßte doch versorgt werden und dazu gehört eine Mitgift. Sie hätte nun mit Hängen und Würgen vor Gericht ein Drittel der Hinterlassenschaft ihres Vaters herausbekommen (was, nebenbei, gelogen ist, da Clara als majorenn ohne weiteres ihr Vermögen erhält!) – dann erhielte sie fünftausend Mark von Cäcilie, was diese ihr zugesprochen hätte – ein Erkleckliches täten ihre Schwäger, aber das alles reiche nicht hin; sie müßte auf die 1000 Mark, die von der Ziegelei auf sie kämen, mit großer Bestimmtheit rechnen, und außerdem möchte ich doch so gut sein, ihr 3000 Mark entweder aus der Masse zu geben oder sie auszulegen! – und mir die Zinsen dafür von ihrer Rente abzuziehen! Wie ich das Kapital zurückerhalten soll, überläßt sie meiner Erfindungsgabe gütigst. Sie habe auch schon mit Dir sprechen wollen, aber in dem Trubel bei Morgensterns sei dies unmöglich gewesen. Wie gefällt Dir die Pomeranze? Ich werde heut abend noch antworten. An Deutlichkeit soll meine Antwort bei aller Feinheit der Form nichts zu wünschen übriglassen. It is a fine Kind! Ich denke, sie wird an mir ihren Meister finden!

Aus mehreren Asch-Briefen geht hervor, daß Tochter Toni häufig krank war und der Kinderarzt Dr. Steuer öfters konsultiert werden mußte. Inzwischen war sie fast zwanzig, aber immer noch ein wohlbehütetes Nesthäkchen, über dessen Gesundheitszustand in beinahe jedem Brief berichtet wurde. So auch in Sigismunds Polterabendbrief:

> Toni schont sich sehr und es geht ihr recht gut. Sie will morgen abend ein paar Mädchen bei sich sehen und ich bin sehr damit einverstanden. Natürlich aufs Einfachste. Vergiß nicht, Toni, Bob, allen Kindern und Kindeskindern etwas mitzubringen, besonders auch den Leuten[85], die allseitig sehr brav sind und fleißig.

Die Veilchen, die Jenny einst als junges Mädchen ihrem geliebten Sigismund nach einem Gesellschaftsabend im Hause Bauer zugesteckt hatte, und die von ihm in einem Schächtelchen aufbewahrt wurden, waren von keinem der beiden je vergessen. So schloß Sigismund seinen Brief mit den Worten:

> Nun lebe herzlich wohl! Lasse Dir die mitfolgenden Veilchen, als unsere Liebesblumen, freundlich zu Nasen steigen! Ich muß mich doch mit etwas Dir ins Gedächtnis rufen! Das ist am Ende nötig für Deinen alten getreuen
> *Sig.*

Acht Tage später war Jenny noch immer in Berlin und schien die große Welt in vollen Zügen zu genießen. Sigismund schrieb ihr täglich einen Brief, weil Jenny unbedingt alles, was sich in Breslau ereignete, wissen wollte. Offenbar stand noch immer nicht fest, wann Jenny zurückkehren würde; und Sigismund schrieb: »Ich und mit mir alle Kinder freuen uns herzlich, daß es Dir so ausnahmslos gut und amüsant geht und daß Du das alles so ohne Zaps und Klaps erträgst. Unberufen! Ich wäre es nicht imstande. Du gehörst eben zum starken Geschlecht!«[86]

Inzwischen hatte Robert Asch sein Medizinstudium eine Zeitlang als Assistent bei Prof. Karl Schröder in Berlin fortgesetzt, wo er nebenbei die Gelegenheit wahrnahm, so oft wie möglich seine geliebte Käthe L'Arronge zu sehen: Da wurden wohl schon die Pläne für eine baldige Ehe geschmiedet. Nach Breslau zurückgekehrt, übernahm er eine Assistentenstelle bei Prof. H. Frisch und vollendete seine Dissertation über »Prolapsoperationen«, ein gynäkologisches Thema. Em Ende des Wintersemesters 1886 wurde er promoviert, möglicherweise gemeinsam mit seinem Vetter Georg Honigmann, dessen medizinische Doktorarbeit »Zur Entstehung des Acetons« auf einem »diätetischen Selbstversuch« basierte, »zur Klärung der Frage nach der Herkunft des Acetons aus dem Eiweiß- oder Kohlenhydratstoffwechsel«[87]. Wie sein Vater Sigismund, wie sein Onkel David Honigmann, sein Vetter Paul Honigmann – und viele seiner Vettern und Schwäger nach ihm – empfing Robert Asch sein Doktordiplom in der Leopoldina der Breslauer Universität, der schönsten Barockaula Europas. Auch seinen Militärdienst, den er neben seinem Medizinstudium zumeist bei der Nachtschicht im Lazarett absolvierte, hatte er nun beinahe beendet, so daß er sich jetzt eine kleine Verschnaufpause gönnen durfte. Was lag da näher, als seinen Vater nach Karlsbad zu begleiten und dort mit ihm ein paar Tage zu faulenzen.

Wie in allen Sommern wollte Sigismund Asch auch in diesem Jahr wieder allein und fern der Familie seinen Urlaub in Karlsbad verbringen, um sich von seiner ständig größer werdenden Arztpraxis und wohl auch von Jennys Umtriebigkeit zu erholen, zu schweigen, zu schlafen. Doch der im Juli 1886 ihn begleitende Robert war ihm, wie er an Jenny schrieb – die derweil mit Toni in Bad Kissingen kurte – »ein guter und nachgiebiger Kamerad«, mit dem er sogar sein Zimmer im Hotel »Schild« teilte. Freilich nur für wenige Tage, denn Robert hatte noch sechs Wochen zu dienen, um befördert zu werden, mußte also bald wieder nach Breslau ins Lazarett, in den ewigen Nachtdienst zurück. Im »Schild«, das von Herrn Roscher geführt wurde, hatte Asch öfters auch mit Jenny gewohnt, weil es ihm »durch seine Ruhe wohltat«. Was die Ruhe betraf, schien sich da allerdings einiges in letzter Zeit geändert zu haben, was ein Brief an Jenny dokumentiert: »Die Gesellschaft demokratisiert sich hier immer mehr, und so hören die *vornehmen* Bedürfnisse auf, nach denen sich die Geschäftslage richtet. Beispiel:

»... und freue mich herzlich, daß Ihr lustige Gesellschaft gefunden, welche sich hoffentlich fortsetzen und zu Eurem Zeitvertreib beitragen wird.«
(Asch an Jenny in Bad Kissingen, wo sie im Gradierwerk Heilung für ihre strapazierten Stimmbänder erhoffte.)

Im Schild ist alle Montage Konzert. Gestern das erste, das wir hörten, von halbacht bis viertelzehn abends. Ziemlich voll! Ich sagte Herrn Roscher, damit wäre allerdings die Vornehmheit des alten ›Schild‹ abgestreift und der goldene Schild hätte einen Flecken, der die alte Frau Starke sich sicherlich im Grabe umdrehen mache! So werde ich auch wohl, wenn mich des Lebens Gunst oder Ungunst noch einmal hierherbringt, nicht im ›Schild‹ wohnen«[88].

Was gab es sonst noch aus Karlsbad zu berichten? »Absolut kein Bekannter und nichts Interessantes. Du weißt, wie langweilig Karlsbad sein kann, wenn man nicht zufällig ein paar Menschen findet.« Das einzig bekannte Wesen, dem Asch in die Arme lief, war Jennys Schwester Cäcilie, die man häufig in österreichischen oder schlesischen Badeorten antreffen konnte, und die nun gewiß nicht für Asch die Quelle von Kurzweil darstellte. »Cäcilie, die ich täglich sehe, grüßt Dich innig und will, daß wir nach Gastein zu ihr kommen sollen. Sie bleibt noch 14 Tage hier. Bei ihr trafen wir heut Frau Kantorowicz und Wolf aus Posen! Marienatinnen von Marie Gerstner! Es war zum Weckenaufblasen. – Man muß die Weiber nehmen, wie sie fallen.« Und tags drauf: »Cäcilie ist sehr lieb und nett, aber mit ihrem gesundheitlichen Wesen, Schwäche u.s.w. garnicht zu irgendetwas zu gebrauchen, zumal sie Konzert, Theater und dergleichen nicht besucht«[89].

Weil man im »Schild« offenbar kein Frühstück erhielt, zog Sigismund mit seinem Robert allmorgendlich zum Frühstücken in den »Posthof«, wo die beiden endlich ein paar Bekannten begegneten, Hammacher, Geheimrat Veit aus Berlin und Direktor Guhrauer, der früher Lehrer am Magdalenaeum in Breslau war. Auch an Jenny fielen einige Grüße ab von der Hofjuweliersgattin Guttentag, Fräulein Weißenborn und Frau Prof. Cohn nebst Schwester Fräulein Friedländer aus Gleiwitz. »Alles andre«, bezeichnete Asch als »nicht der Rede wert. Illustre Personen natürlich en masse. Gspaßiges garnicht. Verrückte Toiletten und noch verrücktere Frauenzimmer. Geistig bedeutende Menschen rien du tout!« Zum Zeitvertreib und weil der Jux vorherzusehen war, besuchte Asch mit Robert eine »Seance bei einer sehr schönen Gedankenleserin, Mademoiselle Luise de Gentry – glücklicherweise letzter Platz! Sie ist gescheit und allerliebst, konnte aber mit Robert als Medium die ihr gestellte Aufgabe nicht lösen. Natürlich allgemeines Aufsehen!« Was Wunder[90].

Am übernächsten Abend gingen die beiden ins Theater: »›Mademoiselle de Bellaille‹: elende Possen-Operette – aber mit Gerardi, der etwas unendlich Komisches hat![91] Das Theater selbst sehr klein, doch ausgesprochen elegant und bequem. Äußerer Raum auf Kosten des Inneren verschwendet. Elektrische Beleuchtung kostbar! Keine Hitze trotz gänzlicher Füllung.«

In einer Woche würde Jenny in Kissingen ihren 54. Geburtstag feiern – eine Qual für Sigismund Asch, »etwas ausfindig zu machen, was Dir Freude machen könnte, ohne von Dir als unnütz perhorresziert zu sein und ohne ein Bedürfnis zu befriedigen. Kleider und ähnliches sind für Dich und mich keine Geschenke und immer nur ein elender Notbehelf – mais quoi? Gott weiß es – aber er gibt einem ja keinen Rat und nun von hier aus! Du erhältst also einen Brief und einen Strauß und damit basta und wirst an *dem* Tage doppelt und dreifach versichert der alten Liebe Deines treuen alten Sig«[92].

Diskussionen über Aschs noble Geschenke, die Jenny zweifellos sehr schön, doch meistens viel zu teuer fand, hatte es zwischen den beiden öfters gegeben. Jenny war alles andere als eine Verschwenderin, sie war von ihrer Mutter so erzogen worden. Asch aber hatte das Bedürfnis, aus überströmendem Herzen und mit vollen Händen zu schenken, und er fürchtete sich, ein gebranntes Kind, möglicherweise wieder von Jenny brüskiert zu werden. Natürlich beschenkte er sie – trotz vorangegangener gegenteiliger Beteuerung – dann doch, was aus einem Brief hervorgeht, der hier, weil er das Wesen Aschs zeigt, folgen soll.

Carlsbad, 16. 7. 1886

Mein geliebtes Herz!
Wenn dieser Brief zur rechten Zeit in deine Hände gelangt, so wird er es uns erst recht deutlich machen, daß es garnicht schön ist, wenn wir an diesem Tag getrennt sind – eine Trennung, welche niemals und besonders nicht in unserem Alter durch Briefe und sonstige Sendungen überbrückt werden kann! Es werden von allen Seiten Briefe auf Dich zuströmen – indes ich denke mir, daß Dir der alte Halt doch bei alledem und trotz alledem ein wenig fehlen wird. Indes es ließ und läßt sich nun doch nicht anders machen, und Geburtstag wollen wir eben erst feiern, wenn wir wieder beieinander sein werden! Heut soll Dir nur ein kleines Erinnerungszeichen zuteil werden, zum Beweis, daß wir alle in Liebe Deiner gedenken, und wenn dabei einzelne Gegenstände sind, welche Dir eine Freude machen sollen, so sehe ich – und bitte Dich, ein Gleiches zu wollen – darin keine Geschenke und nichts weiter als äußere Zeichen. Wir sind innerlich verbunden und bedürfen dieser äußeren Zeichen nicht mehr. Es ist und bleibt aber eine liebe Gewohnheit, denen, welche man liebt, durch äußere Zeichen einen Nebenbeweis dafür zu geben, daß es einem Freude machen würde, wenn der andere sich ein wenig freute. Geschenke machen ist eben nur Egoismus des Schenkenden! Also Schwamm drüber. Eines hoffe ich, daß es Dir Freude machen soll: das sind die beiden Klingsberge[93], welche zwar recht schlechte Bilder liefern, aber doch nun einmal ihre Konterfeis sein sollen. Nimm sie eben, wie sie sind. Die Briefbogen sind von Robert gezeichnet. Das Arbeitskörbchen nebst Nähtäschchen von Anna Honigmann. Die beiden Putzhandtücher, die man nicht

»Ganz allerliebst ist Euer Bild – wir haben denselben Gedanken gehabt –
nur daß unsere Bilder herzlich schlecht ausgefallen sind, während die
Euren hübsch sind. Du, namentlich, Liebste! siehst prächtig aus. Nun,
wir werden sie ja bald von Angesicht zu Angesicht vergleichen können!«
(Brief von Asch an Jenny vom 18. 7. 1886)

weiter braucht, sind von Cäcilie. – Das Übrige hat Dein Alter, wie gesagt, für Dich ausgesucht!
Was ich Dir sonst noch, mein geliebtes Herz, wünsche? Nun, eigentlich nichts, was ich mir nicht mitwünschte! Ich weiß für Dich und gegen Dich nichts, was nicht auch für oder gegen mich wäre. Wir wünschen uns, daß wir noch ein Weilchen, d. h. so lange wie irgend möglich, in Frische des Geistes und Körpers zusammenbleiben mögen – bis wir eben nicht mehr können. In diesen beiden Wünschen, die ich für Dich wie für mich hege, ist alles erschöpft, was ich empfinde. Alles andere existiert für mich nicht – und ich denke, Du stimmst mit mir überein. Sind wir beide doch längst über äußeren Tand hinweg! Leb wohl, Geliebte! Küsse unser geliebtes Mädel und erfreue Dich daran, wie alle die Deinen Dich lieben und nicht zum Mindesten Dein alter

getreuer *Sigm.*

Tags darauf, am 17. Juli 1886 schrieb Asch an Jenny »zu unserem morgigen Festtag. Ich weiß nichts zu sagen, als daß wir uns alle beglückwünschen, Dich zu besitzen und uns der Hoffnung zu erfreuen, dies noch *recht lange* zu tun! Möge ein gnädiges Geschick uns unsere letzten Lebensjahre gemeinschaftlich schenken und sie frei sein lassen von allen schwarzen Wolken! Gedenket unser in freundlicher Liebe! *Wir* werden, von Tante Cäcilie zu Tisch geladen, Dein Wohl in schäumendem Ginsthübler trinken! Also nochmals, Liebste: Hip-Hip-Hurrah! Du sollst leben für Dich und uns und insbesondere für Deinen alten treuen Sig.«
Jennys Geburtstag, ohne Jenny, begann für Sigismund Asch mit einem Strauß Rosen, der ihm von der einige Straßen entfernt wohnenden Cäcilie geschickt wurde, die ihrerseits von Asch einen »Glückwunsch in Rosen« erhalten hatte, samt einer schwarzen Korallenbrosche, die Asch für sie in Karlsbad anfertigen ließ. Alsdann kam mit der Morgenpost ein Paket von Jenny mit einem von ihr gemalten Aquarell, das sie mißglückt fand, und einem vielleicht weniger mißglückten Foto, das sie an der Seite Tonis zeigt, aufgenommen vom Kissinger »Hofphotographen Pilartz an der Salinenpromenade«. Natürlich bedankt sich der so Beschenkte noch am gleichen Tag »tausend und abertausend Mal« und kann Jenny endlich melden, daß er einige Leute getroffen habe,

mit denen eine »lehrreiche Unterhaltung« möglich sei. »Man muß eben lange hier sein! Das ist ja eine alte Geschichte«[94].

Jennys nächster Geburtstag, 1887, wurde im Kreis der ganzen Familie gefeiert und erst kurz danach, im August, fuhr man wie-

der getrennt in die Sommerferien: Asch in sein bevorzugtes Karlsbad; Jenny mit Toni zur Abwechslung nach Bad Reichenhall. Sie versprach sich davon ganz Wunderbares für ihre strapazierten Stimmbänder, vor allem, wenn sie im Gradierwerk sitzen würde, um zu inhalieren. Das Gradieren ist ein heute kaum noch ausgeführtes Verfahren, bei dem Salzsole durch eine hochgelegene Rinnenleitung läuft und von dort über lange Reiserwände, die zwischen Balkengerüsten angebracht sind, herabrieselt. Die Patienten pflegten dann vor diesen sogenannten Gradierwerken zu sitzen oder zu lustwandeln, um die durch zerstäubende Soletröpfchen angereicherte Luft zu atmen, was bei Erkrankungen der Atmungsorgane helfen sollte. Asch betrachtete derartige Erfindungen mit Skepsis, zumal im Hinblick auf Jennys Stimmbänder, die nur zwei Dinge zur Heilung brauchten: Schweigen. Und frische Luft.

Nun gut, Jenny wollte unbedingt nach Reichenhall ins Gradierwerk – doch kaum war sie dort, wähnte sie sich von herumgeisternden Bakterien bedroht, vor allem, wenn dicht neben ihr ein Kurgast hustete. Asch mußte sie brieflich beruhigen:

> Du brauchst in dieser Beziehung keine Angst zu haben. Wäre es so, wie Du glaubst, dann könnten wir in der Welt nicht existieren, denn mit jedem Atemzuge atmen wir Millionen solcher Organismen ein, und in keinem Hospital bliebe ein Mensch, niemals ein Arzt verschont, der täglich in die engste Berührung mit Kranken kommt. Man umarmt und küßt solche Patienten nicht gerade direkt; in dieses Verhältnis werdet auch Ihr wohl nicht kommen, und so kannst Du ganz ruhig sein. – Die Bakterien sind nicht so schlimm wie ihr gegenwärtiger Ruf[95].

Waren die Bakterien für Jenny schon eine Aufregung, so regte sie sich noch viel mehr über die Tatsache auf, daß Asch seine Praxis während der Ferien nicht Robert überließ, sondern wie jedes Jahr dem Dr. Körner. Jenny sah darin eine unfaßliche Benachteiligung des eigenen Sohnes, freilich ohne die Gründe zu erkennen: Robert, ein Gynäkologe, hatte keinerlei Erfahrung als praktischer Arzt. Und Asch sah sich zu einer Verteidigungsrede gezwungen: »Wenn ich meine Arbeit hätte Bob übertragen *können,* so hätte ich es schon getan. Ich habe mich darüber mit Robert ausgesprochen

Cäcilie Adler, geb. Bauer 1828–1903

und er hat mir recht gegeben. Er war nach *keiner* Richtung dazu imstande und sagte mir dies selbst. Glaube mir, unsereiner überlegt die Dinge auch wenn er nicht viel Worte macht.«

Viele Worte hingegen wurden im Lauf eines Tages von den Damen, die im Gradierwerk beisammensaßen, gewechselt und offenbar wurde auch über alleinreisende, womöglich verheiratete Herren hergezogen, so daß Sigismund ein Postscriptum seinem Brief anfügte: »Darf ich mit hübschen Damen Bekanntschaft machen? Oder wird man mir auch nachsagen, daß ich mich zu unverheiratet benehme! Diese Klatschbasen!! Der Teufel soll sie im Gradierwerk oder in der Sudpfanne braten.«

Aus Karlsbad gab es für Asch wenig zu berichten: »Von Gesellschaft niemand – d. h. ich spiele Skat mit langweiligen Amtsrichtern und anderen Juristen nachmittags von 3 bis 6 – aber! gute Leute, doch schlechte Musikanten, so daß ich nicht einmal mit ihnen spazierengehe. Oder soll ich mich vielleicht an den kleinen Guttmann (durchlaucht) heranwerfen? um mit ihm und Ehrlich aus Breslau (Firma Löbel Schottländer) Skat zu spielen? Für mich unmöglich! Die Damen, die ich durch Fritz[96] kennenlernte, sehr respektabel aber sternhageldumm. Bauers auch noch nicht da und auch für mich unbrauchbar.«

Mit Bauers war wohl Helene samt Tochter Clara gemeint, die natürlich in den Sommerferien, wie es üblich war, durch die Badeorte schwirrten. Gerade waren auch Cäcilie und Anna, die beiden verwitweten Schwestern, nach Gastein gefahren, wo Cäcilie sich von irgendwem eine Wohnung hatte mieten lassen, die ihr nun gar nicht konvenierte, was Asch zu der Feststellung veranlaßte: »Jedenfalls ist Cäcilie etwas ungeschickt, nachdem sie x-mal die Erfahrung gemacht hat, daß man sich eine Wohnung nicht mieten läßt«[97].

Von Tochter Betty kamen sowohl an Sigismund wie an Jenny stets nur die besten Nachrichten über die prächtig heranwachsenden Kinder; und von Karl Jaenicke, der gerade in einem Breslauer Verlag zwei Novellen – »Justine Dankmar« und »Liebesrausch und Tausch« – herausgebracht hatte, kam das Manuskript eines Schauspiels, das Asch an Jenny weiterleitete mit den Worten: »Über Karls Stück sprechen wir noch! Grüße Grube[98], gib ihm doch das Stück vertraulich mal zum lesen! Meiner Ansicht nach ist es unbrauchbar. Die Dachdeckergeschichte ist greulich!« Ver-

Lina Morgenstern

»Nein, mein Herr, wir Frauen verlangen nicht Gnade, sondern Gerechtigkeit. Wo Ungerechtigkeit gegen die eine Hälfte des Geschlechtes herrscht, gibt es überhaupt keine Gerechtigkeit. Wir verlangen von Staat und Gesellschaft, daß sie uns die Verwertung unserer Geistesgaben ermöglichen, indem sie uns das Studium freigeben wie dem Manne, und daß sie den Frauen, die sich als reif und würdig zeigen, auch die ebenbürtigen Würden nicht verweigern.«
(Lina Morgenstern in einer öffentlichen Replik an den Anatomieprofessor Dr. Wilhelm Waldeyer, 1887)

mutlich handelte es sich hierbei um das niemals im Druck erschienene Schauspiel »Der Lebenskünstler«.

Der Schauspieler Max Grube, der damals wahrscheinlich in Bad Reichenhall gastierte, gehörte dem berühmten Meininger Theaterensemble an und mußte wissen, was ein bühnenwirksames Stück ist. Asch kannte ihn schon als Heranwachsenden, da Grubes Vater eine Zeitlang Professor an der Breslauer Universität war. Natürlich hatten die Meininger ihre klassischen Inszenierungen auch in Breslau gezeigt, und Asch, der nicht nur mit vielen Wissenschaftlern, Ärzten und Juristen seiner Zeit befreundet war, kannte mehrere Schauspieler dieser Truppe persönlich, wie er sich ja überhaupt zu Theaterleuten hingezogen fühlte. Die berühmte Agnes Sorma[99] und Josef Kainz mit seiner Frau gehörten zu Aschs Patienten und verkehrten in seinem Haus.

So flogen die Briefe zwischen Jenny und Sigismund, versehen mit liebevollen Ratschlägen, hin und her, und auch wenn nichts Bedeutendes passierte, sollte doch jeder vom andern täglich ein Lebenszeichen haben. Daß Robert Asch sich darüber lustig machte, quittierte der Vater mit Mißfallen: »Wenn Robert sich mokiert, daß wir zu viel schreiben, so gehört er zu den Reichmachern Stephans nicht. Das will ich ihm gern bezeugen. Jedes Tierel hat eben sein Manierel«[100].

Bei Lina Morgenstern ging es 1887 beruflich wieder bergauf. In einem Stuttgarter Verlag gab sie ihre »Hundert Ezählungen aus der Kinderwelt für Kinderstuben und Kindergarten« heraus[101], und ihren Theodor machte sie zum Bevollmächtigten des Berliner Hausfrauenvereins und Mitinhaber der Firma Theodor Morgenstern & Co. – das war ihr Verlag, in dem die »Deutsche Hausfrauen-Zeitung« erschien in Berlin, Potsdamerstr. 82 a. Zugleich arbeitete sie an ihrem Buch »Die Frauen des 19. Jahrhunderts« und wurde Mitbegründerin des »Vereins zur unentgeltlichen Erziehung schulentlassener armer Mädchen für die Hauswirtschaft«, ein Verein, der dieselben Ziele verfolgte wie der bereits 1881 gegründete, nur daß man sich nun vorrangig der *armen* Mädchen annehmen wollte. Lina kannte weder Arbeitspausen noch Ferien. Die Italienreise im März letzten Jahres hatte sie einzig ihrer Tochter Martha zuliebe unternommen, damit die Todkranke noch einmal die Schönheit der Welt, einen südlichen Frühling erleben möge. Für Martha gab es keine Heilung mehr. In der Silvesternacht 1887 erlag sie ihrer Tuberkulose.

1888 trat nun auch Olga Morgenstern mit einem ersten Buch an die Öffentlichkeit. Im Verlag Rosenbaum und Hart, Berlin, erschien unter dem Titel »Für gesellige Kreise« eine Sammlung ernster und heiterer Stücke, die weniger zum Aufführen gedacht waren, als zum dramatischen Vorlesen im trauten Familienkreis[102]. Lina hingegen legte gleich einen ganzen Wälzer vor, den ersten Band ihres Hauptwerkes »Frauen des 19. Jahrhunderts«. Darüber hinaus veröffentlichte sie eine kleinere Schrift über »Victoria, Kaiserin, Königin von Preußen. Ein Leben«, und in der »Deutschen Hausfrauen-Zeitung« einen 22 Seiten langen Artikel, in dem ihr endlich der Kragen platzte über das großmächtige Gebaren mancher Männer, die auf die Frauen als geistig und körperlich Minderbemittelte herabsahen und alles taten, um weibliche Wesen vom Studium an der Universität fernzuhalten. Dieser Artikel, unter der Überschrift »Ein offenes Wort über das medizinische Studium der deutschen Frauen an Herrn Prof. Dr. W. Waldeyer«[103] brachte immerhin einiges in Bewegung, wenn auch der ersehnte Durchbruch auf diesem Gebiet noch auf sich warten ließ. Hatte Lina für dieses Jahr nicht schon genug geleistet? Nein. Jetzt kreierte sie noch eine Monatsschrift »Für junge Mädchen«, die bis 1894 bestand.

Auch Karl Jaenicke konnte etwas Neues ankündigen: sein Lustspiel »Die Witwe von Ephesus«. Ob das Stück jemals aufgeführt oder gedruckt wurde, ist nicht überliefert.

Sigismund Asch, der 1888 zum Vorstandsmitglied der Ärztekammer der Provinz Schlesien gewählt wurde, war Ende Mai wieder einmal Strohwitwer in Breslau, weil Jenny nach Wien zu ihrer Schwester Cäcilie fuhr, bei der sie Toni treffen sollte, die vermutlich dort zu Besuch war. Sie muß an Sigismund seitenlange Briefe geschrieben haben über ihre bombastischen Erlebnisse, denn wir besitzen Aschs Antworten, die ebenso liebevoll wie lakonisch auf alles eingehen, zumal auf Jennys Fragen, den Breslauer Haushalt betreffend: »Im Hause arbeiten die Mädchen. Gestern ist gewaschen worden! Was? weiß ich nicht, aber ich vermute ›Wäsche‹! Ich rechne jeden Morgen ab und Du kannst Dich darauf verlassen, daß ich jede Seltersflasche zähle – es ist immer, wenn ich sie zähle, eine! Du mußt Dich eben mit den mageren Nachrichten über alles, was hier nicht passiert, begnügen – denn es geht wirklich nichts vor. Im Haus ist alles so still, daß ich mich niesen höre und die Fliegen vergnügt die Ohren spitzen, wenn es geschieht, denn da haben sie doch eine Zerstreuung. Gestern hatte ich bis fünfeinhalb Sprechstunde[104] bis zur völligen Abspannung.

Mittwoch abend bin ich als Wurstfüllsel zu Feiges[105] gebeten – Wolfgang Koester etc. ›Leichte Schauer fassen mich‹. Bei Honigmanns nichts Neues.«

Ein Tag ohne Nachricht von Jenny bedeutete für Sigismund zwar keine Irritation, aber ein bißchen wunderte es ihn doch: »Ich nehme an, daß Ihr so viel bummelt, daß zum Schreiben keine Zeit übrig bleibt. Gestern, am 29., erhielt ich eine Karte von Tonichen datiert vom 25. Mai. Ich bin eigentlich neugierig, wann sie diese in den Postkasten oder in ihre Kleidertasche versenkt hat. Am 28. ist sie in Wien zur Post gelegt worden! Na! Na! in dem Gewuder!«[106]

Das Gewuder muß in jenem Mai 1888 bei Cäcilie in Wien besonders groß gewesen sein, was aus einem brillant formulierten Explosionsbrief Aschs hervorgeht. Schon seit einigen Jahren war Jennys Schwester Cäcilie von einem angeheirateten Neffen ihres Mannes, einem verschuldeten und arbeitsunwilligen Augenarzt Dr. Klein[107], angepumpt worden; immer wieder hatte sie dem Mann Geld gegeben, weil ihr die Familie jenes Nichtstuers leid tat, und immer wieder wurde sie zum Geben weiterer Summen bekniet – diesmal sollte sie gleich 5000 Gulden herausrücken. Das schien ihr nun doch etwas zu viel. Andererseits wollte sie gerne die Schulden Kleins bezahlen – des »Renommees« wegen. Und »was dann?« fragte Asch. »Macht er keine neuen Schulden? Oder vielmehr, *muß er nicht neue machen,* wenn er es so weitertreibt wie bis jetzt? Und dann? Oder was will er sonst mit den 5000 Gulden? Befriedigt sein für alle Zeit? Welche Garantie, daß er nicht morgen wiederkommt! Man kann mit Sicherheit auf diese Wiederkehr rechnen. Der Mann hat das Betteln gelernt und zwar in großartigem Maßstab und zwar ›bei der Tante‹ und ›durch die Tante‹ (wenn ich auch nicht sagen will, daß er auf die Tante hinauf, die reiche, das Mädel geheiratet hat). Er droht mit einer Katastrophe? Wenn er das tut, dann ist er schon ein sehr gefährlicher Bettler! Er wird sich töten! Nun? Glaubt die Tante, daß, wenn er es so viele Jahre hindurch nicht zum eigenen Erwerb gebracht hat, er es nach Empfang von 5000 Gulden dazu bringen wird – daß nicht vielmehr in noch nicht einem Jahr die Wahrscheinlichkeit und Sicherheit der Drohung wiederkehren wird und daß die Tante dann sicher nicht in der Lage sein wird, dieser Drohung durch den eigenen Ruin die Spitze abzubrechen, da sie schon ruiniert sein wird! Für wen? Er wird nach Amerika gehen – very well. Man soll ihm einen Revolver oder eine Überfahrtskarte schenken. In beiden

Fällen wird man wissen, daß man ein unglückliches Weib mit ihren Kindern zu unterstützen hat, aber nicht einen moralischen Faulenzer, der sich andern Leuten nicht bloß auf den Beutel, sondern auf das Herz legt! Eine solche Drohung charakterisiert schon den Lumpen! Und dann heißt es, er verdient 3500 Gulden. Wenn das wahr ist – es ist aber auch gelogen – dann soll er damit leben. Endlich! hat Cäcilie nicht gegeben? Die Summierung dessen, was sie gegeben, ist auch falsch. Es kommt viel mehr heraus. Die einzige Dankbarkeit, die ihr der ›heroische Mann‹ dafür gezeigt hat, ist die, daß er der guten Tante immer noch ein Kind und noch ein Kind aus seiner geistesschwachen Frau auf den Hals gelegt hat. Wenn das eine zu rechtfertigende Lebensführung ist, dann sattle ich noch in meinen alten Tagen um! So handelt kein schnapsgewohnter Tagelöhner, geschweige denn ein sogenannter gebildeter Mann! – Eine Ordnung in Geben und Nehmen muß endlich hineingebracht werden – nicht ein fortgesetztes wildes Straßenräuberleben, wo die Tante so und so lange, je nach Höhe der Forderung, belagert wird, um sich dann stöhnend zu ergeben.«

Aschs Kritik und seine Ratschläge füllen noch einige Seiten ehe er zum Ende gelangt: »Schade um meine schöne Zeit! Im übrigen ermächtige ich Dich, diesen meinen Brief jedwedem, meinetwegen auch Klein selbst, zu zeigen. – Unter den bestehenden Umständen wirst Du wohl auch bald nach Haus kommen! Ich rieche etwas wie Überhetzerei und tolles Umherfahren. Du solltest endlich lernen, Zeit und Raum besser schätzen zu können. Die Flüchtigkeit Deiner Ausdrucksweise in halben Sätzen und Viertelworten charakterisiert diesen Zustand, der immer mit einer dann zu Haus eintretenden Niederlage endet! Sei also vorsichtig und lasse vor allem Toni nicht hetzen, denn ihr ist das sehr schädlich!«[108]

Selten war Sigismund Asch derartig ungebremst wie in diesem Brief. Aber auch Jennys Schwester Anna Honigmann wurde nicht verschont: »Anna habe ich gestern derb und fest meine Meinung über das Verhalten Pauls und der Familie Morgenstern gesagt: Sie verschwor sich hoch und teuer!« Kein Zweifel: da ging es immer noch um den nach Wilhelm Bauers Tod ausgebrochenen Erbschaftsstreit, in den sich nun auch Annas ältester Sohn Paul als angehender Jurist einmischte. »Jemand behauptet«, schrieb Asch[109], »übervorteilt zu sein, aber die diese Behauptung beweisenden Dokumente nicht finden zu können. Mich sollen sie finden!«

Zwei Tage herrschte Briefruhe. Erst am 3. Juni 1888 schrieb Asch wieder – früh morgens um 5 Uhr – an Jenny nach Wien: »Mein liebes Herz! Es ist alles beim guten Alten und somit nichts Neues zu melden.« Er meldete dann aber immerhin, daß er Robert von einer wichtigen Berlinreise zurückerwarte; daß er mittags eine Ärztekammersitzung haben und also nicht mit Betty und Karl gemeinsam essen werde; daß er letzten Abend mit den beiden auf Freibillets im Theater war, dieses jedoch nach dem 2. Akt verlassen habe: »Zu großer Blödsinn, ›Die Nachbarinnen‹, französische Posse unglaublicher Art«; und daß er ein Schreiben von Theodor Morgenstern an Paul Honigmann nicht erst nach Wien weiterexpedieren wolle: »Er paßt in Euren gegenwärtigen Rahmen nicht. Solltest Du ihn wünschen, dann sagst Du es mir wohl.«

Von Jenny blieben keine Briefe jener Zeit erhalten. Doch aus Aschs Antworten geht hervor, daß sie noch nicht sämtliche Wiener Museen und Galerien gesehen hatte und unbedingt noch den jungen Kunsthistoriker Richard Muther[110] kennenlernen wollte, also an eine baldige Heimkehr keineswegs dachte. »Ich muß immer im Stillen lachen«, schrieb Asch an sie[111], »wenn ich mir so denke, wie meine kleine dicke Libelle von einer Kunstblume zur anderen fliegt und dabei z. B. gestern und vorgestern die schrecklichsten Gewissensbisse verspürt hat, weil sie nicht dazu gekommen ist, *ihm* ein paar Worte zu schreiben – aber es war wirklich ganz unmöglich! Früh waren wir bei Heumanns und nachmittags begrüßte uns das Historische Museum; abends mußten wir bei Lanora dinieren und in der Nacht dachten wir an den Nordpol. Da kann man doch nicht schreiben! – Ich nehme es Dir aber wirklich nicht krumm und freue mich, daß Du immer frisch und allweg bei Wege imstande bist, das große Wien unterzukriegen. Es ist keine Kleinigkeit, und ich bewundere Deine Rüstigkeit trotz Deines vorgeschrittenen Alters. Du hättest eigentlich Reisende für eine Kunsthandlung oder fliegender Reporter werden müssen. So geht es in der Welt immer verkehrt. Ich sitze gern und muß rennen – Du fliegst gern und mußt sitzen. So sind die Gaben und Beine ungleich verteilt«[112].

Natürlich hatte Asch volles Verständnis, daß Jenny noch in Wien bleiben wollte, zumal sie offenbar davon träumte, durch Muthers Vermittlung ein Bild zu kaufen. »Es wäre schade, wenn Du Muthern nicht sehen könntest. Vielleicht hat er ein kleines Bild übrig. Was kann das schaden – aber über 1000 fl. gehst Du nicht.«

Am nächsten Tag schickte Asch nicht nur eine längere Epistel an Cäcilie, die noch immer nicht wußte, wie sie mit ihrem Dr. Klein fertigwerden sollte, sondern auch noch einen letzten Brief an Jenny, die sich gegen alle vorherigen Ankündigungen plötzlich entschlossen hatte, schnellstens nach Breslau heimzukehren. »Ich hätte es Dir wirklich gegönnt, wenn Du noch acht Tage fortgeblieben wärst, selbst auf die Gefahr hin, Dich mit meinen Hieroglyphen[113] wiederholentlich zu erschrecken und zu bemühen. Cäcilie wird Dir ja wohl meinen Brief zeigen. Du siehst, wie mißlich es ist, in solchen Dingen mitzusprechen, und sie hat mich auch gründlich mißverstanden. Den Gedanken, daß sie auf ihre zehn Nichten und Neffen Rücksicht nehmen müsse, habe ich ernstlich, soweit dazu unsere Kinder auch gehören, reprobieren müssen: solche Keime darf man nicht aufwachsen lassen! Im Übrigen habe ich mich so mild ausgedrückt, als es mir möglich war! Du schreibst, daß Du Dich nach sehr eingehender Diskussion mit Cilchens Beschluß (wahrscheinlich doch in der Kleinschen Angelegenheit) einverstanden erklärt habest. Welcher Beschluß? Weder Du noch Cäcilie lassen mich wissen, welchen Beschluß sie gefaßt hat; im Gegenteil muß ich aus ihrem Brief schließen, daß sie einen solchen Beschluß bis jetzt noch nicht gefaßt hat. – Du hast Dich ein bißchen unklar, wenn auch nicht gerade unleserlich ausgedrückt. Item! Komm nur mit unserm Tonerl gesund zurück und da bin ich schon zufrieden. Lebt herzinnig wohl, küsse mein Tonerl, grüße alle und sei überzeugt, daß das Brummen eines Bären immer noch besser ist, als das Zwitschern eines Kolibri – darum bin und bleibe ich dein alter Bär«[114].

Ob Jenny noch ein Bild in Wien gekauft hat, weiß ich nicht. Es wäre denkbar. In unserer Berliner Wohnung gab es unter den von Aschs und Jaenickes geerbten Bildern einige »alte Holländer«, allerdings nur ein einziges von wirklich musealem Wert: Das kleine Ölbild eines niederländischen Meisters des 17. Jahrhunderts, das neben Jennys barockem Schreibsekretär hing und das ich als Kind, auf einem Stuhl kniend, endlos betrachtete – weidende Kühe in einer parkähnlichen Landschaft im Spätsommerlicht, ein unauffälliger Bach, dessen Glucksen und Rieseln ich beim Anschauen deutlich vernahm, nicht anders als heute in der Erinnerung. Vielleicht wurde das Bild nicht von der amerikanischen Luftmine, die Ende 1943 unsere Wohnung teilweise vernichtete, zerstört, sondern mit dem Heilgebliebenen von meinen Eltern nach Reichenberg in Böhmen gerettet, wo es in einem Möbelmagazin lagerte mit allen Noten und Büchern, dem unersetzlichen Ölportrait Sigismund Aschs und dem von Jenny gemalten Ölbild der jungen Betty – und am Ende des Krieges von den Tschechen geplündert wurde.

Der Sommer kam und das Ehepaar Asch trennte sich wieder, wie gewohnt während der Ferien: Sigismund fuhr nach Karlsbad; Jenny mit Toni nach Krummhübel ins Riesengebirge. Um Betty und Karl eine Zeitlang von den quirligen Kindern zu befreien, übernahm Jenny die drei Enkel, Eva, Wolfgang und Lore. Man quartierte sich in einem geräumigen Bauernhaus ein, wo man sich selbst verköstigte, suchte Blaubeeren und Pfifferlinge im Wald und half den Bauern bei der Heuernte. Sobald ein Gewitter drohte, das in dieser Gegend oft eine wahre Sintflut auslösen konnte, mußte jeder mithelfen, das Heu so schnell wie möglich ins Trockne zu bringen. Auch ich habe Krummhübel noch kennengelernt, denn es blieb die beliebteste Sommerfrische der ganzen Familie über drei Generationen.

Wen traf Asch wieder in Karlsbad? Natürlich seine beiden Schwägerinnen Cäcilie und Anna, der im Januar von Tochter Elise das erste Enkelkind, Martha, beschert worden war, und die sich, wie Asch schrieb[115], »sehr froh an mich hängte«. Doch auch viele Bekannte hängten sich an ihn – »genug, ich muß mich bald zurückziehen; denn ich bedarf der Ruhe!« Asch war nicht allein seiner großen Gestalt wegen kaum zu übersehen; viele Feriengäste wußten auch, daß sie ihn im Sommer in Karlsbad antreffen konnten, um ihn zu konsultieren, was freilich nicht im Sinne Aschs war, der sich »so hundstollmüde an Körper und Seele« fühlte, »wie es natürlich ist« – nach einem arbeitsreichen Praxisjahr. In Karlsbad wollte er sich ungestört in sein Hotelzimmer im »Schild« zurückziehen, um zu lesen: »Da ich Dich, liebes Herz, gern an allem Guten teilnehmen lasse, was ich selbst habe, schicke ich Dir ein Buch, was mir gestern die Zeit vertrieben hat, von Louise von François[116]; sehr geschickt und sehr nett und doch etwas Tiefe drin; auch sende ich Dir die gestrige Nummer der Neuen freien Presse wegen dem Artikel über die Kunstausstellung und des Leitartikels, brillant geschrieben; unter Kreuzband. Ich habe es gern, wenn wir in diesem Rapport bleiben, lesen wirst Du bloß meine Klaue nicht, aber ich kann jetzt nicht besser«[117].

Nicht gerade zu Aschs Bedauern waren Anna und Cäcilie wenige Tage nach seiner Ankunft in Karlsbad abgereist, so daß es keine weiteren Neuigkeiten gab über die Erbschaftsquerelen. Dafür aber Gutes von Robert, der viel zu tun hatte – vermutlich als Vertreter Aschs – und nun entschlossen war, sich als Gynäkologe in Breslau niederzulassen. Und Tröstendes für Jenny, die von ungeheuren Unwettern berichtet und Angst hatte, mitsamt dem Bauernhaus davon geschwemmt zu werden, weil alle Bäche über die Ufer gestiegen und die Verbindungswege nach Hirschberg unpassierbar geworden waren, wo doch gerade jetzt Betty und Karl über diese Route nach Krummhübel zu Besuch kommen wollten: »Es kann füglich da, wo Euer Häuschen steht, nichts geschehen. Dagegen weiß ich freilich nicht, wie Karl und Betty zu Euch von Hirschberg aus werden gelangen können. Das wird kaum gehen. Sie werden wahrscheinlich über Schmiedeberg fahren müssen.«[118]

Zur allgemeinen Freude kamen Karl und Betty, die eine Kunstreise durch Dresden und München machten, heil in Krummhübel an, nachdem sie zuvor auch Asch in Karlsbad aufgesucht hatten. Für Karl und Betty muß es nach Aschs Schilderungen eine besonders glückliche Zeit gewesen sein, und sie mag angehalten haben mindestens bis in den Dezember, als Betty zum vierten Mal schwanger wurde: Neun Monate später brachte sie Katharina, meine Mutter, zur Welt. Da war das Kinderglück der Jaenickes vollkommen.

Fast immer, wenn Sigismund und Jenny getrennt in die Sommerferien fuhren, trafen sie sich am Ende da oder dort, um noch ein paar Tage oder sogar zwei Wochen gemeinsam zu verbringen. Solchen Unternehmungen voraus gingen meist endlose Diskussionen, ob man ins Gebirge oder an die See fahren wolle. Obwohl Asch die Schweizer Alpen jedem turbulenten Badeort an der See vorzog, wußte er doch, daß Jenny möglichst viele Menschen um sich sehen wollte und folgte letztlich immer ihren Vorschlägen. Da gab es für ihn keine Probleme. Sein einziges Problem war Jennys Unentschlossenheit oder daß sie wieder und wieder auf seine brieflichen Anfragen nicht antwortete. Aschs Geduld mit seiner »kleinen Biene« war grenzenlos. Offenbar las die ständig umhersausende Jenny die Briefe ihres Mannes nur sehr schludrig, so daß sie dann immer wieder die gleichen Fragen an ihn richtete, ohne zu merken, daß diese längst mehrmals von Asch beantwortet waren.

Auch die Kofferfrage flog hin und her: Was sollte man einpacken für Sylt oder Scheveningen? Was für St. Moritz? Da Jenny früher, als die Kinder noch klein waren, zentnerweise Gepäck in die Sommerfrische mitzunehmen gewohnt war, mochte sie sich von dieser Gewohnheit nur ungern trennen. Wieviele Koffer samt einer sperrigen Hutschachtel wollte sie mitschleppen? »In Bezug auf die Mitnahme von Gepäck«, schrieb Asch[119], »habe ich auch meine Meinung schon gesagt und wiederhole: das Beste wird sein, wenn Du und Toni den kleinen Korb und Jedes eine Handtasche nehmt. Plaidpaket machen wir eins zusammen, dann sind es 2 Gepäckstücke und 3 Handtaschen, und das ist das Richtige, wohin wir uns auch wenden mögen. Bei diesem Arrangement wollen wir es nun belassen.«

Selten gab es einen Brief von Asch in jener Zeit, durch den nicht auch der Name Morgenstern geisterte. Clara Roth, arm wie eine Kirchenmaus, träumte davon, nach Amerika zu fahren, um dort ihre kunstgewerbliche Ausbildung zu vervollkommnen. Vor allem beschäftigte sie sich mit Kerbschnitzerei, und es ist denkbar, daß sie die Holzschnitztechnik der Indianer kennenlernen wollte. Wen, außer Asch, hätte sie anpumpen sollen? Er ertrug es mit ehrlichem Groll und schrieb an Jenny[120]: »Von Clara Roth erhalte ich heute, d. h. jetzt eben mittags schon wieder eine Depesche: wann kommt das Geld? Ich muß annehmen, daß Du[121] es schon gestern oder heut nach Berlin geschickt haben wirst, gebe ihr deshalb die gewünschte telegraphische Antwort nicht, habe ihr aber einen recht groben Brief geschrieben. – Was mir die Leute durch ihre Dummheit für Scherereien machen, ist unglaublich. Ich habe es ihr gesagt. Von Überlegung ist bei den Leuten nur eine Spur, und so wird es auch mit der amerikanischen Reise wahrscheinlich sein. Wenn sie nicht *so* elend wären, müßte man sie derb auf die Finger klopfen!«

Nun, sie waren so elend, weil Philipp Roth als Cellist so gut wie nichts verdiente und es doch inzwischen Nachwuchs gab: zwei kleine Töchter, Martha und Else. Wer hätte Clara Roth, die in ihrem Kunstgewerbe-Atelier unermüdlich, tapfer und vielleicht nicht allzu erfolgreich um den Lebensunterhalt der Familie kämpfte, helfen sollen? Lina, ihre Mutter, nahm ihr gewiß gelegentlich die Versorgung der beiden Mädchen ab, doch eine Geldquelle war Lina nie. Und Schwester Olga führte ihr eigenes Leben, fuhr als Rezitatorin durch die Lande und erteilte ihren

Schülern Schauspiel- und Sprechunterricht. Also blieb nur ein einziger, den man um Unterstützung bitten konnte: Sigismund Asch, von dem nicht nur jeder Familienangehörige, sondern schließlich auch ganz Breslau wußte, wie altruistisch und spendabel er war. Wie er bei den Ärmsten seiner Patienten nach jedem Hausbesuch wortlos einen Geldschein zurückließ, unter einen Teller, unter ein Platzdeckchen geschoben, damit die Leute die nötige Medizin kaufen konnten. »Wie wollen Sie auf diese Weise reich werden?« hat ihn einmal eine Patientin gefragt. Worauf Asch geantwortet haben soll: »Seien Sie unbesorgt, das Geld, das ich meinen wohlhabenden Patienten abknöpfe, reicht aus, um jenen, die es nicht besitzen, zu helfen.«

An Toni, der jüngsten, nun zweiundzwanzigjährigen Aschtochter, war wohl schon länger jemand interessiert, ohne daß man viele oder eindeutige Worte in der Familie darüber verlor: Dr. med. Richard Stern. Wollte er Toni heiraten? Wollte er nicht? Hatte er sich ihr gegenüber bereits erklärt? Gab es da möglicherweise »zarte Bande«, von denen niemand etwas ahnte? Und wie stand es um Sterns Arztpraxis? Um seine finanziellen Mittel? Würden sie ausreichen, eine Tochter aus dem Hause Bauer-Asch standesgemäß zu ernähren? Einige Fragen.

Natürlich holte man über diesen Dr. Richard Stern keine Erkundungen ein, wie das Heiratsvermittler tun. Aber man brachte doch hier und da »en passant und ohne auffällig zu sein« das Gespräch auf ihn, um etwas mehr über ihn zu erfahren. Vor allem der Geheimrat Arnold Feige, der Jennys Cousine Emma Goldschmidt geheiratet hatte und den man oft in seiner Wohnung in der Tauentzienstraße 32 aufsuchte, mochte Näheres wissen. Ja, er wußte: »Aller Meinung über Stern ist dieselbe gute – ein höchst anständiger, ehrenwerter, über jeden Tadel erhabener Mann – nur seine Existenzbedingungen noch sehr schwächlich. Er hat wenig zu tun, und das ist eine Kardinalfrage, denn selbst wenn ich Toni das Kapital gebe, welches dem entspricht, was ich Betty zukommen lasse, so garantiert dies, wenn es sicher sein soll und bleiben, nicht in der Rente die Möglichkeit auskömmlichen Lebens. Zur Zeit also abwarten, ist die einzige Möglichkeit! Was kommen soll, kommt doch«[122].

Was in Bezug auf die Sternsche Brautwerbung kam, ob es überhaupt eine solche gab, wissen wir nicht. Doch irgendetwas mußte sich da in aller Stille oder halber Öffentlichkeit zugetragen haben, was Tonis Schwester Betty ein Jahr später zu einem Brief veranlaßte, der nicht nur ihre Liebe zu Toni bezeugt, sondern auch, wie sehr sie, Betty, ganz die Tochter ihres Vaters war: wahrheitsliebend, mutig, klug und geradezu. Es platzte ihr sozusagen der Kragen angesichts der Ungereimtheiten in der Beziehung Tonis zu Dr. Stern. Betty, damals immerhin bereits dreifache Mutter und gerade schwanger mit ihrem vierten Kind, eine verantwortungsbewußte, erfahrene Frau, forderte Klarheit.

Das Linke-Häusel in Krummhübel bot Betty und ihren drei Kindern in jenem Juli 1889 ideale Ferienbedingungen. Die Kinder tollten im Heu umher und Betty, kugelrund im neunten Monat, hatte Zeit und Ruhe, um über manches nachzudenken. Am 31. Juli sollte ihre Jüngste, Lore, den vierten Geburtstag feiern, und da es in dieser Familie üblich war, zu einem solchen Anlaß nicht nur das Geburtstagskind, sondern auch dessen Großeltern zu beglückwünschen, klemmte sich Betty am 30. Juli 1889 hinter den Bauerntisch und schrieb an ihre Eltern:

> Dieser Brief ist unter allen Umständen nur für Euch, Geliebte Eltern!

> Da es nun bestimmt scheint, daß diese Zeilen Euch an unsrer Jüngsten Geburtstag in Breslau treffen sollen, so nehmt meine zärtlichsten Glückwünsche zu dem Tag entgegen. Möge es uns Eltern vergönnt sein, die holde Menschenblüte in der entzückenden Frische und Gesundheit des Geistes und Körpers sich weiter entwickeln zu sehen, in der sie sich bis jetzt entwickelt hat, damit Euer Großelternauge voll Glück und Freude sich daran ergötze!
> Bei unsrer Lore kann man wirklich keinen anderen Wunsch hegen, als daß alles so bleiben möge, denn ihr Humor, ihr Geist und ihr Körper erfüllen in schönster Harmonie was man unter dem herrlichen Worte versteht: »ein gesundes Kind«! – Und so möge sie uns erhalten bleiben! Eure Gedanken sind jetzt auch in hervorragender Weise von einem Kinde Eurer Liebe in Anspruch genommen, welches stets geistig und körperlich ein »gesundes« war, und an dessen Gedeihen und Erblühen wir alle unsere ehrlichste Freude gehabt haben!

Es will mich fast bedünken – und ich hoffe, daß Toni diesen Brief nicht liest – daß sie jetzt, wo sie in vielleicht übergroßer Gesundheit einen eigenmächtigen Schritt getan hat, der verhängnisvoll für ihr Leben werden kann, Euch das erste Mal Kummer bereitet hat.
Da außer Mamas Brief absolut kein Lebenszeichen von Euch gekommen ist, so erwarten wir Tony morgen, und wenn ich auch *absolut nicht* ihrer bedarf, so soll sie uns herzlich willkommen sein! Meinetwegen, etwa aus Sorge für Einpacken oder dergleichen, braucht sie nicht zu kommen; ich bin vorsichtig und beide Leute[123] hilfreich nach Kräften – ja ich möchte eigentlich nicht die Ursache sein, Tony zu einer nochmaligen Reise zu veranlassen, wenn es sich nur um so wenige Tage handelt. Schließlich kann sie mir in Breslau ebenso viel nützen, wenn sie die Ordnungstellung der Wohnung, soweit Karl dieselbe vor meiner Ankunft unternehmen will, beaufsichtigt und Dir, geliebtes Mutterle, dadurch eine Erleichterung schafft!
Ich habe Tony so herzlich lieb, daß ich ihr um jeden Preis eine Enttäuschung ersparen möchte. Aber, geliebte Eltern, ehrlich gestanden, glaube und fürchte ich, dieselbe wird nicht ausbleiben. Wir sind trotz Mamas ausführlichem Brief vollständig im Unklaren über das, was der Mann gesagt hat!! – Hat er denn in klaren Worten den Satz herausgebracht: »Ich liebe Ihre Tochter und keine Jahre des Wartens sollen mich abhalten zu ihr zu stehen und sie endlich zu erringen!«? Es gibt viele Wege der Liebe und viele Umwege, aber für einen *Mann* gibt es doch nur einen einzigen, sich die *erhaltene* Liebe zu sichern fürs Leben, und das ist jener ehrliche Satz: »Ich will das Mädchen, komme was da will, heiraten.« Diesen Satz muß er aussprechen trotz aller böswilligen oder zu nachsichtsvollen Unterbrechungen von Seiten der Väter!
Welch unfreundliches Licht hat es vor noch nicht einem Jahr auf den Charakter eines Mannes geworfen (den wir sonst ganz gut leiden konnten), weil er jenes »bündige« Wort nicht aussprach – und jener Mann war nicht mehr jung, man kann keine jünglingshafte Begeisterung erwarten an der Schwelle der 40. Herrgott, mit 25 Jahren fragt man weder Vater noch Mutter, wenn man sich verliebt.

Aber *wenn* man ein anderes Wesen an sich gekettet hat, durch gleiches Gefühl, so muß man eben ein »Mann« werden und handeln. Als solcher! Das ist's, was wir Tony hier x-mal gesagt, und all ihre Gegengründe sind nicht stichhaltig vor dem Gefühl der Liebe, wie wir beiden alten Eheleute es heut, nach zehn Jahren, und seid ehrlich, wie Ihr es nach 35 Jahren noch empfindet!

»Sein« letztes Telegramm an Tony: »welche Gründe geben wir an«? – war so deutlich der Ausdruck seiner inneren Unentschlossenheit, daß ich an Vaters Stelle ihm seine Werbung herzhaft schwergemacht hätte!! Abgesehen von der Entschlußlosigkeit des alten Herrn, der wohl zeitlebens gut und brav, aber niemals *schneidig* war, der bei jeder Wahl des Herrn Sohns von tausend Bedenken gequält sein wird, und dessen shake hands aus reichlich zwei Fingern statt aus einer vollen Hand besteht; abgesehen davon scheint der junge Herr bedenklich nach ihm zu schlagen. Daß es ihnen stark in die Nase steigt, mit einem Haus wie dem unsrigen verschwägert zu werden, ist kein Kunststück, obwohl das Tonerl diese Ansicht von mir riesig »protzig« findet – ich halte mich nun mal so hoch im Preis, d. h. unser ganzes Haus, ehrlich, arbeitsam, freigebig und gebildet vom Ersten zum Letzten!

Ich glaube, daß dem jungen Herrn ein definitives *Nein* gar nicht so unerwartet gekommen wäre, obwohl Tony behauptet, er hätte einen festen Kopf und eisernen Willen! Mein Alter[124] hatte auch einen harten eigenen Willen und wahrlich, das »lieber Sohn« ist ihm höllisch schwer gemacht worden. Ich selbst habe ihm nicht so leicht mein Herz geschenkt, doch nun hat er es für Zeit und Ewigkeit. So wohl ihm Papa vielleicht wollte, standen sie sich doch beide im Innern schroff gegenüber, und der Jüngere hat sich erst nach und nach den Platz erobert, den er Gott sei's gedankt nun fest inne hat. Er *wollte mich eben haben* – und es gab da auch Hindernisse, die andere abgeschreckt hätten! Mein Herz ist voll Sorge um Tony, die in kindlicher Unerfahrenheit für Ernst genommen, was vielleicht freundlicher Zeitvertreib war, und ich möchte aus Papas Mund oder Feder die Bestätigung hören: Hat Richard Stern die drei Worte gesagt? »Ich liebe Tony« – oder hat er sich *allge-*

mein ausgedrückt, von ihren »Plänen«, ihren Überlegungen etc. gesprochen?!

Ich weiß, Papa wird mir diesen Brief verargen, er wird mir zürnen wegen meiner Einmischung und Meinungsäußerung, um die weder Karl noch ich gefragt worden sind, aber ich kann nicht anders. All meine Gedanken sind bei *der* Sache, und nicht der Briefe unseres Muttings, die uns übrigens aus der Seele gesprochen sind, hat es im geringsten bedurft, um mich zu diesen Zeilen zu veranlassen. Wenn etwas die Veranlassung war, so war und ist es Papas Schweigen! Und so zürnt mir nicht, geliebte Eltern! Tony gegenüber will ich zärtlich und liebevoll sein, sie soll ihr Mutterle nicht vermissen![125] Schickt sie in Gottes Namen her, oder falls sie schon fort ist, laßt sie hier bis wir allesamt in 10 Tagen heimkehren. Ich selbst käme bei all diesen Vorgängen lieber schon früher, aber ich sehe, wie herrlich es den Kindern tut und welch lange sommerheiße Zeit sie noch vor sich haben, und da sonst so ziemlich alles vorbereitet ist, denk ich die drei letzten Wochen[126] dazu Zeit zu finden. Also seid unzählige Male geküßt und gegrüßt von Eurem getreuesten Kinde   *Betty.*

Was war geschehen? Welchen eigenmächtigen, womöglich Kummer bereitenden Schritt hatte das behütete Nesthäkchen, das immerhin schon 23 Jahre alt war, getan? Warum zögerten die beiden Väter, eine Verbindung des Paares abzusegnen oder gar zu fördern? Worauf warteten sie? Auf die Stabilisierung der Sternschen Arztpraxis oder auf ein insgeheim erhofftes Auseinanderdriften des Paares? Wie sah der »freundliche Zeitvertreib« aus, den Toni, offenbar im Gegensatz zu Richard, »für Ernst« nahm? Hatte bloß in den Augen von Betty oder tatsächlich die geliebte Schwester ihre Unschuld verloren und würde folglich nie mehr einen Mann finden, falls Richard sie nicht heiratete? War Toni etwa schon schwanger, so daß Richard sich verpflichtet fühlte, sie schleunigst zu ehelichen – was zweifellos Fragen auslösen würde, woher auf einmal die Eile käme? »Welche Gründe geben wir an?« Dieser Satz ließ einiges vermuten.

Keine Antworten. An dieser speziellen Stelle klafft im Familienarchiv eine Lücke. Nur ganz am Rand wird vermerkt, daß Anfang

Geburtsurkunde.

Nr. 4126.

Breslau, am 26. August 1889.

Vor dem unterzeichneten Standesbeamten erschien heute, der Persönlichkeit nach bekannt,

der *Hubert Karl Jaenicke*,

wohnhaft zu *Breslau, Gartenstraße 10a*

evangelischer Religion, und zeigte an, daß von der *Lotty Jaenicke geb. Asch, seiner Ehefrau*

evangelischer Religion, wohnhaft *bei ihm*

zu *Breslau, in seiner Wohnung,* am *vierundzwanzigsten August* des Jahres tausend acht hundert *achtzig und neun, Nachmittags* um *acht ein Viertel* Uhr ein Kind *weiblichen* Geschlechts geboren worden sei, welches *die* Vornamen *Katharina Elsa Hulda* erhalten habe

Vorgelesen, genehmigt und unterschrieben.
Karl Jaenicke

Der Standesbeamte.
J. V. Hübel

Daß vorstehender Auszug mit dem Geburts-Haupt-Register des Standesamts zu Stadt Breslau II gleichlautend ist, wird hiermit bestätigt.

Breslau, am 23ten Oktober 1903.

Der Standesbeamte.
Walther

des Jahres 1889 sich Robert Asch in Breslau als Gynäkologe niederließ. Und gefeiert wurde natürlich am 24. August 1889 in der Gartenstr. 10 a die Geburt von Bettys viertem Kind, das einmal meine Mutter werden sollte: Katharina Esther Stella. Betty und Karl Jaenicke räumten bei dieser Namengebung als erste mit der Familientradition auf, die Kinder immer auch mit einem Vornamen bereits verstorbener Angehöriger zu schmücken. »Stella«, nach Goethes Theaterstück, hatte sich Karl gewünscht. »Esther« war der Namenswunsch Bettys. Daß beide Namen dasselbe bedeuten, nämlich »Stern« mochte Absicht gewesen sein. Die jüdische Betty – nach jüdischem Verständnis verliert man durch die Taufe nicht sein Judentum! – konnte nicht Hebräisch. Der nichtjüdische Karl hingegen hatte es neben Latein und Griechisch gelernt. Das Kind Katharina wog bei seiner Geburt neun Pfund und hat ein Leben lang gegen die von Betty gestopften Fettzellen anhungern müssen. Von ihren Geschwistern wurde sie Pummi oder Kaetel genannt; sie selber nannte sich als Kind Pummitetel; ihr Vater sagte »Mausezahn« zu ihr; wir riefen sie immer nur Katja, manchmal auch Kadse, mit weichem ds, das paßte zu ihr. Acht Wochen nach ihrer Geburt wurde sie in der evangelischen Elisabethkirche getauft. Eine gläubige Christin ist sie nie geworden, dazu war sie zu kritisch, zu wenig naiv und im Grunde doch ganz jüdisch: eine Monotheistin, für die Gott unteilbar war und die in der paulinischen Erfindung der Dreifaltigkeit eine Ungeheuerlichkeit sah, im Symbol des heiligen Geistes, der Taube, »eines der zänkischsten Tiere«, in Jesus einen wunderbaren Menschen und Propheten. Messianische Vorstellungen lagen ihr fern. Wäre Jesus der von Jesaja erwartete Messias gewesen, hätte er mütterlicherseits aus dem Hause Davids stammen müssen – doch nur der von den Christen als leiblicher Vater nicht anerkannte Josef war ein Davide –, und er hätte als seinen Geburtsort Bethlehem angesehen – nicht aber die Stadt Nazareth, die er als seine »Heimatstadt und sein Haus« bezeichnete. Daß sein kurzes Menschenleben die Prophezeiungen nicht erfüllte, Jerusalem zu befrieden und die Welt für alle Zeit vor Kriegen zu bewahren, lag für sie auf der Hand. Beeinflußt hat sie mich mit ihrem Wissen und ihrer Weisheit diesbezüglich nie. Erst wenige Tage vor ihrem Tod, nachdem sie einem evangelischen Krankenhauspfarrer die Tür gewiesen hatte, sprachen wir über dieses Thema.

Für Lina Morgenstern wurde das Jahr 1889 wieder ein Erfolgsjahr. In Berlin veröffentlichte sie den zweiten Band ihres Hauptwerks »Die Frauen des 19. Jahrhunderts«; in einem Magdeburger Verlag gab sie ein Buch heraus, das vor allem für Zuckerkranke bestimmt war: »Saccharin im Haushalt und für den Krankentisch. 100 Koch-Back- und Conservenrezepte mit Saccharin«. In Wien erschien die fünfte überarbeitete Auflage von ihrem Frühwerk »Das Paradies der Kindheit«; und in Berlin die vierte Auflage ihrer »Anleitung zur Einrichtung und Führung des Haushalts« unter dem Titel »Der häusliche Beruf und wirtschaftliche Erfahrungen«. In Paris hielt sie beim dort tagenden Internationalen Frauenkongreß eine Rede – natürlich in Französisch – über Volksküchen, den Hausfrauen-Verein und den »Verein zur Erziehung minderjähriger Mädchen«. Und auch Theodor Morgenstern geriet nicht ins Hintertreffen: Er besaß nun – mit Hilfe und unter Anleitung seiner Frau – eine Verlagsbuchhandlung in Berlin, Lützowplatz 14.

Bereits im Jahr darauf, 1890, konnte Lina den dritten Band ihrer über tausend Seiten starken Biographienreihe »Die Frauen des 19. Jahrhunderts« auf den Büchermarkt bringen und darüber hinaus auch noch ihr »Universalkochbuch für Gesunde und Kranke und Genesende und Erstes Kochbuch für Kochschulen mit 2300 Kochrezepten und Speisezetteln«, die zweite erweiterte Auflage ihres 1881 erschienenen Buches. Aber auch ihre »Diät in der Krankenpflege« wurde neu, nun zum dritten Mal aufgelegt.

Zu den aktivsten Vorkämpferinnen der Frauenbewegung gehörte damals die in Leipzig lebende Luise Otto-Peters[127], mit der Lina seit vielen Jahren befreundet war und 1891 eine gemeinsam erarbeitete Schrift veröffentlichte: »Die Stellung der Frau im Leben«[128]. Doch das, was Lina inzwischen mehr als Kochrezepte und Kinderkrippe interessierte, war der aufkommende Pazifismus. In Wien hatte Bertha von Suttner[129] gerade die »Österreichische Gesellschaft der Friedensfreunde« gegründet, und Lina, die das Kriegselend von 1870/71 auf den Berliner Bahnhöfen nie vergessen konnte, als die französischen und deutschen Soldaten Seite an Seite ihren Verwundungen erlagen, Lina, die sich seit zwanzig Jahren insgeheim mit der Frage befaßte, wie Kriege zu vermeiden wären, sah sich nun ermutigt, die Frauen, für die sie ihre Artikel schrieb, mit diesem Thema zu konfrontieren. Wenn die Männer es nicht schafften, Kriege zu verhindern, so sollten es die

Frauen von ihrer Seite aus versuchen – indem sie ihre Kinder von klein auf zu friedliebenden Wesen erziehen. Obwohl Lina sich selbst niemals als Pazifistin bezeichnete oder einem pazifistischen Verein angehörte, wollte sie doch alles tun, um die Verständigung zwischen deutschen und französischen Pazifisten zu fördern. So wurde das Jahr 1891 für Lina ein Jahr der Vorarbeiten für größere Ziele. Doch auch zum Feiern gab es einen Grund. Zum 25. Jubiläum der Berliner Volksküchen kamen die Frauen, die einst und noch immer in dieser Einrichtung arbeiteten, zusammen, und Olga Morgenstern schrieb zu diesem Anlaß ein Gedicht:

Zum 25. Jubiläum der Berliner Volksküchen von 1866

Als draußen, auf dem blut'gen Schlachtenfelde,
Der Bruderkrieg in wilder Wut entbrannt,
Da lag in Stadt und Dorf, in Thal und Höhen,
Verödet rings das deutsche Vaterland.
Des Reiches Recht und Ehre treu zu wahren,
Zog Mann und Bruder fort in mut'gen Scharen.

Da irrt die Not bald durch die stillen Gassen,
Ein bleich Gespenst, und schleicht von Ort zu Ort
Und Hunger, Elend, Krankheit – ihre Brüder –
Sie setzen die Verheerung grausam fort.
Kein Geld im Haus, – das letzte Brot verzehrt! –
O lebt ein Gott, daß er den Jammer hört?

Er hört' ihn wohl! Er zählt ja all' die Thränen,
Die Klagen, die sie sandten himmelwärts,
Er schickte Tröstung für die schweren Sorgen;
Das Mitleid legte er in's Frauenherz,
Der Arm, der nicht das Schwert zu führen weiß,
Wird stark und fest auf göttliches Geheiß.

Der Geist, der nur bisher in enger Sphäre
Des eig'nen Hauses Pflichtenkreis erfüllt,
Er folgt dem Rufe jener hohen Mahnung:
»Die bitt're Not sei jetzt durch euch gestillt,
Erlöst die Hungernden aus ihrer Not,
Steht ihnen bei, gebt ihnen täglich Brot!«

Und was im Herzen einer einz'gen Frau
Machtvoll erglüht, ward segensreiche Saat,
Ihr Wollen weckt in vieler And'rer Herzen
Den Wunsch zu hilfsbereiter großer That.
Die Werbetrommel dröhnt, ihr Losungswort
Es heiß: Schafft Nahrung! Jagt den Hunger fort!

Und edle Frauen zieh'n mit ihr zu Felde
Und Männer, die begeistert hat der Ruf,
Den ärgsten Feind des Landes zu bekämpfen,
Der ohne Schwert doch tausend Wunden schuf.
Errungen war die erste große Schlacht,
Volksküche nannte sich die Siegesmacht!

Heil Euch, die Ihr dem ersten Ruf gefolget!
Wieviel Millionen habt Ihr schon erquickt,
Kein and'rer Dank lohnt Eure harten Mühen,
Als wenn gesättigt Ihr das Volk erblickt.
Nicht Eitelkeit, nicht Ehrgeiz lockt den Sinn,
Zeit, Kraft und Liebe gebt Ihr freudig hin.

Zeit, Kraft und Liebe haben Euch verbunden
Gemeinsam schaffend fünfundzwanzig Jahr.
Nicht Neid noch Mißgunst konnten Euch verwunden,
Denn treu und selbstlos Euer Wirken war.
Dies mög' der Ruhm der edlen Frauen sein,
Die sich dem Volk, des Volkes Küchen weih'n.

In Breslau freute sich Anna Honigmann über ihren dritten Enkel: Sohn Paul, der mit Betty Sachs verheiratet war, wurde am 6. Juli 1891 Vater und nannte seinen Erstgeborenen Hans. Ich nehme dessen Schicksal in groben Umrissen vorweg: Hans studierte Zoologie, anschließend Humanmedizin, praktizierte eine Zeitlang als Arzt, kehrte dann aber zu seinen geliebten Tieren zurück und wurde nach Ende des Ersten Weltkrieges Direktor des Zoologischen Gartens von Breslau. Er heiratete Ursula Heilbronn, hatte mir ihr drei Kinder (Fred, Paul, Ernst) und konnte mit der ganzen Familie der Judenvernichtung entkommen – nach England, wo er 1943 starb.

*Anna Honigmann
4. Juni 1835–
5. November 1909*

Bei Jenny und Sigismund Asch gab es im Sommer 1891 die inzwischen übliche Trennung: Sigismund fuhr wieder nach Karlsbad, Jenny diesmal nach Bad Ems. Nachdem sie die Bäder Kissingen und Reichenhall ausprobiert und danach offenbar keinen großen Heilerfolg für ihre Stimmbänder festgestellt hatte, erhoffte sie nun von Bad Ems das Beste. Selbstverständlich war Tochter Toni, noch immer unverheiratet und bald 25 Jahre alt, an ihrer Seite. Asch pflegte quasi aufs Geratewohl nach Karlsbad zu fahren. Nach der Ankunft nahm er sich ein Zimmer, wo er eins fand, und schaute sich erst am nächsten Tag nach einem passablen, möglichst nicht zu teuren Hotel um. Früher bevorzugte er das Hotel »Schild«, in diesem Sommer aber die »Zwei Monarchen«, wo er ein Eckzimmer mit Schlafzimmer fand, »sehr schön und elegant, allerdings rasend teuer, wie alles hier. Hotel Bristol von Engländern und Amerikanern eingenommen, gar nicht zu erschwingen.« Da Asch gewohnt war, sehr zeitig aufzustehen, weil seine unentgeltliche Sprechstunde für mittellose Patienten um fünf Uhr früh begann, gab es auch in den Ferien für ihn keine Langschläferei. Spätestens um halb sechs morgens pilgerte er ins Kurhaus, um die Karlsbader Quelle zu trinken, badete anschließend und zog sich dann in sein Hotelzimmer zurück zum Lesen und Briefeschreiben, wozu auch die liegengebliebene, hierher mitgenommene berufliche Post gehörte. Der erste Brief ging stets an Jenny, so auch am 1. Juli 1891 mittags um halb eins, ein Lagebericht, der so typisch für Asch und die Karlsbader Szene ist, daß er in einigen Passagen hier wiedergegeben sein soll.

»Mein liebes Herz! Es ist eine so unmenschliche Hitze, daß mir, der ich seit neun Uhr in meinem Zimmer still liege, teils lesend, teils schlafend, teils dämmernd, der Schweiß stromweis von der Stirn in die Stiefel fließt, und ich mir sehr gut denken kann, daß Deine Brieftaube etwas längere Zeit von Ems nach Karlsbad braucht, als es sich mit meiner Ungeduld, Näheres von Euch zu hören, verträgt. Ich will indes geduldig warten, denn Ungeduld läßt noch mehr schwitzen – obwohl das fast nicht möglich ist. Gewitter scheinen hier abhanden gekommen zu sein. Im Übrigen ist das ganz gut und entspricht meiner unglaublichen, grenzenlosen Müdigkeit, die Du wohl ermessen kannst, wenn ich mehr als drei Stunden auf einem Fleck liegenbleibe.
Über hier ist nichts oder nur weniges zu melden. Ich habe heut morgen das Publikum gemustert. Ein bekannter Kaufmann aus Berlin – Name Schall und Rauch! Gleichgültig, daß mich ferner Frau »Jettel Immerwahr« und Frau Werther mit Lolo nicht allzu anziehend reizen konnten, wirst Du vielleicht begreifen. A. Levy aus Köln, der Bankier, ist da und nett wie immer, aber auch nicht von Geist überlaufend. Hammacher vor wenigen Tagen abgereist. Stettenheim, den ich gestern sprach, reist heute ab. Der Juli ist ja immer der unfruchtbarste Monat, besonders in der ersten Hälfte! Nun, nous verrons!«

Aschs Anführungsstriche bei der Dame »Jettel Immerwahr« deuten Ironisches an; möglicherweise handelt es sich hier um Ottilie Sachs, geborene Immerwahr[130], eine damals bekannte Breslauer Sängerin, auf die Karl von Holtei ein Gedicht schrieb und die mit

Jenny angeheirateter Weise verwandt war. Bei Sängerinnen geriet Asch nicht leicht ins Schwärmen, schließlich hatte er zuhause oft genug das Trällern seiner Jenny zu ertragen, wenn sie die Dehnbarkeit ihrer Stimmbänder prüfte. Der Familie Werther begegnete man häufig in Karlsbad: Commerzienrat Adolf Werther wohnte neben den alten Bauers am Schweidnitzer Stadtgraben Nr. 13 und hatte jahrelang als Stadtverordneter mit Asch im Rat zusammengearbeitet. Ebenso konnte man Julius Stettenheim[131] hier antreffen, den Humoristen und Schriftsteller, mit dem Asch seit den heißen Tagen des Revolutionsjahres 1848 lose befreundet war. Sie hatten sich im Oktober 1848 beim Zweiten Demokratischen Kongress in Berlin kennengelernt, wo Stettenheim, ein siebzehnjähriger Intellektueller, damals seine ersten Arbeiten veröffentlichte, darunter sein schnell bekannt gewordenes »Volksdeputationslied«. Beiden Männern war die Fähigkeit eigen, Politik mit Witz vereinbaren und das Lächerliche im Wichtigtuerischen sehen zu können. Beide haben sich über das Zeitgeschehen ihre eigenen unkonventionellen Gedanken gemacht und sind einander ein Leben lang verbunden geblieben. Und beide waren glücklich, wenn sie sich immer wieder in den Sommerferien begegneten. 1862 hatte Julius Stettenheim in seiner Heimatstadt Hamburg das Witzblatt »Die Wespen« gegründet, die Redaktion aber 1867 nach Berlin verlegt, wo er die Zeitschrift dann »Berliner Wespen« betitelte. Neben dem seit 1848 etablierten politisch-satirischen Witzblatt »Kladderadatsch« zu bestehen, zu dessen Gründern der Breslauer Possendichter David Kalisch[132] gehörte, war nicht leicht, doch Stettenheim schaffte es, seine »Wespen« bald ebenso populär zu machen, was ihm durch die Erfindung einer Figur gelang, die er »Wippchen« nannte. Wippchen war der Prototyp des Kriegsberichterstatters und Revolverjournalisten, dem Wichtiges und Dummes, gespickt mit verquatschten Zitaten, gelegentlich in der Eile durcheinandergeriet. Und so war es kein Wunder, daß Sigismund Asch seine Jenny zuweilen als »Frau Wippchen« bezeichnete, wenn sie irgendwelche aufgeschnappten Schauermärchen kolportierte, etwa über die Gefährlichkeit des Inhalierens in einem Gradierwerk. »Wer sind die«, fragte Asch in einem Brief[133], »die Dir solche Bakterien-Frage-Läuse hinter das Ohr setzen? Oder in den Pelz, Frau Wippchen? Das ganze Inhalieren ist ziemlich überflüssig. Ich bitte Dich, solchen Gedanken nicht nachzuhängen, sondern erfreu Dich an Gottes schöner Welt, so viel und so gut Du kannst. Sei nicht stur!«

Auch in Bad Ems – wie einst in Bad Reichenhall – bangt Jenny, alias Frau Wippchen, um ihre Gesundheit, beziehungsweise vor einer ärztlichen Untersuchung mit unsterilen Instrumenten, so daß Asch ihr von Karlsbad aus wieder milde Ratschläge erteilen muß[134]: »Meine Verordnung geht dahin: lebe ruhig und zufrieden, kühl und anmutig, wie Du es klugerweise gewählt hast, iß gut, tue Dir alles an, was möglich und vernünftig ist, und trinke nebenbei 2–3 Becher Kränchen[135] mit Milch, ja nicht zu warm, und bade zwei- höchstens dreimal die Woche! Inhalationen haben wenig Wert – allenfalls reichlich mit Kränchen gurgeln. Ruhe und gute Luft sind Dir notwendig und ausreichende Heilmittel, denn Du hast nichts von Bedeutung in Deinen Organen. Willst Du Dich untersuchen lassen, so habe ich Deiner Beruhigung wegen nichts dagegen. Ich sende Dir auf alle Fälle einen Brief an den Arzt, ohne Adresse, um ihn nach Deinem Belieben zu verwenden! Deine Furcht vor den anzuwendenden Spiegeln und einer möglichen Infektion ist hinfällig – denn das müßte ein sehr gewissenloser Arzt sein, dem seine Instrumente einen solchen Streich spielten. Nötig ist für die Untersuchung nur ein allgemeiner Spiegel!«

Gut zureden mußte man ihr. Und dann noch aufzählen, wer alles in Karlsbad eingetroffen war: Frau Horwitz aus Wien; A. Levy aus Köln; ein Rechtsanwalt Oppenheimer aus Berlin, »unverheiratet, netter einfacher Mann, Hannoveraner«; Otto Boas mit Frau; der Schauspieler Engels aus Berlin, der am Abend in einem Gastspiel auftreten sollte; und natürlich Jennys Schwester Cäcilie. »Mit Cäcilie«, schreibt Asch, »habe ich bereits die üblichen Rosen ausgetauscht, sie heut auch schon am Brunnen gesprochen. Sie hat von der Hitze allerlei Gebresten, die sie mir in aller Raschheit klagte, befindet sich im übrigen ganz wohl und munter!«

In den folgenden Tagen gab es zwischen Asch und Cäcilie hauptsächlich nur ein Thema: Ob das Haus aus der Erbmasse Albert Bauers nun verkauft oder vermietet werden solle, ein Haus, dessen Grundstück immerhin vom Schweidnitzer Stadtgraben bis zum Tauentzienplatz reichte und dessen Ausmaße wir heute nur schätzen können an dem später hier erbauten Kaufhaus Wertheim, das heute »Centrum« heißt. Beinahe täglich erreichten Asch aus Breslau neue Hauskaufs-Offerten, die bedenkenswert oder auch indiskutabel waren, und Asch hatte stundenlang damit zu tun, ihren Inhalt abzuschreiben und weiterzusenden an seine Schwägerinnen Anna Honigmann, Lina Morgenstern und Helene Bauer. Jenseits dessen wurde er immer wieder von Patienten heimgesucht, die ihn unbedingt auch in den Ferien konsultieren wollten, so daß ihm wenig Zeit und Lust blieb, »um mit dummen Weibern geistreich zu sein. Den Damen, mit denen ich beim Diner zusammen war – Wienerinnen etc. – habe ich nicht sehr gefallen; sie sind für ernstere Unterhaltung wenig geeignet und so gehen sie mir aus dem Weg, was ich geduldig und resigniert ertrage ... Gestern mußte ich Frau Kainz und Fräulein Deppermann (die man törichterweise hierher geschickt hatte) untersuchen; auch medizinische

BAD EMS   Brunnenhalle und Kesselbrunnen

Briefe mußte ich schreiben, und so geht der Tag hin. Meine Gesellschaft ist ein Herr Mayer mit Frau aus Hannover, germanische Juden erster Güte, d. h. keine Spur von Juden; mit ihnen ein Geheimer Rat Biedenweg. (In Hannover gibt es keinen Antisemitismus.) Ferner: Moritz Lion aus Breslau«[136].

Eine der erfreulichsten Begegnungen Aschs war zweifellos das Wiedersehen mit Georg Engels[137], dem neben Josef Kainz wohl berühmtesten deutschen Schauspieler jener Zeit, der bei L'Arronge am Deutschen Theater in Berlin engagiert und gerade auf Gastspielreise war. Engels, der im Charakterfach und in komischen Rollen brillierte, hatte natürlich alle damals gängigen Rollen im Repertoire, so daß er, um Asch eine Freude zu machen, ohne weitere Proben den »Doktor Klaus« von L'Arronge spielen konnte. Ein einziges Wort zum Theaterleiter Raul genügte, um den »Doktor Klaus« am nächsten Abend – es war der 10. Juli 1891 – auf den Spielplan Karlsbads zu sezten. Tags darauf zog Engels mit seiner Truppe bereits weiter, zufälligerweise nach Bad Ems, was Asch seiner Jenny noch rechtzeitig ankündigte, damit auch sie ihn wiedersehen konnte.

Von Betty kamen in jenen Tagen sowohl an Jenny wie an Asch beunruhigende Nachrichten. Karl Jaenicke, seiner Beamtentätigkeit als Stadtrat längst überdrüssig, hatte seit einiger Zeit Flausen im Kopf. Wenigstens nach Ansicht der Familie. Er hatte in diesem Jahr, 1891, bei Reclam sein Lustspiel »Glück« veröffentlicht und in der Breslauer »Schlesischen Buchdruckerei, Kunst- und Verlagsanstalt vormals S. Schottlaender« einen Band mit zwei Novellen unter dem Titel »Das Waldhorn etc.« Der Titel von »etc.« lautete »Krokonosch und Ziegenrücken«. Beide Novellen spielten, wie der Untertitel verrät, in »Schlesiens Bergen« und waren »Meinem lieben Schwiegervater Herrn Dr. Siegismund Asch gewidmet«. Wer diese Prosa gelesen hat, kann sich vorstellen, wie tief Asch betroffen gewesen sein muß. Asch, der selbst in seinen eiligst geschriebenen Briefen allen Klischees aus dem Wege ging, fand sie hier in ganzen Schwadronen beisammen. Das war in früheren Arbeiten Karl Jaenickes nicht anders, und es ist denkbar, daß die Rezensenten mit ihm hart ins Gericht gegangen waren. Und daß es wenig geholfen hat. Karl Jaenicke fühlte sich als Dichter verkannt. Bereits 1889 hatte er in ein in braunen Samt gebundenes Büchlein, das sich erhielt, einige bezeichnende Sätze Goethes zu Eckermann notiert: »Es gibt nichts Dümmeres, als einem Dichter zu sagen:

Dies hättest du müssen so machen und dieses so! Ich spreche als alter Kenner. Man wird aus einem Dichter nie etwas anderes machen, als was die Natur in ihn gelegt hat. Wollt ihr ihn zwingen, ein andrer zu sein, so werdet ihr ihn vernichten.«

Nein, vernichten lassen wollte er sich als Schriftsteller nicht. Nun hatte er zwei neue Werke herausgebracht, war überdies Redaktionsmitglied einer Zeitschrift geworden, deren Namen wir leider nicht kennen, und überlegte allen Ernstes, seinen Stadtratsposten, der ihm auf Lebenszeit ein festes Monatsgehalt garantierte, aufzugeben. Der Traum vom freien Schriftstellerleben – mit Frau und vier Kindern – schien ihm realisierbar. Betty, praktisch veranlagt wie sie war, sah das Risiko diese Traums als Alptraum. Sie dachte zweifellos auch an die Brüder ihres Mannes, unter denen es einige Hasardeure und Phantasten gab: Zwei von ihnen begingen, nachdem sie die Güter Kopojno und Borowo verspielt hatten, Selbstmord; ein dritter erschoß sich unter dramatischen Umständen auf dem Bett seiner Angebeteten in deren Schloß in Polen; ein vierter wanderte, von heiteren Welten träumend, nach Südamerika aus, um dort im Regenwald Gitarre zu spielen.

Betty machte sich Sorgen. Ihre Mutter wartete ab. Sigismund Asch griff ein. Möglicherweise begann man in Breslau über die zeitverschlingenden, nicht der Stadverwaltung dienenden Nebentätigkeiten des Stadtrats Jaenicke zu reden. Jedenfalls schrieb Asch am 5. Juli 1891 an Jenny nach Bad Ems, er habe an Betty »ausführlich geantwortet! Auch in Bezug auf Karl! Aufgeben der Redaktion!!« Wir wissen nicht, um welche Redaktion es sich handelte. Doch wir wissen aus einem anderen Brief Aschs vom Juli 1891, daß Karl Jaenicke eine Verbindung zu Paul Lindau[138] geknüpft hatte, der 1872 in Berlin »Die Gegenwart« – »Wochenschrift für Literatur, Kunst und öffentliches Leben« – gegründet und 1877 mit Unterstützung des Breslauer Verlegers Salo Schottlaender[139] die monatlich erscheinende illustrierte Kulturzeitschrift »Nord und Süd« ins Leben gerufen hatte. Der Schriftsteller Paul Lindau, ein enger Freund von Julius Stettenheim, war für Asch ein alter Bekannter, der sich oft in Breslau sehen ließ, nachdem er seine Redaktion »Nord und Süd« vor einigen Jahren ganz nach Breslau ins Verlagshaus S. Schottlaender & Co. verlegt hatte. Arbeitete Karl Jaenicke dort mit? Oder zog es ihn womöglich nach Berlin? Wollte Paul Lindau ihn in die Redaktion seiner »Gegenwart« locken? Oder bestand dieser Lockvogel nur in Karl Jaenickes Kopf? Wie auch immer – Betty teilte die Pläne ihres Ehemanns ihren Eltern mit, und Asch schrieb am 8. Juli 1891 an Jenny, er habe »in sehr energischer dezidierter Weise« an Betty seine Meinung geschrieben. »Wie? Kannst Du dir wohl selber denken! Vielleicht nehmen die Kinder übel, aber es war mir zu doll!«

Karl Jaenicke, der gerade mit Frau und Kindern in Krummhübel Urlaub machte und stille Wanderungen über den Riesengebirgskamm genoß, brauchte offenbar Einsamkeit, um seines Schwiegervaters dezidierte Meinung zu überdenken, und plante, vorerst einmal allein nach Venedig zu reisen. Vielleicht auch nach Sylt. Oder Borkum. Venedig! Das brachte Jenny sofort zu einem brieflichen Aufschrei, den Asch am 10. Juli 1891 mit den Worten beantwortet: »Karl geht nicht nach Venedig, und in Venedig holt man sich nicht den Typhus! Das sind alles solche wunderlichen Erfindungen, deren Quellen für Dich mir gänzlich unbekannt sind. Er geht wahrscheinlich nach Borkum. Ob dies gerade gut ist, wenn er gar zu allein ist, erscheint mir zweifelhaft, indeß ist er doch ausgewachsen und weiß, was er will!«

Was Karl Jaenicke dachte, können wir seinem Merkbuch von 1889 entnehmen, in das er einen Ausspruch Goethes eingetragen hatte: »Sowie ein Dichter politisch wirken will, muß er sich einer Partei hingeben, und sowie er dieses tut, ist er als Poet verloren.« Als Poet jedenfalls wollte Karl Jaenicke nicht verloren sein, obwohl in der nächsten Zeit seine Produktion deutlich ins Stocken geriet. Aber es gab für ihn einen Trost: Sein Lustspiel »Glück« war von seinem Schwiegervater Asch offenbar nicht für unspielbar befunden und folglich mit einer Empfehlung an Adolph L'Arronge weitergeleitet worden, und tatsächlich gelangte es dann in Berlin am Deutschen Theater zur Aufführung – das Soufflierbuch ist in meinem Besitz.

Inzwischen hatte Karl Jaenickes Mutter Emma am 12. Juli 1891 ihren 70. Geburtstag gefeiert, zu dem Karl und Betty von Krummhübel nach Breslau geeilt waren, während Käthe Asch, Roberts Frau, in umgekehrter Richtung geeilt war, um die in Krummhübel gebliebenen vier Jaenickekinder zu hüten. »Sehr gutes Arrangement«, schrieb Asch an Jenny, zweifellos erleichtert, daß sich jemand um die alte Dame, mit der niemand in der Familie viel anfangen konnte, kümmerte. Emma Jaenicke, die seit fast zwei Jahrzehnten verwitwet war und als Fünfzigjährige beschlossen hatte, von nun an, da sie eine alte Frau sei, nur noch am Fenster ihrer

Wohnung am Tauentzienplatz 3 zu sitzen und sich mit Handarbeiten zu beschäftigen, war durch diese Übung zu einer drögen Langweilerin geworden, der ihre Enkelkinder jeweils am Sonntag einen artigen, wenn auch widerwilligen Besuch abstatten mußten. Ich weiß es von meiner Mutter, die später, als sie Näheres von der Familie erfahren hatte, sich sehr darüber entsetzte, daß ihre christliche Großmutter Emma nicht einmal zu den Beerdigungen ihrer durch Selbstmord geendeten Kinder gegangen war. Sofort nach der Gratulation fuhren Betty und Karl wieder ins Riesengebirge zu den Kindern zurück, wo Karl nun sehr schnell den Entschluß faßte, nach Sylt zu reisen. Allein.

Bei Jenny und Sigismund rückte das Ende der getrennt verbrachten Ferien näher und damit die übliche Frage: Wo wenden wir uns hin? Auf jeden Fall wollte Asch nach Frankfurt am Main, wo es eine Ausstellung zu besichtigen gab, die sowohl für ihn wie für Robert beruflich wichtig war, aber auch, wie Asch meinte, seine Frau und Tochter interessieren müßte. Ich vermute, daß es sich um eine »Hygiene-Ausstellung« handelte. Asch setzte dafür drei ganze Tage an, bereit, anschließend dorthin zu fahren, wohin Jenny es trieb. Sie hatte die Wahl. Und weil sie sich zwischen den diversen Seebädern nicht entscheiden konnte, was Asch im voraus gewußt und gehofft hatte, befahl er bündig: Blankenberge in Flandern. Dort nämlich würde er einen seiner liebsten Freunde treffen, Prof. Friedrich Leo, den Präsidenten der Deutschen Shakespeare-Gesellschaft. Und vielleicht auch seinen Breslauer Skatbruder Sanitätsrat Dr. Michael Wollner, auf den Jenny ungeheuer eifersüchtig war, so daß sie immer nach Gründen suchte, um ihn gegenüber Asch madig zu machen; schließlich fiel ihr ein, daß Wollner immer beim Skatspielen gewönne und viel zu hoch spielte, was Asch energisch dementierte.

Sollte man Herrn Dr. Richard Stern auffordern, nach Blankenberge zu kommen? Um Toni dort wiederzusehen? Jenny drängte zu einem solchen Vorschlag. Was aber würde »Papa Stern« dazu sagen? Wenig später schrieb Asch, er habe Richard Stern eingeladen, doch dessen Vater, der am Tauentzienplatz 3 – ein Stockwerk höher als Emma Jaenicke! – als praktischer Arzt und Impfarzt residierte, »hat bis jetzt noch nicht über irgend etwas entschieden«.

Damit ging Asch zu anderen Themen über, z. B. daß er »ein geplagtes Wurm« sei, »weil mich die Kranken nicht in Frieden lassen. Soeben war Herr Rieß und Frau aus Breslau da, welche zu geizig sind, um hier einen Arzt zu nehmen! Nun! ich mache es ihnen auch nicht gratis, konnte sie nicht abwimmeln.« Herr Leopold Rieß, ein reicher Fabrikant in Baumwolle und Leinen, wird die Honorarforderung gut überlebt und damit jenen armen Patienten geholfen haben, denen Asch die Medikamente bezahlte. Sehr betroffen war Asch in diesen Tagen über den Tod »von unserm guten Chronegk«[140], der zu den von ihm besonders geschätzten Theaterleuten zählte. Ludwig Chronegk, seit 1866 Schauspieler, dann Regisseur und schließlich Intendant des Meininger Hoftheaters, hatte in Asch nicht nur seinen besten Arzt, sondern auch einen Freund; und der wußte, wie er an Jenny schrieb,[141] »leider nur zu gut, daß er herzkrank war, der arme Kerl ist nur 54 Jahr alt geworden.« Am gleichen Tag, als die Nachricht in allen Zeitungen stand, erhielt Asch von Robert aus Breslau eine Karte: daß man Chronegks Tod telegraphisch aus Meiningen dem Vater mitgeteilt habe. Asch, leicht verstimmt, an Jenny: »Robert schickt aber die Depesche nicht mit und gibt auch nicht an, wer die Depesche unterschrieben hat, so daß ich nicht sofort kondolieren kann. Ich habe also gleich in Breslau angefragt. Robert scheint ein bißchen viel zu tun zu haben. Er wird es wohl aushalten, hoffe ich!«

Doch es gab auch Gutes aus Karlsbad zu melden: Otto Brahm[142] war dort eingetroffen, ein Mann, mit dem Asch über Gott und die Welt und das moderne Theater diskutieren und überdies auch noch Skat spielen konnte. Brahm, einst mit Theodor Fontane zusammen Kritiker an der »Vossischen Zeitung«, leitete seit zwei Jahren in Berlin den von ihm mitgegründeten Verein »Freie Bühne«, der in geschlossenen Vorstellungen sich für eine neue, naturalistische Literaturbewegung einsetzte, zumal für Stücke von Ibsen und Gerhart Hauptmann. Neuerdings zeichnete Brahm auch als Herausgeber der Zeitschrift »Freie Bühne« – aus der später »Die Neue Rundschau« hervorging. Die beiden Männer hatten sich durch Adolph L'Arronge kennengelernt, dessen Deutsches Theater Otto Brahm in wenigen Jahren übernehmen sollte, und beide blieben lebenslang einander verbunden in einer Freundschaft, die sich sogar auf die jüngere Generation übertrug: Als im Ersten Weltkrieg das Deutsche Theater unter Max Reinhardt eine Fronttheatertruppe zusammenstellte, lernte Otto Brahms Sohn Hans, damals ein junger Schauspieler, die fast gleichaltrige Kaete Jaenicke in diesem Ensemble kennen und lieben: die Enkelin Aschs, meine Mutter. Die Truppe gab Gastspiele vor den deutschen Frontsoldaten in Lille,

Gent und Brügge, und dort war es, wo Hans Brahm einen unvergleichlich schönen Amethystring kaufte und meiner Mutter – vielleicht in der Hoffnung auf eine gemeinsame Zukunft – schenkte. Für meine Mutter war Hans Brahm nicht der »richtige« Mann, aber ein guter Freund, dessen Ring ich in Ehren halte und Elisabeth Jaenicke-Vogler vererben werde.

Dieses Familienbuch, das ich vor allem Sigismund Asch zu Ehren schreibe, wäre unvollständig, wollte ich nicht seinen Glückwunschbrief an Jenny, die ihren 59. Geburtstag mit ihrer Tochter Toni in Bad Ems verbrachte, hier einfügen:

Carlsbad 16. 7. 1891, abends

Mein liebes Herz!
Indem ich mich anschicke, einen Brief, der an Deinem Geburtstage in Deine Hände gelangen soll, zu denken und der Dir etwas sagen soll, was gerade an Deinem Geburtstag gesagt sein sollte – weiß ich in der Tat nicht, wie ich das zustande zu bringen vermöchte. Was in der Welt gäbe es, was ich Dir und dadurch auch mir wünschte, jetzt und alle Zeit, jeden Tag und jede Stunde und nicht bloß an Deinem Geburtstage; was in aller Welt gäbe es, was Dir allein beschieden sein könnte, woran ich mich nicht miterfreute, wenn es etwas Gutes und mit Dir leidend empfände, wenn das Schicksal uns Hartes auferlegte! Jeder Wunsch nach dieser Richtung ist also nur egoistisch. Wenn etwas an Deinem Geburtstag Besonderes geschehen sollte, so wäre es das, daß ich Rückschau halten möchte, ob es mir in der langen Reihe von Jahren, die wir Hand in Hand zu gehen vereinigt waren und sind, gelungen ist, Dich zufrieden und glücklich zu machen. Mein bester Wille war dabei – das kann ich sagen – gelungen? Nun! Wer hat einen vollen Erfolg im Leben aufzuweisen? Mein bester Wunsch für Dich ist also: mögest Du von dem Tage an, für welchen diese Zeilen bestimmt sind, glücklich und zufrieden mit Deinem Geschick sein und möge es *uns* beschieden sein, unsere Kinder und Kindeskinder aufwachsen und gedeihen zu sehen und sie zufrieden die Ernte genießen zu sehen, die wir in ihnen und für sie gesät haben. Wir haben ja nachgerade ein Alter erreicht, wo unsere persönlichen Bedürfnisse schon recht geringe geworden sind und wo die

Regungen unserer Seele sich ja doch immer wieder den Kindern zuwenden! Möge es uns also beschieden sein, noch recht lange im Kreise unserer Kinder, die alle uns beide recht von Herzen lieben, ein gedeihliches Alter in geistiger Frische zu erleben! Und für Dich noch ein paar kleine Zutaten: möge Dir Dein Frohsinn und die Freude am Leben an sich stetig erhalten bleiben; mögest Du innerlich stets so heiter sein und bleiben, wie Du es von Natur bist und mögest Du nie wankend werden in der festen unerschütterlichen Überzeugung, daß wir alle, die Deinem Herzen am nächsten stehen, Dich lieben und verehren, wie Du es Dir durch Dein Leben hindurch in Treue und Wahrheit, in Sorgfalt und unbestechlicher Wahrheitsliebe verdient hast! Möge jedes Mißtrauen nach dieser Richtung aus Deiner Seele schwinden – dann wird mein heißester Wunsch an Deinem Geburtstag erfüllt sein und nicht bloß Du wirst glücklich sein, sondern wir alle mit Dir, und ich werde die feste Überzeugung gewinnen, daß ich, wie ich für Dich leben und arbeiten *wollte,* dies nicht vergebens getan *habe,* sondern Dir in Liebe verbunden geblieben bin wie jemals als
Dein Dich aufrichtig liebender

Alter.

Nach einer Briefpause von vierundzwanzig Stunden erhielt Asch am übernächsten Tag von Jenny einen Brief und eine Karte, die derart von Vorwürfen, Mißverständnissen und Unsinn strotzten, daß Asch sich zu einer sehr klaren, strengen Zurechtweisung veranlaßt sah in einem Schreiben, das er allerdings erst abschickte, als Jennys Geburtstag vorbei war, denn er wollte sie keinesfalls an ihrem Festtage brüskieren. Zum Glück jagte Jenny ihrem chaotischen Geschreibsel mit der nächsten Post einen offenbar ebenso vernünftigen wie liebevollen Brief hinterher, ein, wie Asch formulierte, »wohltuenderes Bild Deiner Seele. Wenn ich dann einen solchen Beweis Deiner Zuneigung, wie Dein heutiger Brief ist, in Händen habe, komme ich immer wieder auf den Gedanken zurück, daß es doch wohl die Eigenart der Frau ist, sich unbesonnen dem Ausdruck ihrer augenblicklichen Empfindung hinzugeben, daß dies aber kein Beweis für das ist, was sie schließlich dauernd für den Mann ihrer Wahl bewahrt, die treue unzerreißliche

Anhänglichkeit und die lautere Liebe. Wenn irgendjemand, so bin ich von Deinem innersten Wesen überzeugt; und wenn Du mich fragst, wie ich heut denke, so kann ich nur sagen, daß ich Dich heut so lieb habe wie vor 41 Jahren, Geliebte! *Du sollst und wir wollen leben* – wie ich Dir heut morgen telegraphierte«[143].

Keine Briefe zwischen Jenny und Sigismund Asch im Jahr 1892: Ein Zeichen dafür, daß sie die Sommerferien gemeinsam verbrachten, schließlich fiel in diese Jahreszeit Jennys 60. Geburtstag. Bei solchen Festen war es üblich, daß Kinder oder Enkel kleine Sketche aufführten, zumindest Gedichte aufsagten. Doch wer hätte sie dichten sollen? David Honigmann, der dafür prädestiniert war, lebte nicht mehr, und Karl Jaenicke hatte es vorerst die Sprache verschlagen.

Im Herbst 1892 reiste die Aschfamilie vermutlich vollzählig auf Einladung Adolph L'Arronges nach Berlin, denn dort wurde das zehnjährige Bestehen des Deutschen Theaters gefeiert, ein Jubiläum, zu dem L'Arronge sein Lieblingsstück »Doktor Klaus« auf den Spielplan gesetzt und sich dazu eine ganz besondere Überraschung für seinen Freund ausgedacht hatte. Als sich der Vorhang zum zweiten Akt hob, sahen Jenny und Sigismund mit größter Verblüffung auf der Bühne ihr Breslauer Wohnzimmer aufgebaut, von dessen Rückwand ihnen die eigenen Konterfeis entgegenblickten. Die Idee, die zwei Ölportraits, die es natürlich in Breslau nicht gab, malen zu lassen, stammte vom Bühnenpersonal, das mit diesem Gag wiederum den Autor und Hausherrn des Theaters überraschte. Allein wegen des Deutschen Theaters war Berlin für Jenny und Sigismund immer eine Reise wert. Daß dabei auch Morgensterns am Lützowplatz 14 besucht werden mußten, gehörte dazu. Möglicherweise hat man damals dort über ein Ereignis gesprochen, das kurz bevorstand oder sogar schon vorüber war: die Eheschließung von Toni Asch mit Dr. Richard Stern. Niemand hat darüber eine Zeile hinterlassen.

Aber von Lina gab es schon wieder zwei Neuerscheinungen zu sehen, ihr »Zuverlässiges Hülfsbuch zur Gründung, Leitung und Controlle von Volksküchen und anderen gemeinnützigen Massen-Speiseanstalten, mit 15 Formeln zur Buchhalterei und 66 Kochrezepten. Nach 26jähriger Erfahrung verfaßt und herausgegeben«[144]; und ihr »Schlüssel zum häuslichen Glück, ein Tage-, Kassa- und Haushaltungsbuch der Hausfrau«[145].

Derweil wurde Anna Honigmann von ihrem Sohn Paul ein viertes Enkelkind in den Arm gelegt: Ernst. Er gehörte später zu den besten Studenten der Breslauer Universität, an der er zum Dr. phil. promovierte und anschließend die Leitung der Universitätsbibliothek übernahm. Nachdem er als Bibliothekar an die Universität Berlin wechselte, heiratete er Elli Mamlock, die ihm zwei Kinder gebar, verließ 1934 mit der Familie Nazideutschland, erhielt in Brüssel bei Henri Grégoire, Professor für Hellenistik und Byzantinistik, eine Stellung, wurde nach Kriegsbeginn von den Deutschen in ein Konzentrationslager deportiert, doch durch den einflußreichen Grégoire herausgeholt und in die USA gerettet. Die Liste der von ihm verfaßten wissenschaftlichen Bücher ist lang.

Bei den Breslauern gab es 1893 zwei Neuigkeiten: Die Pferdebahn wurde von der »Elektrischen« abgelöst, und Toni bekam ihr erstes Kind, Lotte. Auch ihr Schicksal sei hier in wenigen Stichworten vorweggenommen: Sie trat zum Christentum über, heiratete den Juristen Dr. Richard Kobrak, hatte mit ihm drei Kinder, die rechtzeitig nach England fliehen konnten, während sie selber und ihr Mann 1942 nach Theresienstadt und von dort ins Konzentrationslager Treblinka deportiert wurden, das sie beide nicht überlebten.

Nur ein einziger Brief von Sigismund Asch an Jenny sagt uns, daß er am 11. August 1893 in Karlsbad eingetroffen sei und sehnlichst auf Jennys Ankunft warte. Nach langer Zeit hatte er sich wieder im »Blauen Schiff« eingemietet, »erster Stock, Salon und Schlafzimmer, komfortabel, zu mäßigem Preis. Schöner Balkon! Extra für Dich: kühles Wetter! Viele Bekannte, Baners, Wollner jr. und Frau und Schwiegermutter Lyon – Pringsheim ohne Lottchen. Sonst alles comme à l'ordinaire!«

Doch in diesem Jahr soll von Lina Morgensterns Tochter Olga die Rede sein. Olga hatte von beiden Elternteilen nur das Beste geerbt, von ihrer Mutter die hohe Menschlichkeit, den Unternehmungsgeist und die schriftstellerische Begabung; von ihrem Vater das liebenswürdige Wesen, das Zeichentalent und eine Schönheit, die nicht von ihrer knollennasigen, kurzsichtigen Mutter stammen konnte. Mit 34 Jahren war sie eine gefeierte Vortragskünstlerin, erteilte Sprechunterricht, veröffentlichte ein neues Buch unter dem Titel »Sylvesternacht« im Hermann Walther Verlag, Berlin –

und war immer noch ledig. Vor sieben Jahren hatte man schon einmal von einem »Bräutigam« Olgas gesprochen, der dann nie wieder erwähnt wurde, an den aber möglicherweise die frühen Liebesgedichte gerichtet waren, die erst nach Olgas Tod im Druck erschienen. Inzwischen gab es doch einen Auserwählten: Dr. Otto Arendt[146], Nationalökonom und Politiker, und es bestand kein Grund, eine Eheschließung länger hinauszuschieben. Oder doch?

Olga Morgenstern (19. November 1858 – 29. Mai 1902)

Otto Arendt, aus bester jüdischer Familie, hatte sich taufen lassen – ob aus Überzeugung oder um als Politiker Karriere machen zu können, wissen wir nicht – und so war es nur selbstverständlich, daß die Frau an seiner Seite ebenfalls getauft sei. In einem fortschrittlichen, weltoffenen Hause wie dem Morgensternschen herrschte, auch was den Glauben betraf, Toleranz. Für Lina, ihren Mann Theodor und ihre Tochter Clara war es ausgeschlossen, den Glauben der Väter zu verlassen. Vielleicht ist es Olga nicht leichtgefallen zu konvertieren, was man der Tatsache entnehmen könnte, daß sie diesen Übertritt sozusagen erst im letzten Moment vollzog: Gemeinsam mit ihrem jüngsten Bruder Alfred ließ sie sich am 15. März 1893 in der Evangelischen Jerusalem-Kirche zu Berlin taufen. Sechs Tage später, am 21. März 1893, heiratete sie Dr. Otto Arendt und beendete damit ihre berufliche Laufbahn – von der Schriftstellerei abgesehen.

In New York wurde 1893 das zehnjährige Bestehen der Lina-Morgenstern-Loge gefeiert, ein Anlaß, die Namenspatronin in die Vereinigten Staaten einzuladen, um sie auf dem parallel zur Weltausstellung in Chicago tagenden Kongreß der amerikanischen Frauenliga – National Council of Women – zu ehren. Doch Lina, keine Freundin großer Reisen und just in den Vorstand der »Deutschen Friedensgesellschaft« gewählt, lehnte ab und schickte stattdessen auf Wunsch der amerikanischen Frauenliga ihr neues zweibändiges Sachbuch »Frauenarbeit in Deutschland, Geschichte der deutschen Frauenbewegung und Statistik der Frauenarbeit auf allen ihr zugänglichen Gebieten« – ein Werk, das eine Fülle wichtiger Daten versammelt und bis heute als Standardwerk zu diesem Thema gilt. Auf der Weltausstellung in Chicago erhielt Lina – in Abwesenheit – dafür einen Preis. Möglicherweise hat Linas Sohn Michael, der längere Zeit in Nordamerika lebte, um dort neue Techniken der Zahnheilkunde kennenzulernen, die Auszeichnung für sie entgegengenommen. Und Lina schrieb weiter. Schließlich sollte im folgenden Jahr, 1894, ihre nächste Broschüre erscheinen: »Zehn goldene Leitworte für Mädchen im Hausdienst«.

Erfolge und Ehrungen gab es für Lina Morgenstern in letzter Zeit genug, aber am 5. Juli 1894 war sie so glücklich wie selten zuvor, denn ihre Tochter Olga brachte ihr erstes Baby zur Welt: Katharine[147]. Obwohl Olga, früh emanzipiert, ihre eigenen Wege gegangen war, riß doch der Kontakt zu ihren Eltern nie ab. Ein Zeugnis dafür ist ein Gedicht Olgas aus jenen Tagen, das die innige familiäre Verbundenheit dokumentiert, die unter allen Kindern und Kindeskindern der Urelten Bauer seit je herrschte und über Generationen erhalten blieb:

Mein Elternhaus!

Wie wundersam berührt's mich immer,
Betrete ich mein Elternhaus,
Von dem mich einst der freie Wille
Gelockt zum eig'nen Herd hinaus.

Und doch verknüpfen tausend Fäden
Mich Dir, Du heimisch trauter Ort,
Ich fühle, was Du mir gewesen,
Und was Du warst, das wirkst Du fort.

Kaum tritt mein Fuß auf Deine Schwelle,
Da fällt mein Blick auf manches Ding,
An dem in meinen Kindheitstagen
Das Auge voll Entzücken hing.

Und plötzlich reihen zahllos Bilder
An Bilder sich, und es erwacht
Die Jugendzeit in neuem Glanze,
Geweiht durch der Erinn'rung Macht.

Dieweil ich sinnend, traumverloren
Noch stehe, trifft mein Ohr ein Klang
Von einer milden, weichen Stimme,
Die stets mir tönte wie Gesang.

O Mutter! Seit in meinen Armen
Mir selbst ein holdes Kindlein lacht,
Fühl' ich erst doppelt Deine Liebe,
die mich unsagbar reich gemacht.

Und während Beide wir dann reden
Von dem, was uns zumeist bewegt,
Tritt durch die Thür der greise Vater,
Für den das Herz so zärtlich schlägt.

Und traulich sitzen wir beisammen,
Als wären wir wie eh' geeint. –
Will's Gott, daß einst auch unserem Kinde
Sein Elternhaus das liebste scheint.

Sigismund Asch wird nicht darauf erpicht gewesen sein, sich selber zu feiern, aber seinem 70. Geburtstag konnte er nicht so leicht entgehen, und er war kein Spielverderber: Jenny wird schon dafür gesorgt haben, daß seine engsten Freunde zu einem Festmahl erschienen, und selbstverständlich die Kinder, Toni mit ihrem Mann Richard und der kleinen Lotte, Robert mit seiner vermutlich gerade schwangeren Frau Käthe und die fünf Jaenickiden, wobei zu hoffen ist, daß Karl Jaenicke sein im Vorjahr geschriebenes Lustspiel »Schlößchen Ried« dem Schwiegervater nicht als Geschenk mitbrachte. Eigentlich wäre eine familiäre Aufführung fällig gewesen, doch die Enkel waren damals für solche Spiele noch zu klein und die eigenen Kinder schon ein bissel groß; auch Toni möglicherweise wieder schwanger, denn in diesem Jahr brachte sie ihren Sohn Rudolf zur Welt. Kein Schriftstück, das an Aschs Geburtstag am 5. Januar erinnert. Von seinen Schwägerinnen wird zweifellos Anna Honigmann in Begleitung ihrer Kinder gekommen sein, während Lina Morgenstern, voll beschäftigt mit der Fertigstellung neuer Bücher, in Berlin blieb und Cäcilie Adler in Wien, wo sie um diese Zeit ihr umfangreiches zweites Testament austüftelte.

Bereits ein Jahr nach ihres Mannes Tod hatte sie, wie schon erwähnt, ein erstes Testament aufgesetzt, das vergleichsweise kurz war und hauptsächlich aus frommen Sprüchen bestand und dem Wunsch, daß man ihr vor ihrer Beerdigung den Herzstich geben möge. Da hatte das Fräulein Friederike Kempner[148], der »schlesische Schwan«, nicht vergebens gelebt – ihre unfreiwillig komischen Gedichte, die so oft um das Verhängnis kreisten, womöglich lebendig begraben zu werden, taten damals im gesamten deutschsprachenden Raum ihre Wirkung. Auch meine Großmutter Betty Jaenicke verlangte den Herzstich und erhielt ihn – genau wie Cäcilie – von ihrem Hausarzt. Cäcilies zweites Testament, zu dessen Vollstreckern sie Sigismund Asch und Paul Honigmann erkor (und im Fall, daß Sigismund Asch sie nicht überleben würde, dessen Sohn Robert), gibt uns nicht nur einen Einblick in ihre

Finanzen, sondern auch in ihr Leben. In mehr als 15 Vereinen war sie tätig, und sie sollen hier aufgezählt werden.

An erster Stelle stand natürlich das von ihr sehr aktiv mitgegründete israelitische Blindeninstitut auf der Hohen Warte zu Wien; es folgten: das israelitische Taubstummen-Institut, das israelitische Waiseninstitut für Mädchen, der Theresienkreuzer-Verein, der israelitische Mädchenunterstützungs-Verein, der israelitische Frauen-Verein II, die israelitische Kinderbewahranstalt, das Kinderfreunde Zillingsdorf, die Caritas, die israelitische Ferien-Colonie, der Volksküchen-Verein, der Krakauer Frauenverein – den sie mitgründen half – das israelitische Versorgungshaus, die Suppen- und Teeanstalt und der von Fanny Bauer, unser aller Urmutter gegründete Jungfrauen-Verein in Breslau. Jenseits dessen kümmerte sie sich noch, wie aus den verzeichneten Legaten hervorgeht, um das Asyl der Obdachlosen in Wärmestuben.

Ein Vierteljahrhundert ist vergangen seit dem letzten Krieg – aber in Lina Morgensterns Gedächtnis bleibt er unauslöschlich präsent. Seinetwegen, ihrer eigenen schrecklichen Erfahrungen wegen engagiert sie sich mit zunehmender Energie in der Deutschen Friedensgesellschaft. Völkerverständigung und Abrüstung sind die Ziele, für die sie jetzt in Vorträgen und Zeitungsartikeln eintritt. Zur Feier des »Sedantages« am 2. September 1895 schreibt sie ein Gedicht, in dem sie als treue Patriotin zwar die Errungenschaften des deutschen Sieges über Frankreich besingt – »Ein geeinigtes Deutschland und Frieden« – doch auch sagt: daß sie lieber dem Jubel entfliehen und der Toten gedenken würde. Und mit einer Reverenz vor Bertha von Suttner, ihrem Vorbild, ruft sie in der 3. Strophe aus:

> Fern bleibe der Krieg uns! Wer einst ihn erlebt,
> der betet: Nie kehre er wieder!
> Die Wunden zu lindern ist edel und gut,
> doch edler: ›*Die Waffen senkt nieder!*‹
> Denn kommt erst mit Eisen, Feuer und Blut
> der Krieg, der entfesselt der Kämpfenden Mut,
> – dann werden Millionen vernichtet,
> und rohe Gewalt ist's, die richtet!

Nach fünfundzwanzigjährigem Frieden beginnt Lina Morgenstern mit der Niederschrift ihrer Kriegserinnerungen. Es werden daraus die für die Nachwelt wichtigsten »Erinnerungblätter aus dem Kriegsjahre 1870/71. Die Verpflegung durchziehender Truppen, Verwundeter und Gefangerner auf den Ost- und Niederschlesischen Bahnhöfen«. Unter diesem Titel erscheinen sie 1895 in Linas eigenem Verlag in Berlin. Dort sorgt sie auch gleich noch für die 3. Auflage ihrer »Hundert Erzählungen aus der Kinderwelt« und für eine erweiterte 3. Auflage ihrer »25 Vorträge, Kurse für häusliche Gesundheitslehre für Lehrerinnen, Hausfrauen und Mütter«. Linas ganz private Freude: Olga erwartet ihr zweites Kind, das sie am 5. Januar 1896 zur Welt bringt: Helmuth. Weder Olga noch Lina werden es erleben: daß dieses Kind achtzehnjährig im Ersten Weltkrieg vor Verdun fällt.

Zu dieser Zeit entwirft in Paris Gabriella Wiszniewska, eine Tochter Victor Hugos, den Plan zur Gründung einer »Frauenliga für Internationale Abrüstung«. Sie will in Paris eine Zentralstelle einrichten, in der die Frauen aller Kulturstaaten sich vereinigen sollen, um die Grundsätze der Gerechtigkeit, Solidarität und Friedensliebe zu verbreiten und den Krieg als Massenmord zu bekämpfen. Am 18. März 1896 bildet sich unter ihrem Vorsitz ein Komitee, das für die einzelnen Länder, beziehungsweise deren Provinzen, Vizepräsidentinnen erwählt. Für Österreich-Ungarn steht eine solche Vizepräsidentin freilich schon fest: Bertha von Suttner. Für Berlin (Preußen) wird Lina Morgenstern gewählt, für Breslau (Schlesien) Jenny Asch. Beide, Lina und Jenny, unterzeichnen das von Gabriella Wiszniewska erlassene Rundschreiben folgenden Wortlauts:

> »Die Unterzeichneten vereinigen sich mit der Liga zur Internationalen Abrüstung – Ligue des femmes pour le désarmement international –, die in Paris den Sitz hat (7 rue du Débarcadère), um unsere dringenden Wünsche in Bezug auf das Friedensmanifest Kaiser Nikolaus II. auszusprechen, deren Erfüllung die Unterzeichneten durch den Kongreß der Mächte erhoffen, der zusammenkommen soll, um eine neue Aera des friedlichen Verkehrs unter den Völkern herbeizuführen, die zum Weltfrieden führen muß. Wir laden alle Freunde des Friedens und des Vaterlandes ein, sich mit uns zu verbinden und wünschen, daß die Regierungen aller Länder Anstrengungen machen mögen, um den guten

Erfolg der weltbefreienden Idee zu sichern, welche für die gesamte Menschheit eine glücklichere Zeit herbeiführen wird, als die des Milliarden verschlingenden bewaffneten Friedens«[149].

Für Lina Morgenstern ist das in diesem Jahr nicht alles. Als 1894 sich in Deutschland die verschiedensten Frauenvereine zum »Bund deutscher Frauenvereine« zusammenschlossen, hat Lina diesen Schritt zur Gemeinsamkeit sehr begrüßt. Doch er genügt ihr nicht. Sie sucht den Kontakt über die Landesgrenzen hinaus. Und sie erreicht es schließlich, den »Internationalen Frauenkongreß« zum ersten Mal in Deutschland stattfinden zu lassen: am 19. September 1896 in Berlin.

Die gesamte Planung und Durchführung liegt dabei in Lina Morgensterns Händen. Selbst die skeptischen Herren, die in den Zeitungsredaktionen sitzen, können angesichts der Vorbereitungen Lina ihren Respekt nicht versagen; am Tag vor Kongreßbeginn meldet die »Berliner Tageszeitung« auf ihrer Titelseite:

> Die Frauenversammlung, die morgen im Berliner Rathaus zusammentritt, und die heute abend im Husterschen Saale eine Art Revue über die Teilnehmerschaft abhält, kündigt sich nach jeder Richtung als die größte und bestvorbereitete Veranstaltung an, die nach dieser Richtung in Deutschland bis jetzt stattgefunden hat. Und diese Versammlung wird einen für Deutschland ganz neuen Charakter tragen.

Lina eröffnet den Kongreß mit den üblichen Begrüßungsworten und dankt den Damen, daß sie die weiten Reisen nicht gescheut haben, »um sich mit uns zu dem herrlichen Zweck zu vereinigen, eine Harmonie in der Frauenbewegung aller Länder herzustellen, um das Menschengeschlecht einer besseren Zukunft entgegenzuführen durch Gerechtigkeit für alle, durch Befreiung der Frauen von Unwissenheit und Zurücksetzung! Nur durch gesetzliche Gleichstellung beider Geschlechter, durch friedliches und gleichberechtigtes Arbeiten in der Gemeinsamkeit, durch freie Selbstbestimmung im Recht auf Arbeit, auf Berufswahl und Bildung, nur durch Anerkennung *einer* Moral, *einer* Sittlichkeit für Alle wird dereinst eine beglückende Menschenverbrüderung ermöglicht werden.« Und sie erklärt, daß dabei nicht gefragt wird nach »dem politischen oder religiösen Glaubensbekenntnis, nach Nationalität und Rasse«.

Der Kongreß, zu dem 1800 Frauen aus 15 europäischen Ländern und mehreren amerikanischen Staaten angereist sind und der in vier Sprachen – Deutsch, Englisch, Französisch und Spanisch – stattfindet, dauert sieben Tage, und erst an seinem fünften Tag, der dem Gesundheitswesen und Sittlichkeitsfragen gewidmet ist, hat Lina ihren eigenen Beitrag angesetzt: »Frauenwirken in häuslicher und öffentlicher Gesundheitspflege«. Nur einmal noch am letzten Kongreßtag tritt sie ans Rednerpult, diesmal als Delegierte der französischen Friedensvereinigungen und als Abgesandte der »Deutschen Friedensgesellschaft«. Mit Nachdruck fordert sie den Abbau von Feindbildern in der Schule, man dürfe im Geschichtsunterricht keinen Nationalitätenhaß lehren und solle den Kindern nicht »als erstes Spielzeug Waffen in die Hand geben, ein Schießgewehr, Säbel und Flinte, um in ihnen die Vorliebe für das ›Drauflosschlagen‹ zu pflegen!« Am Ende plädiert sie, die sich selber nie als Pazifistin verstand, für eine Zusammenarbeit mit den Pazifisten und bittet ihre Zuhörer, sich nicht abschrecken zu lassen von dem Wort Utopie, denn letztlich seien »die Utopien doch ein Stück der künftigen Wirklichkeit«.

Die Erhaltung des Friedens ist in Deutschland damals noch kein Thema. Doch Lina Morgenstern erreicht immerhin, daß nach ihrer Rede bei einer Abstimmung die »Friedensfrage« mit großer Mehrheit in das Programm der Frauenverbände aufgenommen wird – allerdings nicht als »Arbeitsgebiet«. Dieses Feld überläßt man den Männern, die das gleiche Ziel verfolgen.

Lina kennt ihre Grenzen und die Grenzen, die den Frauen im allgemeinen von den Männern gesteckt sind. Niemals revoltiert sie gegen die Macht der Männer, sondern vielmehr gegen die Passivität ihrer Geschlechtsgenossinnen. Sie sollen sich weiterbilden, um auf eigenen Füßen stehen zu können, sie sollen Kindererziehung als einen Beruf begreifen, den man erlernen muß wie jeden anderen. Gleichrangig neben der Kindererziehung steht daher für sie die Erziehung der Frauen zu guten Müttern. In einer heilen stabilen Familie sieht sie die größte Chance für eine heile stabile Welt. Diese Botschaft wird von Gabriella Wiszniewska noch im gleichen Jahr aufgenommen: Am 18. Dezember 1896 gründet sie in Paris die »Alliance universelle des femmes pour la paix par l'éducation« – »Weltbund der Frauen für den Frieden durch Erziehung« – und wählt Lina Morgenstern zur Vizepräsidentin des Pariser Zentralrates. Dieser Weltbund hat nach vier Jahren fünf Millionen Mitglieder in aller Welt, namentlich in Amerika; der Jahresbeitrag liegt bei 1,– Mark.

Auch Linas Tochter Olga beschäftigen die Themen des Frauenkongresses. Nicht anders als ihre Mutter ist sie der Meinung, daß man als Frau durchaus Beruf und Haushalt vereinen kann und keineswegs verkümmern muß zwischen Küche und Kindern; man muß sich ein solches »Doppelleben« nur entsprechend einteilen. Freilich, die Liebe zum Mann und zur eigenen Familie hat für sie immer an erster Stelle zu stehen. Doch die Frauen sollen ihren Selbstwert schätzen lernen und die Emanzipation wagen. In diesem Sinn schreibt Olga Morgenstern-Arendt ein »Festlied zu dem ersten Deutschen Frauenkongreß« unter dem Titel »Sie hat's gewagt«.

> Sie hat's gewagt!
>
> Vom Auge nahm sie sich die Binde
> und sah! Vor ihren Blicken liegt
> die weite, große Welt. Als Blinde
> nicht länger will sie wandeln nur
> auf Rosenlaub, daran der Dorn sie schmerzt,
> nicht mehr als willenloses Kind,
> das man nach Laune schlägt und herzt!
>
> Wie aus jahrhundertlangem Schlafe,
> Dornröschen gleich im süßen Mädchentraum –
> erwacht die Frau, erlöst vom Zauberbann,
> der sie gefesselt an des Hauses Raum.
>
> Das Haus – ihr einzger Schutz, ihr einzger Hort!
> Und wehe! wenn sie es vergessen,
> sich ihre Welt zu bilden in dem Kreis,
> den ihr das Schicksal einmal zugemessen,
> wenn sie hinaus sich sehnt nach Luft und Licht,
> wenn enge Fesseln sie gewaltsam bricht.
> Hohn folgt ihr nach und Spott und Unverstand:
> »Ein Blaustrumpf«, »überspannt«, »emanzipiert«.
> Sie achtet's nicht, sie folgt dem Geist der Zeit,
> der sie zu höh'ren Menschenpflichten führt!

Gab ihr Natur nicht ein so reich Gemüt?
Ein Herz, geschaffen, Andre zu beglücken?
Wird sie nicht suchen, die in Not sie weiß,
dem sichern Elend zu entrücken?
Wird sie, wenn ihr das Schicksal hat versagt
ein eignes Kind zu wiegen und zu herzen –
mit all der Liebe, die Natur ihr gab,
nicht willig lindern fremder Kinder Schmerzen?

Und wenn sie trotzen muß mit fester Hand
im Kampf ums Dasein gegen harte Not –
verletzt sie ihre Frauenwürde wohl,
wenn sie Talente nützt um täglich Brot?

Es spricht das Vorurteil: Die gute Frau
kann dienen einer Sache nur allein!
O werfet doch nur einen einzgen Blick
in ihres Füllhorns Reichtum schnell hinein.
Hier Wissenschaft – und dorten Hausfraunschätze,
hier Kinderschuh – dort Lyra und das Buch,
hier Löffel, Garn – dort Brille und Palette,
Photographie und Stift – ist's nicht genug?
Denn sollt' die Frau, die hehrer Dichtkunst lebt,
nicht auch des Mannes Wäsche flicken,
und – die in Farben ihren Pinsel taucht, –
nicht auch ihr Heim durch holde Anmut schmücken?
Und sie, die durch der Töne süße Macht
in Spiel und Lied begeistern kann und rühren –
vermag sie nicht, die wilde Kinderschar
in Zucht und Ordnung taktvoll zu regieren?
Und die des Lebens tiefsten Ernst erfaßt,
geheimstes Seelenleben zu ergründen,
sollt' die für Taten der Barmherzigkeit
nicht Zeit in ihrer Mußestunde finden?
Und während sie der Gegenwart entrückt
in die Geschichte und der Völker Wohl
sich ernst versenkt und sinnt und denkt –
liegt vor ihr – seht! – der Frauen einstiges Symbol
der Strickstrumpf! und fleißig läßt die Hand
Masche um Masche durch die Nadel gleiten;

Und jene Andre, die an einem Krankenbett
als Doktor eben helfend saß, kann selbst bereiten
mit kunstgeübter Hand den Mittagstisch,
und sie seziert jetzt fachgemäß so Huhn wie Fisch.
Sie hat's gewagt! In ihrer Hand
erstrahlt die Fackel in die Welt hinaus,
die Losung tönt: Gebt uns die Wege frei,
die Frau gehört nicht nur ins enge Haus! –
Da raschelts plötzlich leis an ihrer Seite
wie Flügelschlag, wie Füßchentritt;
Gott Amor zupft sie neckisch und dem Bogen
bracht' er die Liebespfeile mit.

Sie sieht ihn lächelnd an: hast recht, du Kleiner,
was wäre ohne Liebe unser Sein?
Das höchste Ziel bleibt doch bei allem Streben,
in Lieb' uns Mann und Kind und Haus zu weih'n!
Aus diesem Kreis heraus laßt froh uns schaffen,
laßt kämpfen uns für Frauenehr' und Recht;
hell strahlt die Fackel hin in alle Länder,
es gilt zu heben unser ganz' Geschlecht!
Aus Süd und Nord, aus Ost und West Ihr kamet,
was Ihr erreicht, wir hörtens staunend an.
Nehmt mit dem Dank der vielen deutschen Frauen
sie selbst als Kampfgenossen an.

Daß Jenny beim »Internationen Frauenkongreß« in Berlin dabei war, dürfen wir annehmen. Doch sie wird auch schnell wieder nach Breslau zurückgekehrt sein, denn dort müßte in jenen Tagen Robert Aschs Stammhalter das Licht der Welt erblickt haben: Erich. Ein Ereignis, das zu feiern war. Gefeiert wurde in den folgenden Monaten, die ins Jahr 1897 hinüberreichen, allerorten: In Wien feierte Cäcilie Adler das zehnjährige Bestehen ihrer Sparkörbchen-Aktion zugunsten blinder Kinder. In Breslau feierte Karl Jaenicke das Erscheinen seines neuen Buches »Frau Sophie Peltner«. Und Sigismund Asch wurde gefeiert, nämlich von seinem Freund und Gegenschwiegervater Adolph L'Arronge, der anläßlich von Aschs fünfzigjährigem Doktorjubiläum am 24. November 1897 nach Breslau gekommen war, um dort in dem von

Jenny festlich gestalteten Rahmen ein von ihm geschriebenes Gedicht aufzusagen:

> Wer, so wie Du, durch fünfzig Jahre
> den Doktorhut mit Würde trägt,
> dem ziemt es wohl, daß er erfahre,
> wie hoch man seine Werte wägt.
>
> So grüßen heut Dich die Gelehrten
> im Namen ihrer Fakultät,
> der, wenn auch Jahre an ihm zehrten,
> in seines Geistes Vollkraft steht.
>
> So reichen heut Dir die Kollegen
> als ihrem Nestor stolz die Hand,
> deß' Arbeitsmut und Arbeitssegen
> gepriesen wird in Stadt und Land.
>
> So kommen Deiner Freunde Scharen,
> zu denen Du die besten zählst,
> und alle jene, die erfahren,
> daß du nicht zögerst oder wählst,
>
> wo Hilfe nötig einem Kranken,
> wo es des Kummers Lindrung gilt,
> sie alle kommen, Dir zu danken
> als ihrem Freunde, Hort und Schild.
>
> Gerührt umringen Dich die Deinen,
> des Herzens Lieblinge im Kreis,
> und wenn sie Freudentränen weinen,
> so ist es Gottes Dank, sein Preis.
>
> Und nun, nach all den Glückwunschspenden,
> bitt ich, der einmal schon Dich traf,
> hübsch freundlich Dich mir zuzuwenden –
> ich komme als Dein Photograph.
>
> Als ich nach sorgenvollen Tagen
> aus Breslau heimwärts wieder zog,

gabst Du für meine kleinen Plagen
ein Mittel, das mich nie betrog.

Und das Rezept ist mir verblieben,
Du schriebst es auf kein Stück Papier,
Du hast es mir ins Herz geschrieben,
da sitzt es und da half es mir.

Denn wenn mir Trübes hier begegnet,
hat's überdauert und verklärt,
und hat mein künftig Tun gesegnet,
das Mittel, das Du mir beschert.

Erinnrung, heute weiß es jeder,
an Dich und an Dein ganzes Haus,
hat mir diktiert in meine Feder
mein bestes Kind, der Doktor Klaus[150].

Und weil um dieses Kind sich ranken
Erinnrungsblüten Deiner Saat,
drum komm ich heute, Dir zu danken,
an Deinem goldnen Doktorat.

Ob unserm Klaus wohl auch gegeben
die fünfzigjährige Doktorzeit –
wir werdens beide nicht erleben,
der Weg bis dahin ist noch weit.

Doch mein' ich, daß man schon zufrieden
auf zwanzig Jahre blicken kann,
in guter Praxis, ihm beschieden,
als gern gesehnem Doktormann.

So schreibt auch heute, Dir zu Ehren,
im königlichen Schauspielhaus,
um allen Griesgram abzuwehren,
sein gut Rezept der Doktor Klaus.

Es kennzeichnet Aschs Wesen, wenn er lieber die Wiederkehr eines »geistigen Geburtstages« feierte als seines leiblichen. Und es zeigt Aschs Beliebtheitsgrad, wenn zu diesem Anlaß seine Freunde, seine Kollegen und »die Gelehrten im Namen ihrer Fakultät« herbeikamen, um ihn zu ehren. Längst war er für sie nicht mehr nur der Doktor Asch, sondern *Der Alte Asch* – eine Institution, die personifizierte Weisheit, Güte und Loyalität. Seine Schaffenskraft war trotz eines Altersdiabetes ungebrochen, seine Privatpraxis eine der größten Breslaus, sein Name über die Grenzen Schlesiens hinaus ein Begriff. Am Ende seines Lebens lag »eine überwältigende Korrespondenz mit Ärzten ganz Deutschlands und auch des Auslands als Nebensymptom seiner Tätigkeit in dicken Kopierbüchern aufgestapelt und legte von seiner schier unbegreiflichen Arbeitskraft und Arbeitslust Zeugnis ab«[151].

Doch das Jahr 1897 hatte für einige Familienmitglieder auch seine Schattenseiten: Cäcilie Adler fühlte ihr Ende kommen – was sich als etwas voreilig erwies – und fügte am 27. Oktober 1897 ihrem umfangreichen Testament noch ein Kodizill an, worin sie jedem ihrer neun Neffen zu dem, was sie sowieso von ihr erben sollten, noch weitere tausend Gulden dazuzulegen versprach.

Und Lina Morgenstern machte sich Sorgen um ihre Tochter Olga, die – wie ihre frühverstorbene Schwester Martha – an Lungentuberkulose erkrankte. Olga, erst wenige Jahre glücklich verheiratet und Mutter zweier kleiner Kinder, blieb nichts anderes übrig als zu liegen und zu hoffen, daß ein Wunder geschehe.

Es war ein Segen für Lina, daß sie gerade in diesem Jahr neue Aufgaben zugeschanzt bekam: Beim Internationalen Frauenkongreß, der vom 4. bis 7. August 1897 in Brüssel tagte, sollte sie über »Wahre und falsche Wohltätigkeit« sprechen, ein Lieblingsthema von ihr, denn ihre Devise lautete: »Nicht Almosengeben ist die wahre Wohltat, sondern erwerbsfähig, körperlich und geistig stark und widerstandsfähig machen!« Wenige Tage darauf, vom 12. bis 16. August 1897 nahm sie am »Internationalen Friedenskongreß« in Hamburg teil und fuhr anschließend zu einer Konferenz nach Helgoland.

Auch im Jahr 1898 kein Leerlauf, keine Pause für Lina. Da übernahm sie den Vorsitz der Berliner Ortsgruppe des »Weltbundes der Frauen für den Frieden durch Erziehung« – die gleiche Aufgabe, die für die Breslauer Ortsgruppe Jenny Asch übernahm. Außerdem brachte Lina ihr Buch »Bunter Märchenkranz für Mädchen und Knaben« in der zweiten Auflage heraus. Im Oktober mußte sie wieder nach Hamburg, wo der »Bund Deutscher Frauenvereine« vom 2. bis 6. Oktober 1898 tagte. Von den Themen, die dort zur Sprache kamen und um die wahrhaftig gekämpft wurde, seien hier wenigstens einige – nach Lina Morgensterns Pressebericht – erwähnt: Gefordert wurde »mit allem Nachdruck eine bessere Rechtsstellung der Frau um der neuen sozialen Frauenpflichten willen«. Ferner die »Aufhebung des Mundiums des Ehemanns; die Aufhebung des ausschließlichen Verwaltungs- und Nutznießungsrechtes des Mannes am eheweiblichen Vermögen und die Einführung der Gütertrennung als gesetzliches Güterrecht«; der Mutter müsse die elterliche Gewalt über ihre Kinder in Gemeinschaft und im gleichen Umfange wie dem Vater gewährt werden; auch der unehelichen Mutter müsse die elterliche Gewalt unter eventueller Zuordnung eines Beistandes gewährt und die Unterhaltspflicht des unehelichen Vaters seinem Kinde gegenüber beachtet werden. Außerdem wurde eine Petition verabschiedet um »Zulassung der Frauen zum Laienrichteramt«, sowie ein an den Reichstag gerichteter »Antrag zur Frage der Approbation der Ärztinnen«. – »Heute heißt es: aufräumen mit den falschen Gefühlswerten, um der Weiterentwicklung der Frau die Bahn zu ebnen. Als voll entwickelte Persönlichkeit verlangt die Frau ihre Stellung im Staate, Mitwirkung im Leben der Gemeinden und in der Gestaltung der Gesetze.« Der Vorschlag Lina Morgensterns, die Friedensbestrebungen ins Programm des Vereins aufzunehmen, wurde begeistert angenommen: »Von der Stimmung des Augenblicks erfaßt, traten sofort viele Frauen als Mitglieder in die Deutsche Friedensgesellschaft ein, unter anderem alle weiblichen Vertreter der Presse«[152].

Viele Erfolge und erhebende Augenblicke für Lina Morgenstern – doch es gab für sie auch Trauer und Sorgen. Am 9. Juni 1898 starb ihr Schwiegersohn Philipp Roth. Am 18. November 1898 bekam ihre schwer tuberkulöse Tochter Olga das dritte Kind: Reinhold. Bedrückende Aussichten.

Auch Cäcilie Adler machten Krankheit und Schwäche zu schaffen. Am 1. Mai 1898 fügte sie ihrem Testament ein zweites Kodizill hinzu, in dem sie ihrer langjährigen Gesellschafterin Lina Wipperhausen, die sich gerade mit Cäcilies Neffen Emil Honigmann verlobt hatte, 3000 Gulden versprach, »falls sie sich mit Gottes Hülfe mit Emil vermählen« würde. Außerdem sollten noch

2000 Gulden ihrem angeheirateten Neffen zukommen, jenem aufdringlichen Augenarzt Dr. Salomon Klein, mit dem Asch sich in vielen Briefen herumzuschlagen hatte. Als Marginalie sei vermerkt, daß an der tatsächlich erfolgten Eheschließung zwischen der Gesellschafterin Lina Wipperhausen und Emil Honigmann einem Ondit zufolge Cäcilie nicht ganz unschuldig war: Emil Honigmann, inzwischen dreißig Jahre alt und immer noch ledig, lebte damals in Wien, wo er natürlich seine Tante Cäcilie öfters besuchte. Eines Tages platzte Cäcilie ins Zimmer, als Emil dort gerade das Fräulein Wipperhausen küßte. »Wie wunderbar«, rief da die Tante aus, »Ihr habt Euch verlobt!« Vielleicht wollte Cäcilie ihre Gesellschafterin endlich unter die Haube bringen – jedenfalls gab es nun für Emil, der nicht zu den Mutigen gehörte, keine Rückzugsmöglichkeit mehr, er mußte diese Lina heiraten, ein Wesen, das alle in der Familie als Fremdkörper empfanden, ganz besonders der Betroffene selbst. Werner Milch, der bekannte Literaturwissenschaftler, der Franz Honigmanns Tochter Toni heiratete und zu den witzigsten Geistern der Familie zählte, pflegte, wenn Emil über sein Eheweib klagte, zu sagen: »Laß sie sausen, laß sie sausen, die geborne Wipperhausen ...«.

Cäcilie Adler war nach dem Tod ihres Bruders Wilhelm die älteste der Bauergeschwister und die erste, die nun das siebente Lebensjahrzehnt vollendete. Und obwohl sie über genügend Hauspersonal verfügte, um in ihrem Wiener Heim Gäste zu bewirten, zog sie es doch vor, ihren 70. Geburtstag am 3. August 1898 in Karlsbad zu feiern, wo Jenny mit Sigismund die Ferien verbrachte. Lina Morgenstern kam extra aus Berlin herbei und wurde in Karlsbad am Bahnhof von Cäcilie und Jenny in Empfang genommen – Cäcilie, »die jugendlich rüstige Greisin mit leichtbeweglicher immer noch anmutiger Gestalt und dem noch nicht ergrauten schwarzen Haar«. Anna Honigmann war aus irgendeinem Grunde nicht erschienen. Lina Morgenstern, die rastlose Helferin, stürzte sich sofort in die Vorbereitungen, um die Festtafel gebührend zu schmücken, versorgte die Blumenspenden und baute den Gabentisch auf, »denn es waren aus allen Himmelsgegenden Beweise der Liebe und Dankbarkeit angelangt. Rührend war eine Adresse der blinden Kinder in deren gestochener Schrift, mit von deren Händen geflochtener Einbanddecke und einer großartigen Handarbeit, die von der Geschicklichkeit und dem Fleiß dieser armen Geschöpfe, wie von deren Dankbarkeit sprach.« Auch das

Kuratorium des Wiener Blindeninstituts hatte an Cäcilie, »die Mutter der Blinden«, »eine künstlerisch ausgeführte Adresse gesandt. 200 Briefe und Depeschen zeigten, wie groß der Kreis derer war, welche der Jubilarin liebevoll gedachten«[153]. Für Lina währte das schwesterliche Treffen nur drei Tage – dann eilte sie zu einer Besprechung nach Friedrichroda.

Die Personen am deutschen Kaiserhof hatten gewechselt. Lina Morgensterns Gönnerin und Verbündete in allen sozialen Fragen, die Kaiserin Augusta, war zwei Jahre nach ihrem Gemahl gestorben; ihr schwerkranker Sohn Friedrich III. konnte nur 99 Tage regieren; seit 1888 leitete dann Augustas Enkel Wilhelm II. das Schicksal des Landes, an seiner Seite Auguste Viktoria, die nächste Kaiserin, mit der sich Lina gut verstand. Einmal – es war der 23. November 1898 – wurde Lina zu einem Festbankett bei Hofe eingeladen. Dabei steckte sie sich, um sich beim Abendessen nicht zu bekleckern, die große Leinenserviette in den Halsbund ihrer Bluse, vergaß aber, als der Kaiser die Tafel aufhob, das Mundtuch abzunehmen, so daß sie, brust- und bäuchlings damit bedeckt, sich zwischen den Gästen, die sich in den Festsälen verteilten, tummelte, ohne ihren seltsamen Aufzug zu bemerken. Da kam der Kaiser freundlich auf sie zu, zeigte auf die umgebundene Serviette und sagte: »Ach Frau Morgenstern – Sie sind wohl nicht satt geworden?« Dieser Ausspruch wurde so oft in unserer Familie zitiert, daß ihn jeder im gleichen Wortlaut kannte.

Linas Zerstreutheit an jenem Abend war verständlich. Gerade fünf Tage zuvor hatte sie miterlebt, wie ihre von der Schwindsucht geschwächte Tochter Olga in die Wehen kam und ihr drittes Kind gebar, das aller Wahrscheinlichkeit nach bald mutterlos aufwachsen würde: Reinhold. Er war der einzige Enkel Linas, der später den Nazis zum Opfer fiel; weder die Taufe seiner Eltern noch seine eigene konnten ihn vor Hitlers Rassenwahn schützen. Im Ersten Weltkrieg durfte Reinhold als Fähnrich, noch nicht einmal großjährig, für Deutschland kämpfen. 1942 wurde er – inzwischen mit Herta Jahnke verheiratet und Vater eines Sohnes, Christian, – von den Nazis verhaftet, ins berüchtigte Gefängnis Moabit verbracht und von dort weiter nach Auschwitz, wo man ihn am 13. Februar 1943 ermordete.

Das Jahrhundert neigte sich dem Ende zu und in der Familie passierte nichts Ungewöhnliches. Karl Jaenicke präsentierte in einem Breslauer Verlag ein neues Lustspiel: »Die Falkenburg«. Anna Honigmanns Sohn Georg, Arzt von Beruf und verheiratet mit Leonie Weil, präsentierte seinen Erstgeborenen: Heinrich. Und Lina Morgenstern präsentierte die 6. Auflage ihres Buches »Was kochen wir heute? 730 Speisezettel für Hausmannskost und reiche Küche. Verdeutschung aller in der Kochkunst vorkommenden Fremdwörter. 104 Wochensprüche und Kochrezepte«. Außerdem bereitete sie sich auf ihre nächste Rede beim »Weltbund der Frauen für den Frieden durch Erziehung« vor, der zur Weltausstellung in Paris 1900 anberaumt war.

Den Sommer 1899 verbrachten Jenny und Sigismund einträchtig in Karlsbad, von wo aus sie eine Postkarte mit ihren Konterfeis an Betty nach Krummhübel sandten. »Damit Ihr seht, daß man auch hier Unfug machen kann«, schreibt Sigismund, »schicken wir Euch diese schöne Ansichtskarte, welche voriges Jahr gemacht und dies Jahr abgeliefert worden ist. Wahrhaft greulich!« Zu sehen ist eine Karlsbader Jausenstation, Jenny und Sigismund an einem Gartentisch sitzend, mit finstrem Blick dem Fotografen zugewandt. »Noch scheußlichere Bilder haben wir refüsiert«, lautet Jennys Zusatz.

Ein Feuerwerk begrüßte das 20. Jahrhundert. Und wenige Tage später, am 5. Januar 1900, begrüßte die Stadt Breslau ihren »Alten Asch« zu seinem 75. Geburtstag. Dabei gab es eine kleine Aufführung, in der »die vier Skatbrüder« Aschs nicht fehlen durften; sie wurden gespielt von vier seiner Enkelkinder, von Toni Sterns Kindern Lotte und Rudolf, sowie von Robert Aschs Kindern Charlotte und Erich.

Betty, die geniale Schneiderin, nähte dafür die Kostüme, die von oben bis unten mit Spielkarten beheftet waren. Marie Müller, damals die bekannteste Fotografin Breslaus, machte ein Erinnerungsfoto.

Von den dichtenden Familienmitgliedern angesteckt, hatte nun auch das Kindermädchen der Jaenickes, Else Roemer, mit dem Verseschmieden begonnen. Sie schrieb zu Aschs 75. Geburtstag ein Gedicht, das als eine einzige, allerdings liebevolle Karikatur Jennys anzusehen war und von Käthe Asch, Roberts Frau, »verkleidet als Jenny« dargestellt wurde. Alle Spitzen, die man gegen Jenny vorbringen konnte, waren darin verpackt: ihre Betriebsamkeit; ihre Eifersucht auf die Skatbrüder ihres Mannes, von denen sie sich in ihre Kemenate verdrängt fand – oft genug unter dem familienbekannten Ausruf »Nach mir kräht keine Maus!« – aber auch ihre Eifersucht auf die Patientinnen, die Asch die Türe zu seiner Praxis einrannten, welche offiziell doch inzwi-

Von links nach rechts: Charlotte Asch, Erich Asch, Lotte Stern, Rudolf Stern. Man kann aus diesem Foto die Charaktere schon wundersam erkennen: Charlotte Asch, die eine patente, hingebungsvolle Krankenschwester wurde, ehe sie dem Morphium verfiel; ihr Bruder Erich, romantisch, phantasievoll und schön (wie sein Sohn Peter, in den ich mich als Zwölfjährige verliebte); die brave, tapfere Lotte Stern (später Kobrak), die an ihrem christlichen Glauben unerschütterlich festhielt und entsprechend litt, als man ihr im Lager Theresienstadt von jüdischer Seite untersagte, jüdischen Kindern Rechnen und Schreiben beizubringen, sie war Mathematikerin und eine begnadete Lehrerin; und Rudi Stern, der als das witzigste und intelligenteste Kind geschildert wurde, an dessen Charme alle Mütter und Tanten scheiterten, wenn sie ihn baten, sich doch gelegentlich wenigstens die Hände zu waschen. Es störte ihn nicht. Er wurde ein bekannter Internist, Professor an der Breslauer Universität, und Vater eines noch bekannteren Sohnes, des Historikers Fritz Stern.

»Der Alte Asch«

schen als geschlossen galt; ihre übertriebene Liebe zu Robert, dem sie alles gönnte und alles verzieh; ihr Sichgehetzt- und Sichzurückgesetztfühlen, wenn Asch morgens zu seinen Kranken eilte und ihr nichts anderes übrig blieb, als sich mit Frau Konschulke den anstehenden sozialen Fragen ihrer diversen Vereine hinzugeben.

Käthe Asch hatte genügend Theaterblut von ihrem Vater L'Arronge in den Adern, um die Rolle der Jenny glaubhaft zu gestalten:

> Soeben komm ich in größter Erhitzung
> aus einer Kindergartensitzung.
> Die höchste Zeit ist's auch in der Tat,
> denn um sechs Uhr kommen die Herren zum Skat.
> Dabei ist noch nichts in Ordnung gebracht,
> Marie hat wieder kein Feuer gemacht,
> man kann sich ja auf den Tod erkälten.
> Den ganzen Tag möcht man nur schelten.
> Wenn ich nicht alles selber mach',
> gibt's immerfort mit den Mädeln Krach.
> Dabei muß ich um sieben – Herrjeh! –
> zur Sitzung vom Friedenskomitee.
> Da heißt's sich eilen und schnell alles richten;
> den Tisch hinstellen mit den Lichten,
> die Karten zur Linken, Zigarren zur Rechten,
> natürlich rauchen sie wieder die echten,
> Aschbecher und Feuerzeug und zuletzt
> hier noch die Stühle hingesetzt. –
> Nun hab ich verrichtet mein Hausfrauenamt.
> Jetzt können sie kommen allesamt
> und sich erfreun an ihrem Skate,
> indess ich in einsamer Kemenate
> fortwährend »passe« der Stunden viele
> und jeden Abend »Solo« spiele.
> Doch bring ich dieses Opfer gern,
> denn es sind ja lauter so nette Herrn.
> Da kommen sie schon. Erst der Dr. Steuer,
> als Arzt bewährt und als Freund, als treuer,
> dann Unband, der lustige Kamerad,
> der stets die Tasche voll Scherzen hat.

> Unser Robert kommt wohl erst später. Freilich
> bei *seiner* Praxis ist das verzeihlich.
> Doch rief da nicht eben nach mir mein Siege?
> Ich komme ja schon. Sofort! Ich fliege!

Möglicherweise traten nach diesem Ausruf »Die vier Skatbrüder« auf, mit oder ohne Text. Doch anschließend ging es weiter:

> Bis jetzt habt Ihr die Herren vernommen.
> Ich bin ja nicht zu Worte gekommen.
> Doch habe ich mancherlei zu sagen.
> Ihr müßt mich »liebevoll« nur fragen!
> Zum Beispiel des Morgens, du liebe Zeit,
> wo bleibt da die Gemütlichkeit!
> Da ißt alles im Fluge, selbst der Peter,
> der doch sonst der Behaglichkeit steter Vertreter.
> Es wird Kaffee getrunken, als seltenste Gabe
> brockt der Vater sich ein die beliebte Babe!
> Meist geht es bloß mit Dampf und Eile,
> nicht mal die Zeitung liest man mit Weile.
> Ich muß mich am Schreibtisch fest verrammeln
> und mit Frau Konschulke erst etwas sammeln.
> Wir lösen dann stets die soziale Frage,
> und jeder Besuch stört den Ernst der Lage.
> Kommt Mittag heran, so beginnt das Gebimmel;
> im Wartezimer, welch buntes Gewimmel.
> Und doch hing lange ein Zettel daneben:
> »Die Praxis habe ich aufgegeben«!
> Doch die Praxis hat sich anders besonnen,
> mit sachten sind alle wiedergekommen
> und wollen Rat und gute Lehre.
> Es kostet nicht viel und ist eine Ehre! –
> Da strömen herbei die lieblichsten Damen,
> ich bin nicht imstande zu merken die Namen,
> und jede für sich glaubt allezeit,
> daß von ihr abhinge die Seligkeit.
> Und es ist immer die selbe Leier:
> die *Hirschel*, die *Springel*, die *Großer*, die *Meier*.
> Kurz, alle haben sich eingedrängt
> und mich in eine Ecke gezwängt.

Bei Jubiläen und Festen im Haus
kräht sicher nach mir nicht eine Maus!
Ich bleibe trotz aller Frauenfrage
in einer tief deprimierenden Lage,
und bin in vierzig und etlichen Jahren
schon einigemal aus der Haut gefahren.
Das Bockshorn mußt ich öfter ergreifen,
denn schlecht vertrag ich Schelten und Keifen.

Doch sei getrost, ich halte Dir still
mit Dir, Du Liebster, so Gott will!
Denn unlöslich verbunden in Freud und Leid
sind doch wir zwei Alten zu jeder Zeit!
An unseren Herzen rüttelt kein Wahn!
Wir *lieben* und *glauben* und *schreien* uns an!

Die Stimmung an jenem Tag war gut. Die Gratulanten erschienen in großer Zahl: die Stadtverordneten aus alter Zeit und die jetzt amtierenden, die politischen Weggenossen aus der »Freisinnigen Volkspartei« und dem »Fortschritts-Verein«, der Vorstand der Ärztekammer, die Kollegen aus drei Breslauer Ärztevereinigungen und dem »Physiologischen Verein«, das Präsidium der »Schlesischen Gesellschaft für vaterländische Kultur«, die katholischen Schwestern vom St. Hedwig-Krankenhaus, Theaterleute und Literaten, dankbare Patienten und Universitätsprofessoren, die leitenden Herren des »Schlesischen Bankvereins« ebenso wie die des »Vereins gegen Verarmung und Bettelei«. In wie vielen Vereinen war Asch mit Leib und Seele und Weisheit - engagiert! In allen arbeitete er noch als Fünfundsiebzigjähriger mit – aber nicht etwa als »repräsentativer Vorsitzender, sondern meist als Schriftführer, dessen Protokollbücher mit seiner stets gleichbleibenden sicheren und klaren Handschrift« noch die nächste und übernächste Generation beeindruckten.[154] Von der Bauer-Familie werden natürlich die Honigmanns vollzählig erschienen sein. Hingegen blieben die Morgensterns in Berlin und Cäcilie Adler bei sich zuhause in Wien, kränkelnd, mit Todesgedanken und einem neuen Testaments-Kodizill beschäftigt. Darin stockte sie die Summe, die nach ihrem Tod den Nichten und Neffen ihres verstorbenen Mannes zufließen sollte, um weitere 11 000 Gulden auf, kürzte dafür aber einer anderen Nichte,

Felicia Berner, geb. Kalischer, die ihr zugesagten 8000 Gulden um 3000 Gulden. Vorerst war der Kodizille noch kein Ende.

Maskenbälle fielen in der Familie meistens in jene Jahreszeit, in der Breslau unter dem eisigen Ostwind erstarrte und in anderen Gegenden der Karneval gefeiert wurde, also in den Februar. Die verrücktesten Maskenbälle fanden angeblich bei Jaenickes statt, in deren Wohnung einmal sogar ein ganzer Thespiskarren aufgebaut wurde, aus dem das »fahrende Theatervolk« auftrat. Die Texte, die gespielt und gesungen wurden, stammten vorwiegend von Franz Honigmann, dem Chirurgen, gelegentlich auch von Betty, die freilich nicht die geringsten Ambitionen hatte, ihrem Lustspiele schreibenden Mann Konkurrenz zu machen. Auch die Kostüme entsprangen Bettys Phantasie und ihren geschickten Händen. Wahre Berge solcher Gebilde aus Seidenresten, Gaze und Tüll, mit Fischbeinmiedern und Krinolinen, haben sich über Jahrzehnte in großen Reisekörben erhalten, wurden immer wieder hervorgeholt, umgeändert, mit neuen Schleifen versehen und wieder zurückgelegt in eine Wolke aus Naphtalin gegen die Motten. Erst die Luftmine, die im Krieg unsere Berliner Wohnung zerfetzte, machte diesen Erinnerungsstücken den Garaus.

Am 8. Februar 1900 war es wieder einmal so weit: Der Stadtrat Jaenicke und seine Frau luden ihre Freunde zum Maskenball, mit einer von Betty in Versen verfaßten Einladung, schwungvoll auf Büttenpapier geschrieben:

> Wie zu den Zeiten des Horaz
> Gehts heute noch hinieden,
> Daß nie ein Bürger unsres Staats
> Mit seinem Los zufrieden.
>
> Gleichviel, was einer tut und treibt,
> Ob blonder oder schwärzlich,
> Ob lediger, ob er beweibt,
> Sein Schicksal scheint ihm schmerzlich.
>
> Der Lehrer wäre gern Jurist,
> Gern Staatsanwalt der Richter
> und mancher, selbst der Stadtrat ist[155],
> Wär lieber noch ein Dichter.

Ob einer ein Privatmann bloß,
Ob Künstler, ob Beamter –
Ein jeder preist der andern Los,
Sein eigenes verdammt er.

Ja! selbst der zarten Mädchen Schar
Wird Jahr für Jahr verstockter,
Die Else wär gern Refrendar[156],
Die Cläre gar ein Doktor[157].

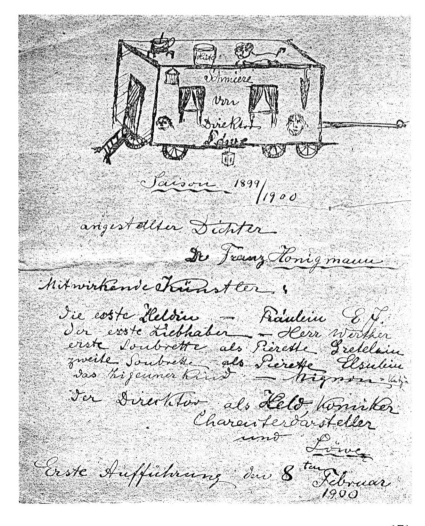

Was Euch das Schicksal nicht vergönnt,
Wir möchten's Euch bescheren.
Ihr sollt Euch einmal – wenn ihr könnt –
Zum Ideal verklären.

Was Ihr ersehnt und wünscht voll Neid,
Im Spiel sei's Euch gewähret.
Erscheint bei uns nicht, wie Ihr *seid*,
Erscheint, wie Ihr gern *wäret*.

Wer etwa seines Schicksals froh,
Sich nichts zu wünschen hätte,
Der ist uns auch willkommen so
in üblicher Toilette.

Wie Ihr auch kommt, in jedem Kleid
Seid Ihr uns liebe Gäste;
Doch bringt Humor und Lustbarkeit
Zu unserm frohen Feste.

   Am 8. Februar 1900 – 8 Uhr
   Stadtrat Jaenicke und Frau.

 Auch ein eigens zu diesem Abend handgeschriebenes Programmheft gab es, dem zu entnehmen ist, daß nicht nur fröhliche Dilettanten die Szene beherrschten, sondern einer der bedeutendsten deutschen Theaterdirektoren seine Hand im Spiel hatte: Dr. Theodor Löwe[158], Leiter des Breslauer Stadttheaters, des Lobe-Theaters und des Thalia-Theaters. Er fungierte dabei als »Direktor, Held, Komiker, Charakterdarsteller und – Löwe«. Die »Erste Heldin« wurde von der ältesten Jaenicketocher, Eva, gespielt; den »Liebhaber« gab die jüngere Jaenicketochter, Lore, ein Garçontyp von 15 Jahren; Else Roemer, Kindererzieherin bei Jaenickes und eine Art Dauerfaktotum des Hauses, trat als Soubrette auf, gemeinsam mit des Theaterdirektors Tochter Grete Löwe, die später eine der engsten und musikalischsten Freundinnen meiner Mutter wurde. Als »Zigeunerkind Mignon« tanzte meine Mutter, Kaete Jaenicke, damals eine gerade erst elfjährige Elfe.

Es tritt auf der *Theaterdirektor*:

Nicht weiter, halt! Wir sind am Ziel
mit unserm herrlichen Automobil.
Ihr staunet wohl ob dem bizarren
Gefährt. Es ist ein Thespiskarren,
der Euch ein lust'ges Völkchen bringt.
Ihr amüsiert Euch unbedingt,
wenn ich Euch meine Truppe zeige.
Ich selber spiele hier die erste Geige,
denn als Direktor bin ich anerkannt
und außerdem bewährt als Komödiant.
Drum, komm o Publikum und staune!
Schauspielervolk in Faschingslaune.
Mit sinnigem Spiel, Gesang und Tanz
beginnt jetzt einen heitern Mummenschanz.

Erst soll sich meine *Heldin* präsentieren,
sie kann vortrefflich deklamieren,
ihr bloßer Anblick macht Euch schon konfuse,
und spielen kann sie, wie die Duse.
Soubretten hab ich sogar zwei,
dann kommt der Jüngling an die Reih',
der stets als jugendlicher Held
den Herrn und Damen sehr gefällt.
Zuletzt die Stütze meiner Bühne,
die allerliebste Ballerine.
So kennt Ihr jetzt mein ganzes Personal,
groß an Talent, wenn auch nur klein an Zahl.
(zu Eva Jaenicke, erste Heldin)
Nun komm herab, verehrte Heroine,
von dieser etwas schwanken Bühne
und zeige Deine ganze Kunst,
hüll Dich in den phantast'schen Burnus
und schreite her auf dem Kothurnus,
bis jeder vor Begeistrung grunzt.
Du bist uns eine Szene schuldig,
die Leute sind schon ungeduldig,
so faß doch die Gelegenheit beim Zipfel.

Heldenspielerin (Eva aus dem Wagen tretend):

Heraus in Eure Schatten, rege Wipfel,
tret ich mit schauderndem Gefühle.
Zwar liegt oft ernster Sinn im kind'schen Spiele,
doch es gewöhnt sich nicht mein Geist hierher.
Ja, meine Ruh ist hin, mein Herz ist schwer,
blick ich auf diese bunte Menge,
die sich im wogenden Gedränge
voll Übermut zusammenschart.
Ach! Der modernen Menschen Art
zieht wider Willen uns zum Strudel nieder,
denn der Parnassos ist für sie zu steil.
Ich weiß es wohl, es ist ein Vorurteil,
allein, sie sind mir mal zuwider.
Der Sinn, der sich am edlen Schein erhebt,
der gern nach höhern Sphären schwebt,
ist in der heutgen Zeit erkaltet.
Die Dichter schildern mit Exaktheit
nicht die Natur, nein, kahle Nacktheit
und Poesie ist ganz veraltet.
Einst malte uns der Autor auf der Bühne
des Menschendaseins vielverschlungnes Uhrwerk,
heut schildert er mit riesiger Routine
Das weiße Röß'l und Herrn Henschels Fuhrwerk.
Wer wagte einen Shakespeare noch zu preisen,
fast scheints, als obs der gute Ton verböte,
den Schiller warf man längst zum alten Eisen
und gar nicht reden darf man erst von Goethe.

Es fürchtet den Goethe
das heutge Geschlecht,
denn Ibsen und Hauptmann
sind klassisch, so glaubt man,
Hartleben[159] und Bierbaum[160]
ist, was ihm gefällt.
Die fürchten ihn doppelt,
die nie ihn gelesen,
sie reden gar weise
in ästhetischem Kreise

von ihm und seiner Werke Wesen.
Nur wenige ahnen
den Geist des Titanen
und saugen Erquickung
mit selger Entzückung
aus seiner Dichtung unendlicher Quelle,
den Abglanz goldiger Sonnenhelle.

Liebhaber (Lore Jaenicke):

Halt ein! verehrte Heldenmaid,
Du gehst entschieden viel zu weit,
in diesem Hause darf man Goethen
verehren, ohne zu erröten.
Hier hat er immerdar gegolten,
bewundert viel und nie gescholten.
Doch fand auch die moderne Kunst
an dieser Stätte Raum und Gunst.
Wie beides sich vereint? Je nun!
Man kann ja doch das eine tun
und braucht das andre nicht zu lassen.
Gern spend ich Deinen klass'schen Meistern
des Ruhmes wohlverdienten Zoll,
doch darf mich nicht auch das begeistern,
was jüngst dem Dichtermund entquoll?

Direktor:

Ihr braucht Euch länger nicht zu streiten,
's ist heute, wie zu alten Zeiten.
Der Werdende muß sich in allen Dingen
erst langsam seinen Platz erringen.
Doch wenn Ihr hier so kluge Reden führt,
glaubt Ihr, daß sich da jemand amüsiert?
Schenkt doch den holden Maskenzügen
in diesem Kreise mehr Beachtung,
man kam hierher, sich zu vergnügen,
nicht zu ästhetischer Betrachtung.
Nein, man will plaudern, tanzen, lachen,
und Ihr sollt etwas Stimmung machen.

»Geist, Witz, Humor«, frei nach Heinz Normann,
bringt heute hier in jeder Form an.
Statt klassisch jungfräulicher Herbheit
ein bißchen lebensfrische Derbheit!
Ein freies Wort nimmt keiner krumm
in diesem lustgen Publikum.
(zu Lore)
Du aber, mein geliebter Junge,
sing jetzt ein Lied aus voller Lunge.
Ich bin gewiß, daß Beifall Du erzielst.

Liebhaber (Lore):

Ich tue, Herr, wie Du befiehlst.
(Er singt. Melodie: ›Das hat kein Schiller gedicht't‹)
I.
Wenn heute einer in sich fühlt den Drang
und schreibt ein Drama, das fünf Akte lang,
weil er den Hauch des Genius in sich spürt,
so wird er meistenteils nicht aufgeführt.
Doch macht 'nen Schwank er à la Blumenthal[161],
so wird gespielt er viele hundert Mal.
Und jedes Mal, wenn sich der Vorhang senkt,
der Schwarm der Hörer bei sich denkt:
Das hat kein Schiller gedicht't,
das hat kein Goethe geschrieb'n,
's war von kei'm Klassiker,
von kei'm Genie,
das ist das Weiße Röß'l – einfach wunderbar!
Und klingt doch voller Poesie.

II.
Ist angelegt man noch so ideal,
geht gerne man zur Operette mal.
Man spielt ja heut sogar die »Fledermaus«
in einem jeden bessern Opernhaus.
So ging ich jüngst zum neuen Vaudeville,[162]
das in den weit'sten Kreisen sehr gefiel,
ich lauschte still den schönen Melodein,
bei jeder fiel mir etwas andres ein:

Die hat schon Strauß gemacht,
die hat Millöcker geschrieb'n,
die war von Offenbach,
von Suppé die;
das ist 'ne Art, wie man 'ne Operette macht
und dennoch klingt es voller Poesie.

III.
Bei Lichtenberg hing neulich an der Wand
gar manch Portrait, das jedem wohlbekannt,
Geheimratsköpfe ganz besondrer Art,
zum Teil mit Mondschein und zum Teil behaart.
Und gleich daneben waren auch zu schaun
die Bilder schöner Professorenfraun.
Und jedermann, der die Portraits erblickt,
steht staunend still und ruft entzückt:
Das hat kein Lenbach g'malt,
auch nicht der Krusemark,
's ist von kei'm Klassiker,
von kei'm Genie.
Das ist der Erler, der malt intressant[163]
und dennoch voller Poesie.

IV.
Einst hat es mir ein Mädchen angetan,
ich lernt' sie kennen auf der Schlittschuhbahn,
die Kleine war auch gleich für mich entbrannt,
wir fuhren sanft verschlungen Hand in Hand.
Am nächsten Tag hab ich sie nicht geschaut,
denn leider hat es über Nacht getaut,
doch hatte sie zum Troste mir gesandt
dies süße Brieflein post' restant'.
Das hat kein Schiller gedicht't,
das hat kein Goethe geschrieb'n,
's war von kei'm Klassiker,
von kei'm Genie.
Doch wenn Sie wüßten, was da drinnen steht –
's klingt wirklich voller Poesie.

V.
Jüngst weckte mich der Postmann aus dem Schlaf,
er brachte einen Brief in Groß Oktav.
Ich brach das Siegel und las hocherfreut,
daß man mich lud zum Thé dansant für heut.
Doch stand darin: »Besitzest Du Geschmack,
so darfst Du kommen nicht im schwarzen Frack.
Komm so, wie Du am liebsten wärst, zu Gast.«
Das Ganze war in Versen abgefaßt.
Das hat kein Schiller geschrieb'n,
das hat kein Goethe geschrieb'n,
's ist von kei'm Klassiker,
von kei'm Genie.
Das ist 'ne Tanzidee von Muttel Jaenicke
und klingt doch voller Poesie.

Direktor:

Ich seh's, Ihr seid schon enchantiert
von dem, was wir bis jetzt Euch vorgeführt,
und meint, wir können sehn uns lassen.
Mich machts nicht stolz, 's war immer mein Bestreben,
vom Guten nur das Beste stets zu geben,
die Zeit bei ihrer Stirnlock zu erfassen.
Nur äußerlich erscheinen wir als Schmiere,
doch wandeln wir auf höherer Chaussure
was unsern Geist und Witz belangt.
Oft heißt es freilich auch ein Opfer bringen
dem Genius, der unser Herz erfüllt,
statt einer Ode mal ein Liedchen singen,
das auch der Hörer Durst nach leichter Ware stillt.
Und rast der Beifall dann durchs Haus
vom Publikum, das denkt uns zu erfreuen,
dann schleichen wir betrübt hinaus,
um unser Haupt mit Asche zu bestreuen.
Hier freilich gilt ein ander Lied.
Hier darf ich kühn ins Schwarze stechen,
in diesem Raum, durchtränkt vom Musenhauche,
ich in den Schacht des Pathos untertauche
und lege Euch mit Blitzesschnelle

Demantgestein auf Eure Schwelle.
Nun lauschet der Gedanken Fülle,
doch wenn ich bitten darf, ein wenig stille:
»O tönet fort, ihr süßen Himmelslieder,
Vergeßnes wacht aus der Äonen Staube,
das Schlachtroß steigt, die Erde hat mich wieder,
Nacht muß es sein, allein mir fehlt der Glaube.
Aus bunten Perlen baut sich eine Brücke,
o Königin, das Leben ist doch schön,
es gibt im Menschenleben Augenblicke
und alles jauchzt, es gibt ein Wiedersehn.«
(*Direktor zu Käte*)
Nun Mignon, krieche aus dem Kasten,
auch Du darfst länger hier nicht rasten,
und führe auf mit Eleganz
jetzt einen wunderschönen Tanz.

Zigeunertanz von Käte

Duo von Gretel Löwe und Else Roemer
(im Wechselgesang nach der Melodie »Kleine Witwe«)

I.
Wir sind zwei Soubretten mit feurigem Blick,
wir haben viel Stimme und riesig viel Chic.
Wer je uns gesehn hat, vergißt uns nicht mehr,
wir singen so schön wie Yvette Guilbert.
Wir sind sehr charmant, fesch und patent,
haben zum Singen sehr viel Talent.
Jeglicher, der unsre Lieder gehört,
fühlt auch sein Herz gleich von Liebe betört.
Ach! ich bin 'ne Soubrette, eine kleine nette,
und es hört mich jedermann
mit viel Vergüngen an.
»Ich bin 'ne Soubrette, eine kleine nette«,
und ich kokettiere auch wohl dann und wann.

II.
Jüngst gab man 'ne Oper bei uns hier im Land,
»Jung Siegfried« war ihr Verfasser genannt.

Das Publikum aber, das hat sich gedacht:
der Alte, der hat es doch besser gemacht.
Wie er sich räusperte, wie er gespuckt,
das hat der Junge ihm abgeguckt.
Aber Jung Siegfried[164] macht sich nichts draus,
denn seine Oper, die füllet das Haus.
»Ach! Ja! ich bin ein Wagner, ein ganz kleiner Wagner,
und ein jeder glaubt mir drum, daß ich komponieren kann.
Ja, ich bin ein Wagner, ein ganz kleiner Wagner,
bald bin ich ein sehr berühmter Mann.«

III.
In Afrika gibt es viel Minen voll Gold,
Lord Chamberlain hätte sie gerne gewollt.
Drum schickt er Soldaten sogleich nach Transvaal,
da dachte Ohm Krüger: Na warte einmal!
General Buller siegesgewiß
gab sich ein Rendezvous mit Ladysmith.
Doch Ladysmith kriegt er nimmer zu schaun,
denn er ward bös von den Buren verhaun.
»Ach ja! ich bin ein Brite, so ein großer Brite,
bin das Siegen so gewöhnt, daß ichs nicht lassen kann.
Ja, ich bin ein Brite, so ein großer Brite,
wo ich bin, da laß ich keinen ran.«

IV.
Ein lustiges Fest gibts bei Jaenickes heut,
ein jeder kommt so, wie's im Herzen ihn freut,
als Minister erscheint da der Herr Referendar
und ein Kandidat als Geheimrat sogar.
Und manches Mädel, fesch und patent,
zeigt sich als riesig schneidger Student,
ist Kandidatin eine schon jetzt,
hat sie den Doktorhut auf sich gesetzt.
»Ach, ich bin ein Doktor, so ein kleiner Doktor,
bin ganz kolossal gescheit
und heile alles Leid.
Ja, ich bin ein Doktor, so ein kleiner Doktor,
das Kurieren ist für mich 'ne Kleinigkeit.«

Direktor:

Gesang und Tanz muß jetzt verstummen,
da allen schon die Mägen brummen.
Des Mahles holde Freuden winken.

Eva:

Bevor Ihr essen geht und trinken,
vergönnt mir noch paar kurze Worte.
Des Hauses Gäste zu begrüßen,
gereicht mir jetzt zur Pflicht, zur süßen.
Willkommen seid an diesem Orte,
Ihr Freunde, aus der Näh und Weite,
Frohsinn und Heiterkeit verbreite
sich rasch in Euerm ganzen Schwarm.
Fühlt Euch gemütlich hier und warm
an unserm Herd beim heutgen Feste
als lust'ge, wohlgelaunte Gäste.
Des Tages Losung ist Euch ja bekannt:
wir gaben jedem an die Hand,
nach eignem Wunsch Gewand und Stand zu wählen,
heut kann es also keinem fehlen,
und sollte einer unbefriedigt bleiben,
hat er sichs eben selber zuzuschreiben.
So schart Euch denn zum frohen Mahle,
das schon serviert im Nebensaale,
und setzt Euch alle in der Runde
wie's auf der Uhr Euch zeigt die Stunde,
und Zeit zu Zeit gesell sich gern,
sucht Eure Damen jetzt, Ihr Herrn,
geht hin und nährt Euch gut und kräftig,
genießt das Fest in vollen Zügen.
Ich wünsch Euch allen: Viel Vergnügen!

Weniger vergnüglich ging es derweil in Berlin zu, denn Theodor Morgenstern begann zu ertauben und Olgas Tuberkulose verschlimmerte sich von Monat zu Monat. Lina Morgenstern war zwar in größter Sorge, aber doch wenigstens abgelenkt durch ihren Beruf, der sie ausfüllte: ihr Verlag, die Redaktionsarbeit in der »Deutschen Hausfrauen-Zeitung« und ihr »Pfennig-Verein«, dessen Satzungen gerade wieder einmal geändert werden mußten,»um sie den Forderungen des Bürgerlichen Gesetzbuches anzupassen. Nach § 1 der abgeänderten Satzung hat der Verein den Zweck, armen Schulkindern ohne Unterschied des Glaubensbekenntnisses den Schulbesuch dadurch zu erleichtern, daß er ihnen mit verschiedenen Mitteln zu Hilfe kommt. Der Verein unterstützt nach § 2 arme Schulkinder insbesondere dadurch, daß er ihnen Schuhe, Kleidungsstücke und dergl. als Geschenke verabreicht, im allgemeinen solche Bestrebungen fördert, die auf das leibliche Wohl der ärmeren Schuljugend gerichtet sind. Zur Beschaffung der nötigen Mittel dienen ein fester Jahresbeitrag (3 Mark) und Geschenke«[165].

Zur Weltausstellung 1900 fuhr Lina Morgenstern nach Paris, um nicht nur durch die Ausstellung zu stromern, sondern beim gerade dort tagenden »Weltbund der Frauen für den Frieden durch Erziehung« eine Rede zu halten, vermutlich auf Französisch. Als man am Ende der Tagung die Frage stellte, wo denn der nächste Kongreß stattfinden solle, sagte Lina: »Ich schlage vor – in Berlin!« – »Da riefen die Vertreter aller Nationen mit Begeisterung à Berlin, à Berlin 1904!«[166] Ihr Vorschlag wurde angenommen und vier Jahre darauf in die Tat umgesetzt.

Neue Bücher schrieb Lina Morgenstern nicht mehr, doch neue Aufgaben fand sie nach wie vor. Als am 7. August 1900 Wilhelm Liebknecht[167] starb, der mit Sigismund Asch in den ersten Stunden deutscher Demokratie zusammengearbeitet hatte und den auch Lina gut kannte, schrieb sie auf ihn einen Nachruf für ihre »Deutsche Hausfrauen-Zeitung«[168]. Ihre Arbeitsintensität war ungebrochen und ihre Jugendlichkeit wurde allgemein bewundert, als sie am 25. November 1900 in Berlin ihren 70. Geburtstag feierte.

Zu diesem Tag erhielt sie von ihrer Tochter Olga ein besonderes Geschenk:»Ulla's Kindheit – eine Erzählung für 8 bis 14jährige Mädchen und Knaben«. Der Inhalt des Buches ist zweifellos autobiographisch: eine glückliche Kindheit in einem behütenden Elternhaus und zugleich ein Hohes Lied auf Lina und deren Erziehungsmethoden. Vieles davon können wir uns heute kaum vorstellen, wenn zum Beispiel die Kinder kein Taschengeld erhielten, sondern sogenanntes »Zuckergeld«: An jedem Sonntagmorgen zählte Lina jedem ihrer Kinder 28 Stück Zucker zu, für jeden Tag vier, nämlich zwei für den Morgen- und zwei für den Nachmittagskaffee. Wer von den Kindern am nächsten Sonntag den Zukker unversehrt wieder zurückgab, erhielt einen Groschen. Dieses »Zuckergeld« wurde dann von den Kindern für kleine Geschenke verwendet, »um zu lernen aus eigen ersparten Geld Andern eine Freude zu bereiten«. Dem Anfangskapitel vorangesetzt war ein Gedicht:

> Meiner geliebten Mutter
> *Frau Lina Morgenstern*
> zum 70. Geburtstag am 25. November 1900.
>
> Du, der trotz siebzig Lebensjahren
> Gemüt und Herze blieben jung,
> Die kindlich fühlt mit weißen Haaren –
> Dir weih' ich die Erinnerung
> An frühlingshelle Jugendtage,
> Die eine Welt voll Sonnenschein
> Für uns – für Dich gar manche Plage,
> Du heißgeliebtes Mütterlein! –
> Die Mitwelt mag Dir Lorbeer reichen
> Für das, was Du für sie getan,
> Von mir nimm nur das schlichte Zeichen
> Der treusten Kindesliebe an.
> Und wenn dereinst Dein Blick, der milde,
> Den Enkelkindern nicht mehr lacht,
> So finden sie Dich in dem Bilde,
> Das ich für Dich – für sie gemacht.
>
> Auf dem Krankenlager.
> Berlin 1900. *Olga Arendt.*

Jenny und Sigismund Asch lebten jetzt kaum noch voneinander getrennt. Im Sommer 1900 lockte es sie wieder an die See, diesmal nach Scheveningen. Für Jenny gab es die Aussicht, sich dort in den Trubel des Strandes zu stürzen, für Asch die Vorfreude, seinem Freund L'Arronge wiederzubegegnen, der wie so oft, auch wenn er nicht mehr zu den Jüngsten gehörte, eine Fahrradtour durch Holland unternahm. In Amsterdam sollte das Wiedersehen gefeiert werden. Man wohnte im selben Hotel, und als nach dem Frühstück Sigismund Asch und L'Arronge durch die Stadt bummelten, beschlossen sie, am Abend gemeinsam ins Theater zu gehen. »Um sich zu informieren, was gegeben wird, traten sie an die nächste Litfaßsäule. Das Urbild des ›Dr. Klaus‹ und sein Dichter mußten laut auflachen: man gab ›Dr. Klaus‹ in holländischer Sprache«[169].

Nur einmal noch ließ Jenny ihren Sigismund allein, um vom 5. bis 8. Oktober 1900 in Dresden einer Tagung beizuwohnen. Doch wie üblich schrieb sie jeden Tag ein paar Zeilen nach Haus. Am zweiten Mittag der Tagung schrieb sie aus lauter Zeitmangel sogar »während des Essens im Restaurant! Gestern war toll! Von 5 bis 7 Vorstandssitzung, in welcher Fr. H. und ich in den Vorstand gewählt wurden und, da massenhaft Vorträge angemeldet waren, man mich sehr bat, meine ›Mitteilungen‹ noch den ersten Abend zu geben. Acht Uhr Beginn! Erst Begrüßung durch Vorsitzenden, dann obligate Reden: der Oberbürgermeister, ein Pastor Schmidt, Prof. P., ein Lehrer, Frl. H., dann ich – trotz meiner Bitten, mich zu dispensieren. Zwischen den Vorträgen Gesang. Um elf abends heim. Heute halb sieben durch große Glocken alle im Lehrerinnenwohnheim Untergebrachten geweckt. Halb acht Kaffee mit Ei und Fleisch. Acht Uhr hier Essen. Ein Uhr Heidepark, dann Kartoffelfest-Fahrt! Alles in Gemeinsamkeit, sonst unmöglich. Denk Dir: Gute Bouillon, Zander, Braten nach Belieben, Kompott und Speise 1,25 Mark!« So also sahen Jennys Tage aus, als sie im 69. Lebensjahr stand.

Von nun an gibt es zwischen Jenny und Sigismund keine Briefe mehr, und so fehlen uns Nachgeborenen sicherlich manche familiären Ereignisse. Doch von einem wissen wir noch zu berichten: Im Jahr 1900 erschien im Verlag von Wilh. Gottl. Korn in Breslau Karl Jaenickes neuestes Buch, ein historischer Roman mit dem Titel »Herzog Heinrich IV. von Breslau«. Man sagte, er habe kein besseres Buch geschrieben und es habe seinen Namen seinerzeit zumindest im schlesischen Raum bekannt gemacht.

Bei Cäcilie Adler begann das Jahr 1901 mit erneuten Todesgedanken. Am 31. Januar 1901 rief sie wieder ihren Notar und übergab ihm ein weiteres, eigenhändig geschriebenes Kodizill zu ihrem Testament, in dem sie bestimmte, daß alle Summen, die sie zu Lebzeiten ihren Erben geliehen habe, nach ihrem Tod als geschenkt betrachtet werden dürfen; und daß der Neffe ihres Mannes, jener öfters negativ erwähnte Augenarzt Dr. Salomon Klein, die 2000 ihm zugedachten Gulden nicht erhalten solle, sondern diese Summe seinen »völlig mittellosen Kindern« zufließen möge. Außerdem strich sie »nach reiflicher Überlegung« das Erbteil, das ihr Neffe Felix Bauer erhalten sollte. War Felix Bauer, der Enkel von Fanny und Albert Bauer – der einzige in der Familie, der noch den Namen Bauer trug! – etwa ein Tunichtgut? Es hieß, er habe nie geheiratet. Schlimmstenfalls war er ein »Lebemann«. Wie?

Auch bei Lina Morgenstern gab es Gedanken ans Sterben – ans Sterben ihrer Tochter Olga. Die Ärzte konnten Lina keine Hoffnung mehr machen, daß Olga die Tuberkulose besiegen würde, Olga selbst trug ihr Leiden »mit heldenmütiger Geduld«, wie Lina schrieb[170], »hörte nie auf zu dichten, zu malen, die Wirtschaft vom Bett aus zu leiten, für ihre Kinder zärtlich zu sorgen, die sie, soviel es der Arzt erlaubte, umgeben mußten«. Selbst als alle drei Kinder »heftig erkrankten, ließ Olga sie nicht aus ihrer Umgebung« – was ebensoviel Gottvertrauen wie Unverstand verrät. Olga blieb tapfer bis zuletzt, und sie blieb eine Trösterin, noch als ihre Lage aussichtslos war:

An meinen Mann.

> Heut Nacht hat der Himmel Thränen geweint.
> Nun sieh, wie so lieblich und lachend scheint
> Die strahlende Morgensonne.
> So schwinde auch Dir all das nagende Leid,
> So wandle sich, Lieb, diese düstre Zeit
> In lachendes Glück und in Wonne.
> Und was meine Seele für Dich heut erfleht,
> Das ist nur ein einziges heißes Gebet,
> Komm, Liebster, daß ich's Dir deute:
> Laß grollen das Schicksal in ohnmächt'ger Wut,
>   Wir werden doch nie seine Beute.

Dem eisigen Februar des Jahres 1901 folgte ein naßkalter März und Sigismund Asch war in seinem Einspänner mit Rick, dem Kutscher, ständig unterwegs, um seine Patienten zu besuchen, die ihn wegen schlimmer Erkältungen oder grippaler Infekte zu sich riefen. Schließlich, es muß um den 12. März gewesen sein, hatte

Asch sich selber so schwer infiziert, daß er seine Arztvisiten einstellen mußte. Doch auf die Beerdigung eines Freundes, der vor zwei Tagen gestorben war, wollte er trotz beginnenden Fiebers unbedingt gehen. Jenny versuchte alles, um ihn davon abzubringen, zumal es in Strömen regnete. Aber Asch, der seinen Freunden bis ans Grab die Treue zu halten pflegte, ließ sich in einem solchen Fall nicht von Jenny zurückhalten. Er ging. Als er zurückkam, legte er sich ins Bett und beschrieb seiner Familie den Verlauf einer tödlichen Lungenentzündung: In drei Tagen würde er nicht mehr bei ihnen sein. Er behielt mit seiner Prognose recht. Sein Leben erlosch am Sonntag, dem 17. März 1901 in der Mittagsstunde. Drei Tage später wurde er auf dem jüdischen Friedhof an der Lohestraße begraben. Tausende folgten seinem Sarg. In den Tageszeitungen füllten die Nachrufe und Todesanzeigen für ihn ganze Seiten.

Statt jeder besonderen Meldung.

Heute Mittag verschied nach kurzer Krankheit unser theurer guter Gatte, Vater und Grossvater,

Dr. med. Siegismund Asch,

im 77. Lebensjahre.

Breslau, den 17. März 1901.

Jenny Asch, geb. **Bauer.**
Stadtrath **Karl Jaenicke** und Frau
Betty, geb. **Asch.**
Professor Dr. **Richard Stern** und Frau
Toni, geb. **Asch.**
Dr. **Robert Asch** und Frau
Käthe, geb. **L'Arronge**
und **8 Enkel.** [1949]

Die Beerdigung findet Mittwoch, den 20. März, um 12 Uhr, von der Leichenhalle des israelitischen Friedhofs aus statt.

Nachrufe pflegen selten anders als wohlwollend auszufallen, doch in den Nachrufen auf Sigismund schwang in ungewöhnlichem Einklang eine Anerkennung mit, die gleichermaßen den Menschen, den Arzt und den Politiker Asch betraf; und wenigstens eine Auswahl daraus soll hier zitiert werden:

Seit mehr denn 50 Jahren, fast so lange, als ein öffentliches Leben in Breslau überhaupt besteht, gehörte Dr. Asch zu den vornehmsten Führern der liberalen und demokratischen Bewegung in Breslau. Die selbstlose und ideale Begeisterung, mit der schon der junge Student sich der Bewegung des deutschen Volkes im Jahre 1848 widmete, blieb dem Manne treu und begleitete ihn bis in dasjenige Alter, das bei anderen das Greisenalter heißt, das aber ihm, dem alten, ewig jungen Asch, die Freudigkeit, die Energie und den Schwung des Wirkens und Lebens für die Öffentlichkeit nicht zu rauben vermochte.
Ein Stück der Geschichte der Stadt Breslau im neuen Deutschland sinkt mit Asch in das Grab. Ein idealer Arzt, ein bewundernswerter Menschenfreund, ein stiller, vielverehrter Helfer der Bedrückten und Armen ist dahin. Uns aber bleibt über das Grab hinaus die dankbare Erinnerung an den Mann, der uns auch in derjenigen Zeit, in welcher Selbstsucht und Mutlosigkeit große Schichten der Bevölkerung dem politischen Kampfe abwendig machten, das Vorbild eines echten Demokraten, die Verkörperung von Bürgermut und Bürgerstolz gewesen ist und bleibt.
Breslau, 18. März 1901.
Der Vorstand des Wahlvereins
der Freisinnigen Volkspartei in Breslau. *Heilberg.*

»Durchdringender Verstand, eine außergewöhnliche Kraft des Wortes waren in ihm mit tief wissenschaftlichem Sinn und warmer Begeisterung für den ärztlichen Beruf vereinigt. Was er mit diesen Gaben für das Wohl unseres Standes in rastlosem Eifer bis in die letzten Tage seines Lebens gewirkt, macht ihn uns unvergeßlich« – schrieben die Breslauer Ärzte, die in Asch ihr einziges Ehrenmitglied verloren. Und der Physiologische Verein: »Wenn er, der Unermüdliche, trotz aller Ansprüche, welche die Tätigkeit des Arztes, die Tätigkeit des öffentlichen Lebens an ihn stellte, im Kreise jüngerer Kollegen erschien, um in inniger Berührung mit der fortschreitenden Wissenschaft sich auf der Höhe seines Könnens zu erhalten, so erfüllte er die Herzen mit stolzer Bewunderung und gab ein leuchtendes, zur Nachfolge anspornendes Beispiel.«
Der Vorstand der ärztlichen Hilfskasse für den Regierungsbe-

zirk Breslau erinnerte an »die umfassende Menschenliebe und die Freude am Wohltun, welche immer und überall in seinem Leben in hervorragender Weise zur Geltung kamen. Die dankbaren Segenswünsche aller der Witwen und Waisen, deren Not er gemildert, folgen ihm über das Grab hinaus.«

»Einige dankbare Familen« ließen eine eigene Todesanzeige in die Zeitung setzen und erfaßten darin Aschs ganzes Wesen:

> Der liebevollste Arzt und Freund aller derer, die ihn suchten, ist dahingegangen. Was Dr. Sigismund Asch den Armen, was er im öffentlichen Leben, in der Politik, und was er den Männern seiner Partei war, das ist von allen Seiten voll gewürdigt worden. Aber am reichsten war wohl sein segensspendendes Wirken in den Familien, die das Glück hatten, ihn ihren Arzt und Freund nennen zu dürfen; beides bildete für ihn einen Begriff. Er besaß die herrliche, seltene Gabe unvergleichlicher Liebenswürdigkeit, die aus seinem stets jungen Herzen hervorsproßte und ihm alle Seelen zu eigen machte.
> Wie viele Frauen, die er lehrte, sich in das Leben und seine Leiden zu schicken; wie viele Mütter, die er anleitete, gute und verständige Erzieherinnen zu werden, denen er Freund und Berater war in jeder Lebenslage; wie viele Kinder, in deren Herz er als erster den Samen des Guten gepflanzt, in deren Innerem er als Heldengestalt fortleben wird, die nimmer ihres Gleichen finden kann. Wie vielen wird sein Angedenken eine sonnige Erinnerung bleiben!

Schließlich rühmte der Fortschrittsverein Aschs »unerschütterliche Überzeugungstreue. Der politische Idealismus, von dem dieser alte Achtundvierziger durchdrungen war, die Gradheit seines Wesens, die Selbstlosigkeit und Lauterkeit seines Charakters haben uns diesen echten Volksmann stets als ein leuchtendes Vorbild erscheinen lassen. Wir werden das Andenken des vortrefflichen Mannes, dessen Name der Geschichte angehört, stets in Ehren halten.«

Bis zum Jahr 1933 war Aschs Name tatsächlich noch im Bewußtsein der Historiker und natürlich im Gedächtnis der Breslauer. Die Nazizeit sorgte dann dafür, daß sein Name nicht mehr erwähnt wurde. Doch der »Verband ehemaliger Breslauer in Israel«

Dr. med. Sigismund Asch

brachte sogar noch in den sechziger Jahren dieses Jahrhunderts einen Gedenkartikel über den Alten Asch – obwohl kaum einer jener Doppelt-Heimatvertriebenen ihn noch persönlich gekannt haben mag.

Der Breslauer Rabbiner Prof. Dr. Jakob Guttmann[171] »hielt eine ergreifende Grabrede«, wie die Jüdische Zeitung am 21. 3. 1901 berichtete. Und Jenny suchte für ihren Sigismund einen Grabstein aus, der ihrem Mann angemessen war und den es nur ein einziges Mal gab: ein schwerer Findling aus rotem Granit, nur an der Vorderseite glattgeschliffen, damit man die Inschrift lesen kann:

> Er lebte treu seiner Überzeugung,
> Liebte das Volk und seine Familie

Jennys Anzeige von Aschs Tod ist zu entnehmen, daß der Schwiegersohn Richard Stern bereits den Professorentitel trug – als Leiter der Breslauer Universitäts-Poliklinik. Aschs Tochter Toni Stern mag schon schwanger gewesen sein, denn im Jahr 1901 brachte sie ihr drittes, ihr letztes Kind zur Welt: Marga. Sie heiratete später Prof. Hermann Haber, den Sohn des Nobelpreisträgers Fritz Haber[172], der mit Toni und Richard Stern eng befreundet war. Fritz Haber übertrug dann seine Freundschaft auch auf Tonis Sohn Rudolf, der sein Leibarzt wurde und einmal von seinem Patienten Haber den schönen Zweizeiler auf einer Postkarte erhielt:

Olga Arendt-Morgenstern

Doch stell ich keinen auf die Ehrenstufen,
den nicht ein Gott, wie Dich, zum Arzt berufen.

Nach dreijährigem Dauerkrankenlager starb am 29. Mai 1902 die schöne, begabte, als besonders liebenswert geschilderte Olga Arendt-Morgenstern. Für Lina und Theodor Morgenstern war dies der schwerste aller Schicksalsschläge. »Als sich die Schollen auf den Sarg der geliebten Tochter senkten, war die Jugendfrische, welche bis dahin über alle Schwernisse des Lebens dem Morgensternschen Ehepaar hinweggeholfen, gebrochen – sie waren ins Greisenalter eingetreten«[173].

Wie wir Jenny Asch kennen, wird ihr 70. Geburtstag am 18. Juli 1902 kein Trauertag gewesen sein, obwohl die Persönlichkeit des Alten Asch fehlte und unersetzlich blieb. Aufführungen der Kinder und Enkel gab es wohl keine, sonst besäßen wir irgendein Schriftstück darüber. Von jenem Juli erzählt nur ein kleines Foto, auf dem die entspannt heiter dreinblickenden Jaenickiden vor dem »Linke-Häusel« in Krummhübel zu sehen sind – ohne Wolfgang, der wahrscheinlich als Fotograf fungierte. Auf der Rückseite des Bildchens steht: »Glückliche Zeit, 27. 7. 1902«. Auch der melancholische Stadtrat Karl Jaenicke, der vier Monate später Breslaus Bürgermeister wurde, lächelte.

Cäcilie Adler fühlte sich derweil kränker und schwächer denn je, wurde jedoch gut betreut von einer Gesellschafterin Fanny Böhm, geborene Kafka, und beschloß, ein weiters Kodizill zu ihrem Testament zu verfassen. Am 22. Oktober 1902 legierte sie darin jener Frau Böhm »die Summe von 1000 Gulden gebührenfrei, nebst der Einrichtung ihres Schlafzimmers, Bett, Kasten[174], Spiegel und Untersatz, Schlafsopha und Chiffoniere[175] und einiges von meinen Kleidern oder Mänteln. Sollte Frau Böhm« – fuhr Cäcilie fort – »schon einige Jahre mir treu zur Seite gestanden haben, so bitte ich, daß sie von meiner Wohnungsstiftung *Cäcilie Josef Adler Stiftung für Wittwen und Waisen* zweimal im Jahr, den 28. April und den 26. Oktober« – Geburts- und Todestag ihres Mannes – »bei der Verteilung durch die Kultusgemeinde 20 Gulden, 40 Kronen, erhalten soll, zu welchem Zwecke sie einreichen muß.« Erst aus diesem Kondizill erfuhren wir, daß Cäcilie eine solche segensreiche und keineswegs konfessionell gebundene Stiftung ins Leben rief.

Bereits im folgenden Jahr, am 20. Februar 1903, fügte Cäcilie noch ein letztes Kodizill an, in welchem sie ihrem seit zwanzig Jahren treu dienenden Stubenmädchen Marie Blaha die ihr zugedachten 300 Gulden auf 500 Gulden aufstockte.

In Breslau bei Jaenickes war man in jenem Februar mit heiteren Gedanken beschäftigt. Betty plante wieder einmal einen Maskenball und lud dazu die Freunde des Hauses in Versen ein:

>»Ernst ist das Leben, heiter ist die Kunst«,
>doch schwer die Kunst, das Leben zu erheitern.
>Nichts findet bei der heut'gen Jugend Gunst
>und sämtliche Versuche müssen scheitern,
>gilts einen Abend mal zu arrangieren,
>an dem sich alle wirklich amüsieren.
>Dem ist's zu steif, dem andern gar zu zwanglos,
>dem Dritten scheint das Tanzen ganz belanglos,
>dem ist's zu geistreich, jenem zu alltäglich,
>und mancher findet alles »einfach eklig«.
>So ist's im Leben, anders in der Kunst;
>da macht man gern sich vor 'nen blauen Dunst.
>Was auf der Bühne zeigt der stolze Mime,
>scheint uns verklärt im Schimmer der Kostüme.
>Darum versetzt Euch auch mal ohne Murrn,
>sei's auf den Soccus, sei's auf den Kothurn,
>klebt einmal nicht an der gewohnten Scholle.
>Nein! Kommt zu uns in irgendeiner Rolle,
>in deren Geist Ihr völlig Euch versenkt.
>Seid Hamlet, armer Heinrich, Geisha, Puppe,
>Rautendelein; das ist uns gänzlich schnuppe,
>Schlafwagen-Controlleur, Carmens Torero,
>Graf Trast, Othello, Piepenbrink und Hero,
>kommt als Narziss, Santuzza, Bolingbroke,
>als Röß'lwirtin, Desdemona, Schmock,
>als Lady Macbeth oder als Frou-Frou,
>als Fritzchen, selbst als grüner Kakadu!
>Was Ihr auch wählt, es bleibt Euch unbenommen,
>in jeder Rolle seid Ihr uns willkommen.
>Doch, was Ihr seid, erscheint nicht allzu mystisch,
>und Eure Maske sei charakteristisch,

daß jeder, wenn er minder auch begabt,
gleich merkt, welch Rolle Ihr im Sinne habt.
So kommt zu uns mit frischvergnügtem Mut
und spielet Eure Rollen alle gut!

Am . . . Februar 1903, abends 8 Uhr.
Bürgermeister Jaenicke und Frau

Bei Lina Morgenstern in Berlin waren solche Feste undenkbar. Neben der üblichen Redaktionsarbeit kümmerte sie sich nun um die drei Halbweisen Olgas und um die Herausgabe der 3. Auflage ihrer »Hundert Erzählungen aus der Kinderwelt«.

In Breslau sorgten 1903 wieder zwei Söhne Anna Honigmanns für Nachwuchs. Bei Dr. med. Georg Honigmann erschien ein ebenfalls Georg genannter Sohn, der die literarische Begabung dieses Geschlechtes erbte und später weitervererbte an seine Tochter Barbara, die heute eine bekannte Schriftstellerin ist; bei Dr. med. Franz Honigmann wurde eine Tochter geboren, Toni, die eines Tages den Literaturwissenschaftler Werner Milch heiratete.

Von Cäcilie Adler aus Wien aber kamen bedrohliche Nachrichten. Im April 1903 verschlechterte sich ihr Gesundheitszustand derart, daß eine zweite Krankenpflegerin bei ihr in Dienst treten mußte und die Geschwister Anna Honigmann und Jenny Asch nach Wien eilten, wo sie allerdings von Cäcilies Arzt Dr. Teleki energisch daran gehindert wurden, die Kranke mit ausgiebigen Besuchen zu beglücken. Daraufhin packte Anna bald ihre Reisetasche: »Da ich ihr (Cäcilie) nichts mehr leisten darf, reise ich jetzt nach Hause, wenn auch mit schwerem Herzen, da Cilchen leider sehr sehr schwach ist«[176]. Cäcilie, die man in Wien als »die Mutter der Blinden« kannte, starb wenig später, am 18. Juni 1903, laut Totenschein »an Arterienverkalkung«. Dr. Teleki gab ihr den von ihr ersehnten Herzstich. Wie das Nachlaßgericht bestätigte, ließ man, ihrem testamentarischen Wunsch gemäß, »die drei kleinen goldenen Reifen an ihrem Finger« und begrub sie auf dem Wiener Zentralfriedhof an der Seite ihres Mannes Josef Josias Adler, der ja auch ihr Onkel war: der Bruder unserer Urmutter Fanny Bauer.

Vermutlich werden zu Cäcilies Beerdigung alle Geschwister, Neffen und Nichten nach Wien gekommen sein, und niemand wird sich damals haben vorstellen können, daß knapp vier Monate später die nächste Beerdigung nicht allein die Familie, sondern ganz Breslau erschüttern würde: Am 11. Oktober 1903 starb Karl Jaenicke unerwartet an einem Aneurysma der Halsschlagader.

Mit dem Tod des Alten Asch schien ein Jahrzehnt des Sterbens in der Familie begonnen zu haben. Nur einmal noch, 1904, gab es ein Aufatmen: Anna Honigmann durfte ihr achtes Enkelkind in die Arme nehmen, Franz Honigmanns zweite Tochter: Eva. Und Lina Morgenstern, die am 14. März 1904 ihre Goldene Hochzeit feiern konnte, hatte noch einen letzten großen Auftritt als Rednerin beim »Weltbund der Frauen für den Frieden durch Erziehung«. Um den nächsten Kongreß gehörig anzukurbeln, trommelte sie zum 15. Januar 1904 die Berliner Ortsgruppe dieses Weltbunds im Bürgersaal des Berliner Rathauses zusammen, wo sie dann aber eines hartnäckigen Bronchialkatarrhs wegen nicht selber sprechen konnte, sondern ihre Rede von einer Mitstreiterin vorlesen ließ. Am Ende hieß es:

> Der 2. internationale Kongress des Weltbundes ist allen Frauen und Männern zugänglich, die an demselben teilnehmen wollen, er bezweckt die Vertiefung in die verschiedenen Friedensfragen, besonders in die, welche dem weiblichen Geschlecht naheliegen. Es gibt wohl keine Frau, die nicht Gelegenheit hätte, für den Frieden zu wirken, von dem in Zukunft die Humanität abhängt. Als Gefährtin und Mitarbeiterin des Mannes, Erzieherin des Kindes, vermag sie es, den künftigen Generationen statt der kriegerischen und feindlichen Gesinnung die Friedensliebe und Menschenliebe zu wecken und zu verbreiten. Allein diese Arbeit der moralischen Erneuerung wird nur erfolgreich sein unter der Bedingung einer Propaganda, geleitet von einer wissenschaftlichen und humanitären Methode. Darum wollen sich die Frauen, welche für den Frieden arbeiten, zu diesem 2. internationalen Kongresse vereinigen ... Wir richten diese Einladung ebenso an alle Männer wie an alle Frauen, welche für Humanität erglühen; sowie an Gelehrte, Denker, Soziologen, Lehrer und Lehrerinnen, Mütter und Erzieherinnen, um ihre Ratschläge bittend. So nur werden wir es in einer früheren oder späteren Zeit erreichen, daß die traurigen Zustände in Kischineff, in Homel, in den Balkanländern usw., die der Haß, der Krieg, die Mordlust und die Unmenschlichkeit erzeugten, auf-

hören werden, die Menschen zu beunruhigen, um nach der blutigen Vergangenheit eine friedliche Weltordnung aufzubauen, in welcher Arbeit, Liebe und Frieden segenbringend herrschen«[177].

Als der internationale Frauenkongreß dann vom 6. bis 8. Juni 1904 in Berlin tagte, war Lina Morgenstern wieder bei Stimme und konnte ihre Zuhörer in Versform begrüßen:

> Ihr Schwestern, die es unternommen,
> weit über Länder, übers Meer
> zu reisen zum Kongresse her,
> seid alle herzlich uns willkommen!
> Ihr wollt Euch hier mit uns verbinden
> zum Kampf fürs eigene Geschlecht,
> was wir erkannt als Pflicht und Recht,
> das wollen wir der Welt verkünden.
> Es gilt ja unser aller Streben
> nicht nur dem Frauenwohl allein!
> Wir wollen gleichberechtigt sein,
> die ganze Menschheit zu erheben!

Anschließend wetterte Lina, wie so oft in den letzten Jahren, »gegen die allzu großen Rüstungen während den Zeiten des Friedens«. Die redaktionelle Leitung der Deutschen Hausfrauen-Zeitung wollte sie nun aber endlich in jüngere Hände legen: Fortan fungierte als Herausgeber Paul Lorenz, der das Blatt umbenannte in »Frauen-Reich«. Damit beendete auch Theodor Morgenstern seine Mitarbeit in Linas Verlag.

Freilich schrieb Lina gelegentlich noch Artikel für die von ihr gegründete Zeitschrift – darunter eine Grußadresse zum 70. Geburtstag ihrer Schwester Anna Honigmann, worin vieles über Anna berichtet wird, was Anna selbst in ihrer enormen Bescheidenheit niemals hervorgekehrt hatte: zum Beispiel ihre Gründung einer Haushaltungsschule, sowie einer Industrieschule in Breslau, oder die Mitarbeit im Jungfrauen-Verein, »der sich schon seit den vierziger Jahren des vorigen Jahrhunderts die Aufgabe gestellt, bedürftige, schulentlassene Mädchen einen Beruf erlernen zu lassen, je nach ihren Fähigkeiten, um sich selbst erhalten zu können«[178].

Auch eine nachdenkliche Betrachtung zum Weihnachtsfest des Jahres 1905 stammte aus Lina Morgensterns Feder, und wenigstens einige Abschnitte daraus sollen hier zitiert werden, weil sie Linas ganzes Wesen enthalten:

> Es naht das Fest der göttlichen Liebe; nach 1900 Jahren feiert es die gesamte Christenheit als Andenken an die Geburt dessen, der die Flamme der Menschenliebe entzündet mit seinem Wort: ›Das heiligste Gebot ist das Gebot der Liebe!‹ Ach wie schwer ist zu allen Zeiten gegen dieses Gebot gesündigt worden! Wie Unzählige, die sich Christen nennen, verleugnen und verletzen dieses Gebot im Denken, Tun und Unterlassen, im Hassen, Verfolgen und Hetzen, im Verachten und Verspotten Andersgläubiger! Doch still von ihnen, sie sollen uns die Weihnachtsfreude und den Weihnachtsfrieden nicht verderben. Es naht das Fest der göttlichen Liebe nicht nur für die Christenheit, nein, für alle Menschen, die ein frommes Verständnis und inniges Empfinden haben für das beseligende Gefühl, daß Geben seliger ist denn Nehmen[179].

Langsam machten sich die mit dem Alter einhergehenden Gebresten nun überall in der Generation, die sich jetzt die alte nannte, bemerkbar. Anna Honigmann quälte die Gicht, so daß sie an manchen Tagen »die Feder nur mit Mühe halten« konnte, Lina Morgenstern kämpfte gegen ihre Bronchitis. Helene Bauer, Wilhelm Bauers Witwe in Berlin, war »fast ganz erblindet und körperlich reduziert«, glaubte jedoch »immer noch an Hilfe durch eine Augenoperation, die aber ausgeschlossen!«[180]

Bloß Jenny Asch schien noch munter auf den Beinen und im Kopf zu sein und fuhr im Frühsommer 1905 zur Abwechslung mal nach Wiesbaden zur Kur. Auch ohne solche Exkursionen langweilte sie sich nie, saß an ihrer Staffelei oder am Schreibtisch, schrieb Artikel über Haushaltungsschulen und Friedrich Fröbel[181] und arrangierte gelegentlich einen »Kränzel-Abend« mit ihren im Vereinswesen tätigen Mitarbeiterinnen und Freundinnen. Aus dieser Zeit gibt es ein Gedicht von ihr, das zeigt, daß ihr die Verse ebenso flott aus der Feder flossen wie ihren Schwestern, Nichten und Neffen:

Gibts ein schönres Leben
als das Winterleben
hier in Schlesiens großer Residenz!
Zwar Belustigungen
Alten so wie Jungen
bieten uns auch Sommer Herbst und Lenz,
doch sie müssen weichen
und die Segel streichen,
wenn der Winter einzieht in das Land,
der so mannigfaltig,
wechselnd vielgestaltig
immer neu und immer interessant.
Wo die bunten Fahnen
zu den Schlittschuhbahnen
lockend ziehn der Läufer dichten Schwarm.
Auf dem glatten Spiegel
wie mit Windesflügel
gleiten hin die Paare Arm in Arm.
Selbst wer sonst bedenklich,
hier ganz unverfänglich
streckenweit sich bei den Händen hält.
Sehe nur bei Leibe
jeder wie er's treibe
und wer steht, daß er nicht etwa fällt!

Auf dem Tanzparkette
strahlt in Glanztoilette
jungfräulicher Schönen duft'ger Kranz,
und im ernsten Fracke
mit dem Chapeau claque
fordern auf die Herrn zu jedem Tanz.
Wer zu spät erschienen,
dann mit finstern Mienen
zuhört, wenn der erste Walzer klingt.
Augen suchen, finden,
Blicke zielen, zünden,
und der Reigen sich verwirrend schlingt.

Zum Juristenballe
zieht in jedem Falle

jung und alte Männerwelt in Hast.
Alle Fakultäten
sind dort stets vertreten,
nur der Themis Sohn – ein seltner Gast.
Und in trauter Freundschaft
setzen in Gemeinschaft
bei der Tafel treue Freunde sich,
lachen viel und schwätzen
heiter zum Ergötzen,
opfern dann dem Bacchus männiglich.

Aber ach! Erbarmen
sollten wir den armen
Vätern weih'n, die mit zu Balle gehn,
die bei Whistes Karten
auf die Töchter warten
und dem Schlaf mit Mühe widerstehn.
Und wie Mauerblümchen
sitzen Mütter, Mühmchen
schau'n und plaudern, trinken auch wohl Tee –
solches sind die Qualen,
womit Eltern zahlen
ihrer Kinder leiblich Wohl und Weh!

Kommt ein »Kränzelabend«
heiter dann und labend,
produziert man scherzhaft ohne Zwang.
Hier gibts »Wachsfiguren«,
dort »Knecht Rupprechts« Spuren,
»Lieder, Spiel, Quartette, Vogelsang«.
Heimwärts kehrt dann Jedes
meistenteils per pedes
und der Winter zieht auch rasch vorbei!
Doch in gleicher Weise
zu so frohem Kreise
unser »Kränzel« oft vereinet sei.

Darauf hebt die Gläser,
Sänger Ihr und Leser,
trinket aus den Bechern heitern Sinn!

An diesem Schreibtisch, in ihrem mit rotem Samt bezogenen Sessel starb Jenny Asch am 1. April 1907

    Ach! das Leben schwindet
    und gar selten findet
    heitern Frohmut harmlos man darin!
    Drum zürnt nicht dem Dichter,

> der solch Versgelichter
> Euch heut arglos vorkredenzet hat!
> Dichter hier im Kreise
> mögen lachen – leise!!
> Denn verboten ist Kritik im »Kränzel-Staat« –

Heiterkeit und Optimismus blieben Jenny Asch bis zu ihrer letzten Lebensstunde erhalten. Ohne melancholische Einbrüche überlebte sie den Tod ihrer Schwägerin Helene Bauer, die am 16. Februar 1907 starb, und auch den viel zu frühen Tod ihres Neffen Paul Honigmann, der am 19. des gleichen Monats einem Schlaganfall erlag. Ihr glückliches Temperament und die Arbeit in ihren Vereinen hielten sie jung und in Schwung. Unbequeme häusliche Arbeiten wurden ihr von einem »Fräulein« abgenommen.

Am 28. März 1907 schickte sie ihrer Enkelin Lore Jaenicke, die damals in Harton on the Hill, England, bei einer Familie als Erzieherin wirkte, eine Postkarte, auf der nur zwei Sätze standen:

> Von Herzen Dir und Deinen lieben Gastfreunden »fröhliche Ostern« zurufend, grüß ich Dich viel tausendmal und wünsche, daß Du jegliche Stunde bis zu Deiner Rückkehr freudig genießen mögest und dann erst recht!!
> In ungetrübter Lebenslust
>
> *Großma Jenny.*

Vier Tage darauf, als die Karte noch gar nicht England erreicht hatte, setzte sich Jenny wie üblich morgens an ihren Schreibtisch, warf sich plötzlich mit dem Ruf »Fräulein, kommen Sie –!« in ihrem Lehnstuhl zurück und war tot. Ein Herztod. Am Ostermontag, dem 1. April 1907.

Sicherlich hatte Jenny, die im Gegensatz zu ihren Schwestern Lina und Anna sehr gesund und mobil war, sich in ihrem Alter eher mit Lebens- als mit Sterbegedanken beschäftigt. Doch hatte sie für den Fall ihres unerwarteten Todes die Bestimmung getroffen, an der Seite ihres Mannes beerdigt zu werden und auf dem Grabstein unter ihren Lebensdaten die Inschrift zu wissen:

> Liebe und Arbeit sind die Erlöser
> des Menschengeschlechts.

Ein bemerkenswerter Satz, wenn man bedenkt, daß die meisten Menschen ihren Erlöser außerhalb der eigenen Fähigkeiten suchen.

Allein die beiden Todesfälle im Februar 1907 hatten Theodor Morgenstern derart erschüttert, daß er sich selber vor seinem Ende wähnte und einen Abschiedsbrief an die Kinder seiner verstorbenen Tochter Olga schrieb, der mit den Worten begann: »Es ist bestimmt von Gottes Gnade, daß man ›vom Liebsten, was man hat, muß scheiden‹. So ist es Eurer unvergessenen lieben Mutter gegangen, und beim Empfang dieser Zeilen hat es der himmlische Vater beschlossen, mir Eurer teuren Mutter zu folgen, auf Nimmerwiedersehen. So nehme ich hiermit im Voraus meinen Abschied von Euch.« Theodors Deutsch klingt hier etwas kraus, was Rückschlüsse auf seinen Erschütterungszustand erlaubt. Doch so bald, wie Theodor meinte, durfte er von dieser Weltbühne nicht abtreten.

Traurigkeit verschattete das ganze Jahr 1908. Daß Robert Aschs Schwiegervater Adolph L'Arronge am 8. März 1908 seinen 70. Geburtstag feierte, vom Deutschen Kaiser den Professorentitel erhielt und eine »Stiftung zum Besten der Theaterangehörigen« gründete, war nur ein vorübergehender Lichtblick. Auch durfte sich Adolph L'Arronge noch über die Herausgabe seines dramatischen Gesamtwerks in vier Bänden freuen – doch am 25. Mai 1908 ereilte ihn in Konstanz der Tod.

»Ich kann niemals mehr froh werden«, schrieb Anna Honigmann; »wenn man älter wird, lichtet sich leider der Kreis unserer Lieben immer mehr und wir verlieren immer mehr Liebe, welche unserem Leben eigentlich nur Wert verlieh! Ach, wie schreckliche Verluste habe ich in den letzten Jahren zu beklagen!«[182]

Bereits im Sommer 1909 gab es den nächsten Verlust in der Familie, der vor allem Lina Morgenstern traf: In Straßburg starb ihr Sohn Dr. Michael Morgenstern an den Folgen einer Operation, ohne daß Lina, selber von Krankheit geschwächt, ihn noch einmal aufsuchen konnte. Am 5. November 1909 folgte ihm Anna Honigmann. Sechs Wochen später, am 16. Dezember 1909, starb dann auch Lina Morgenstern – neun Monate vor ihrem Mann Theodor.

Ludwig Geiger, der Sohn von Abraham Geiger, jenem Bahnbrecher des Reformjudentums, der den Bauer-Kindern einst Religionsunterricht erteilt und sie getraut hatte, schrieb in einem

Nachruf auf Lina: »Sie war und blieb eine gute Jüdin. Beobachtete sie auch keine rituellen Vorschriften, wirkte sie auch ausschließlich in allgemeinen, nicht in jüdischen Vereinen, so verharrte sie als eine treue Tochter ihres angestammten Glaubens. Sie war eine der seltenen Frauen, die Deutschtum und Judentum harmonisch zu verbinden wissen«[183].

Nicht anders war es bei ihren Geschwistern, bei allen Kindern der Bauers, und – beim Alten Asch.

Anmerkungen

1) Karl Friedrich Hempel: *Die Breslauer Revolution.*
2) Gedenkblatt zum 100. Geburtstag von Sigismund Asch, Breslau 1925.
3) S.P., *Erinnerungen an 1848,* in: Berliner Tagblatt o.D.
4) Breslauer Zeitung 1907
5) Karl Friedrich Hempel: *Die Breslauer Revolution.*
6) Ebenda.
7) *Denkschrift zum 80jährigen Jubiläum des Pfennig-Vereins zur Unterstützung armer Schulkinder, Breslau im Juni 1928.*
8) Karl Friedrich Hempel: *Die Breslauer Revolution.*
9) Rudolf Gottschall (1823–1909), Breslauer Schriftsteller, veröffentlichte Lyrik, Dramen, Erzählungen, Kritiken; Anhänger des Jungen Deutschland. Karl Isidor Beck (1817–1879), Lyriker und Epiker, schrieb politische Gedichte; stand dem Jungen Deutschland und einem revolutionären Sozialismus nahe. Ferdinand Cohn (1828–1898), Professor für Botanik; langjähriger Direktor des Instituts für Pflanzenphysiologie in Breslau; wurde bekannt durch Arbeiten über die Morphologie und Entwicklungsgeschichte der niederen Algen und Pilze, über die Biologie der Bakterien, die Erforschung des Milzbrandbazillus. Ehrenbürger der Stadt Breslau, wo im Südpark ein Bronzedenkmal für ihn stand.
10) Deutsche Hausfrauen-Zeitung, 20. Juli 1902.
11) Breslauer Morgenzeitung, 24. März 1901.
12) Asch an Jenny, 21. Juni 1853.
13) Hermann Brehmer (1826–1889), Mediziner, führte die Physikalisch-diätetische Behandlungsweise der Lungentuberkulose ein.
14) Asch an Jenny, 15. Juli 1853.
15) Ebenda.
16) Asch an Jenny, 24. Juli 1853.
17) Tagebuchnotiz von Anna, 24. Juli 1854.
18) Asch an Jenny, 18. Juli 1853.
19) Tagebuchnotiz von Anna, 1854.
20) Lina Morgenstern, Erinnerungen.
21) Lina Morgenstern zum 70. Geburtstag von Jenny, in: Deutsche Hausfrauen-Zeitung, 20. Juli 1902.
22) Eugen Spiro (1874–1972), Breslauer Maler, studierte an der Königlichen Schule für Kunst und Kunstgewerbe in Breslau als Schüler von Albrecht Bräuer; später Mitglied der »Alten Sezession« unter Max Liebermann; berühmt als Portraitist von Max Reinhardt, Albert Einstein, Thomas Mann, Franz Werfel u.A.
23) Abraham Geiger (1810–1874), Bahnbrecher des Reformjudentums, Rabbiner in Breslau 1840–1863; Mitbegründer der Wissenschaft des Judentums; Gründer u. Dozent der Hochschule für die Wissenschaft des Judentums; Hg. der »Wissenschaftl. Zeitschrift für jüdische Theologie« 1835 ff. und der »Jüdischen Zeitschrift für Wissenschaft und Leben« 1862 ff.; Hptw.: Urschrift und Übersetzungen der Bibel, 1857; Das Judentum und seine Geschichte, 1864.
24) Dr. David Honigmann (1821–1885), Jurist und Schriftsteller; fast 30

Jahre lang Syndikus der Breslauer Synagogengemeinde; Mitbegründer des Deutsch-Israelitischen Gemeindebundes; schrieb Erzählungen (Das Grab in Sabionetta; Berel Grenadier); unterrichtete zusammen mit Ferdinand Lassalle in dem von Abraham Geiger in Breslau ins Leben gerufenen »Lehr- und Leseverein«; war juristischer Berater des Breslauer Magistrats und Mitglied der Stadtverordneten-Versammlung; Generalsekretär der Oberschlesischen Eisenbahn und Vorsitzender des Aufsichtsrats der Posen-Kreuzburger Eisenbahn.

25) Friedrich Fröbel (1782–1852), Pädagoge: Kleinkindererziehung durch belehrendes Spiel und praktische Tätigkeit; gründete den ersten Kindergarten.

26) Asch an Jenny, 26. Juni 1853.

27) Asch an Jenny, 17. August 1888.

28) Lina Morgenstern: *Paradies der Kindheit*.

29) Gedenkblatt zum 100. Geburtstag von Sigismund Asch, 5. Januar 1925.

30) Franz Duncker (1822–1888), Politiker, Mitbegründer der Deutschen Fortschrittspartei.

31) Max Ring (1817–1901), Arzt und Dichter, wurde schon als Achtzehnjähriger mit dem Gedicht »Der Judenfriedhof« bekannt; schrieb Romane, Dramen und Lustspiele; war Redaktionsmitglied der »Gartenlaube« (1863–1865) und der »Vossischen Zeitung«.

32) Eugen Richter (1838–1906), Politiker, seit 1867 MdR, seit 1869 preuß. Abgeordneter; 1884 Führer der Deutschen Freisinnigen Partei, 1893 der Freisinnigen Volkspartei.

33) Rudolf Virchow (1821–1902), Pathologe und Sozialpolitiker; Vorkämpfer der Hygiene (Desinfektion, Kanalisation); Mitbegründer u. Vorsitzender der Deutschen Fortschrittspartei; 1880–1893 MdR (seit 1884 Deutsche Freisinnige Partei).

34) Heinrich Simon (1805–1860), gebürtiger Breslauer. Jurist, liberaler Politiker; 1834–1844 preuß. Richter; trat von seinem Staatsposten aus Protest gegen geplante Disziplinargesetze zurück; schloß sich den 48er Revolutionären an, wurde wegen Majestätsbeleidigung angeklagt und floh nach dem Scheitern der Revolution in die Schweiz.

35) Lina Morgenstern, *Der Durchzug der Truppen*.

36) Lina Morgenstern zu ihrem 100. Geburtstag, in: Blätter des jüdischen Frauenbundes, 1930, Bd. 2, S. 6–7.

37) Carmen Sylva (1843–1916), Dichtername der Königin Elisabeth von Rumänien, geb. Prinzessin zu Wied; schrieb Lyrik und Unterhaltungsromane.

38) Lina Morgenstern, *Der Durchzug der Truppen*.

39) Lina Morgenstern, Erinnerungen.

40) »Widmung«.

41) Aus der ersten Ehe von Alberts Vater mit Dina Stern.

42) Lina Morgenstern zu ihrem 100. Geburtstag, in: Schlesischer Hausfrauen-Bund, 25. November 1932.

43) Asch an Jenny, 6. Juli 1886.

44) Adolph L'Arronge, eig. Aronsohn (1838–1908), Theaterkapellmeister, Bühnenschriftsteller und Theaterleiter; gründet 1883 das Deutsche Thea-

ter in Berlin gemeinsam mit Ludwig Barnay, F. Haase, A. Förster und S. Friedmann, die aber bald als Mitarbeiter ausscheiden; bis 1894 leitet er die Bühne allein und verschafft ihr dank eines hervorragenden Repertoires und bester Schauspieler (Kainz, Sorma, Engels) Weltgeltung; zu seinen meistgespielten Stücken gehört neben »Mein Leopold« und »Hasemanns Töchter« das Lustspiel »Doktor Klaus«; nach 1896 veröffentlichte er die Schrift »Deutsche Theater und Deutsche Schauspielkunst« und seine Lebenserinnerungen. Sein Nachfolger Otto Brahm verpflichtet 1895 den jungen Schauspieler Max Reinhardt an die Bühne, der das Theater dann ab 1905 leitet.

45) Theodor Fontane (1819–1898), Schriftsteller; 1870/71 Kriegsberichterstatter; bis 1889 einflußreicher Theaterkritiker der »Vossischen Zeitung«. Hier erwähnt: Hamburger Abendblatt, 10. Juni 1983 zum 75. Todestag von Adolph L'Arronge.
46) Der Alte Asch, Gedenkblatt zum 100. Todestag, Breslau 5. 1. 1925.
47) Ohle, Nebenfluß der Oder.
48) Spree-Athen: Berlin.
49) Mochbern: Vorort von Breslau.
50) Frau »Doktor«: Jenny.
51) Von L'Arronge erfundener Theatername für Asch.
52) Bälge: die Kinder Betty, Robert und Toni Asch.
53) Pikett, franz. Piquet, Kartenspiel für zwei Personen.
54) Anspielung auf Jennys Vereinstätigkeit.
55) Aschs Liebe zum Skatspiel.
56) Peter, der graugrüne Papagei.
57) Jenny, geborene Bauer, wurde in Breslau, bevor sie heiratete, die »goldene Bauer« genannt, weil sie aus einem so wohlhabenden Haus kam.
58) I. Fischer (Hg.), Biographisches Lexikon der hervorragenden Ärzte der letzten 50 Jahre, 1. Bd., 2. u. 3. Aufl., München/Berlin 1962.
59) Eva L'Arronge (1907–1996), Schauspielerin.
60) Aus einer jüdischen Zeitschrift vom 20. oder 21. März 1901, Breslau.
61) Jenny an Asch, Juni 1867 aus Bad Reinerz.
62) Gertrud Guillaume-Schack (1845–1903).
63) 1930 erschien die 11. Auflage!
64) Ludwig Barnay, eig. Weiß (1842–1924), ab 1906 Leiter des Königl. Schauspielhauses in Berlin. Sein Sohn Paul (1884–1960) wurde 1921 Intendant der vereinigten Theater in Breslau und engster Freund meiner Eltern: mein Vater, Edmund Nick, dirigierte und komponierte Bühnenmusiken an seinem Lobe-Theater.
65) 1903 erschien die erweiterte 5. Auflage.
66) Philipp Roth (1853–1898).
67) Steeple-chase, ein Hindernisrennen im Pferdesport.
68) Sohn Robert, der gerade Medizin studierte.
69) Vermutlich zu Weihnachten, das in diesem unorthodoxen Hause wenigstens mit Kerzen und Geschenken gefeiert wurde.
70) Alle: Robert, Toni und Betty mit Karl und den Kindern Eva und Wolfgang.
71) Ferdinand Jagemann (1780–1820), Maler und Zeichner in Weimar.

72) Philipp Stauff (Hg.), Semi-Kürschner oder Literarisches Lexikon, Berlin 1913.
73) Josef Kainz (1858–1910), Schauspieler.
74) Robert Asch an Jenny, 20. Juni 1885.
75) Asch an Jenny, 20. Juni 1885.
76) Salomon Tiktin aus Glogau, gest. 1843 in Breslau, einer der eifrigsten Verteidiger des orthodoxen Judentums, schärfster Gegner Abraham Geigers; 1824 Oberrabbiner in Breslau; verhinderte 1836 den Druck des Buches von Moses Brück »Die Reform des Judentums«; als Geiger Rabbinatsassessor von Breslau werden sollte, sprach Tiktin ihm jegliche rabbinische Autorität ab, da niemand Rabbiner sein könne, der eine Universität besucht habe, denn die freie Forschung sei mit dem Rabbineramt unvereinbar.
77) Über David Honigmann bei Johannes Fuchs, Der Internist und Medizinhistoriker Dr. Georg Honigmann, Mainz 1992.
78) Botho von Hülsen (1815–1886), später auch Intendant in Hannover, Kassel und Wiesbaden.
79) Kleiner Ort im Etschtal.
80) Asch an Jenny, 24. Februar 1886. Dr. med. Franziska Tiburtius, eine der ersten Ärztinnen Berlins.
81) Asch an Jenny, 26. Februar 1886.
82) Asch an Jenny, 27. Februar 1886.
83) Alfred, das jüngste Kind der Morgensterns, damals 21 Jahre.
84) Clara, Helene und Wilhelm Bauers Tochter, damals 23 Jahre.
85) Leute: Dienstboten.
86) Asch an Jenny, 7. März 1886.
87) Aus Johannes Fuchs, Der Internist und Medizinhistoriker Dr. Georg Honigmann, Mainz 1992.
88) Asch an Jenny, 5. Juli 1886.
89) Asch an Jenny, 6. Juli 1886
90) Asch an Jenny, 10. Juli 1886
91) Alexander Girardi (1850–1918), berühmter österreichischer Charakterkomiker.
92) Asch an Jenny, 12. Juli 1886.
93) Viele Fotos stammen von den »Hofphotographen« diverser Badeorte; leider sind die beiden hier erwähnten nicht mehr vorhanden.
94) Asch an Jenny, 18. Juli 1886.
95) Asch an Jenny, 5. August 1887.
96) Prof. Dr. Friedrich August Leo (1820–1896), Shakespeareforscher, Schriftsteller, Übersetzer, Vorsitzender der Deutschen Shakespeare-Gesellschaft; durch seine Ehe mit Elisabeth Friedländer (Tochter von Heinrich Heines Cousine Amalie) auch mit Jenny verwandt; einer der engsten Freunde Aschs.
97) Asch an Jenny, 5. August 1887.
98) Max Grube (1854–1934), Schauspieler, ab 1889 in Berlin, leitete später das Deutsche Schauspielhaus in Hamburg.
99) Agnes Sorma (1865–1927), Schauspielerin aus Breslau, ab 1884 bei L'Arronge in Berlin.

100) Asch an Jenny, 10. August 1887.
101) 1912 folgte die 4. Auflage, die 5. und 6. o.J.
102) 1897 folgte die 2. Auflage.
103) Prof. Wilhelm Waldeyer (1836–1921), Anatom, prägte 1888 die Bezeichnung Chromosome.
104) D. h. zwölfeinhalb Stunden, da Aschs Praxis morgens um 5 Uhr begann.
105) Geheimrat Arnold Feige (1850–1933), Notar, verheiratet mit Emma Goldschmidt, einer Cousine Jennys väterlicherseits; beging Selbstmord bei Hitlers Machtübernahme.
106) Asch an Jenny, 29. Mai 1888.
107) Dr. Salomon Klein (1845–1937), Augenarzt in Wien, 1883 Privatdozent, 1902 Universitätsprofessor, schrieb ein Lehrbuch der Augenheilkunde, Arbeiten über »Augenspiegelstudium bei Geisteskranken« und »Syphilitische Augenerkrankungen«; erwarb nach über 3500 geglückten Staroperationen hohes Ansehen als Chirurg; wurde 1924 Hofrat.
108) Asch an Jenny, 31. Mai 1888.
109) Ebenda.
110) Richard Muther (1860–1909), Kunsthistoriker, ab 1900 Mitarbeiter an der »Schlesischen Wochenschrift für Kunst und Leben *Die Eule*«.
111) Asch an Jenny, 7. Juni 1888.
112) Ebenda.
113) Asch hatte die schönste Handschrift, die ich je in meiner Laufbahn als Berufsgraphologin gesehen habe, aber sie war oft schwer zu lesen, zumal Asch viele Kürzel verwendete. Jenny hatte damit ihre Schwierigkeiten.
114) Asch an Jenny, 8. Juni 1888.
115) Asch an Jenny, 3. August 1888.
116) Louise von François (1817–1893), deutsche Erzählerin von strenger Eigenart, Vertreterin eines ungebrochenen, in der klassischen Tradition wurzelnden Bürgertums (Brockhaus).
117) Asch an Jenny, 3. August 1888.
118) Asch an Jenny, 7. August 1888.
119) Asch an Jenny, 17. August 1888.
120) Ebenda.
121) Asch konnte das Geld nicht von Österreich aus überweisen und hatte daher Jenny darum gebeten.
122) Asch an Jenny, 17. August 1888.
123) Betty war robust, doch 25 Tage vor ihrer Niederkunft »vorsichtig«, so daß sie zwei Dienstmädchen bei sich hatte.
124) Karl Jaenicke, der einst von Asch nur zögernd als Schwiegersohn akzeptiert wurde.
125) Toni lebte eng mit ihrer Mutter zusammen und verreiste selten allein.
126) Vor ihrer Niederkunft.
127) Luise Otto-Peters (1819–1895), Schriftstellerin und Journalistin; Hauptvertreterin der Frauenbewegung in Deutschland; propagierte in Gedichten und Erzählungen die demokratischen und sozialen Forderungen der Revolution von 1848; Mitbegründerin des »Allgemeinen Deutschen Frauenvereins«.

128) Lina Morgenstern, Luise Otto-Peters u. a., Die Stellung der Frau im Leben, Kiel und Leipzig 1891 (Deutsche Schriften für nationales Leben).
129) Bertha von Suttner (1843–1914) erregte Aufsehen mit ihrem in viele Sprachen übersetzten Roman »Die Waffen nieder« (1889), war Vizepräsidentin des Internationalen Friedensbüros in Bern; erhielt 1905 den Friedensnobelpreis.
130) Ottilie Sachs (1833–1915), Sängerin aus Breslau.
131) Julius Stettenheim (1831–1916), zuerst Mitarbeiter an der Zeitschrift »Kladderadatsch«; gründete 1862 das Witzblatt »Die Wespen«; seit 1871 schloß er sich eng an Paul Lindau an (Anm. 138).
132) Von dem Breslauer Possendichter David Kalisch (1820–1872) mitbegründete politisch-satirische Zeitschrift, 1848 als nationales Wochenblatt gegründet, 1944 erloschen.
133) Asch an Jenny, 5. August 1887.
134) Asch an Jenny, 3. Juli 1891.
135) Emser Kränchen: ein alkalischer Kochsalzsäuerling von 35–37,5 ° Celsius in Bad Ems.
136) Asch an Jenny, 8. Juli 1891. Moritz Lion, Sohn des Stadtverordneten und Praktischen Arztes Prof. Dr. med. Paul Lion (1830–1892), mit dem Asch seit vielen Jahren befreundet war und in dessen Haus am Ohlauer Stadtgraben 21 er wohnte.
137) Georg Engels (1846–1907), Schauspieler aus Hamburg, spielte unter L'Arronge am Deutschen Theater Berlin, gab internationale Gastspiele, hauptsächlich in Komiker- und Charakterrollen.
138) Paul Lindau (1839–1919), Theaterdirektor und Schriftsteller, gründete und leitete in Leipzig 1871 »Das Neue Blatt«; in Berlin 1872 mit G. Stilke gemeinsam »Die Gegenwart«, die er ab 1881 allein redigierte; 1877 die Monatsschrift »Nord und Süd«. Ab 1895 leitete er das Meininger Hoftheater; 1900–1903 war er Direktor des Berliner Theaters; 1904–1905 Intendant des Deutschen Theaters in Berlin. Er veröffentlichte Novellen, Romane und Dramen. Victor Klemperer schrieb 1909 seine Biographie.
139) Salo Schottlaender (1844–1920) zählte zum jüdisch-schlesischen Geld- und Geistesadel, war Mitbegründer der national-liberalen Zeitung »Schlesische Presse«, die seit 1873 in Breslau erschien. 1876 übernahm er den Zeitungsverlag und verband ihn mit seinem zur gleichen Zeit in Breslau gegründeten Buchverlag, der 1906 nach Berlin übersiedelte.
140) Ludwig Chronegk (1837–1891) Schauspieler, Regisseur und Intendant des berühmten Meininger Hoftheaters.
141) Asch an Jenny, 11. Juli 1891.
142) Otto Brahm, eig. Abrahamson (1856–1912), Kritiker und Theaterleiter, übernahm 1894 die Leitung des Deutschen Theaters in Berlin als Nachfolger von Adolph L'Arronge; verpflichtete 1895 den jungen Max Reinhardt an seine Bühne und leitete ab 1904 das Lessing-Theater in Berlin.
143) Asch an Jenny, 18. Juli 1891.
144) 1900 erschien die 3. erweiterte Auflage.
145) 1906 erschien die 3. erweiterte Auflage.
146) Dr. Otto Arendt (1854–1936), Hauptvertreter des Bimetallismus in

Deutschland, einer Bewegung, die die Einführung einer auf einem vertraglich festgelegten Wertverhältnis zwischen dem Gold und dem Silber aufgebauten Doppelwährung zum Ziel hatte. Hauptwerk: Die vertragsmäßige Doppelwährung (Berlin 1880); Mitbegründer des Deutschen Vereins für internationale Doppelwährung, später des Deutschen Bimetallistenbundes, der Deutschen Kolonialgesellschaft und des Deutschen Emin-Pascha-Komitees. 1888–1898 Herausgeber des »Deutschen Wochenblatts«. Ab 1885 gehörte er dem preuß. Abgeordnetenhaus an, von 1898 bis 1918 dem Reichstag als führendes Mitglied der Deutschen Freikonservativen Partei, bzw. der Reichspartei. Nach dem Ersten Weltkrieg trat er nicht mehr politisch hervor.

147) Katharine Arendt heiratete 1915 Bernhard Kühl, Hauptmann einer Fliegerabteilung, von dem sie sich 1938 scheiden ließ, um als »Nichtarierin« seiner Karriere nicht im Wege zu stehen. Kühl wurde General der Luftwaffe. Katharine konnte in die USA entkommen, wo sie 1976 starb.

148) Friederike Kempner (1836–1904); immerhin erreichte sie mit ihren unfreiwillig komischen Gedichten, daß die Einzelhaft in Deutschland abgeschafft und Leichenhäuser eingeführt wurden.

149) Deutsche Hausfrauen-Zeitung, Nr. 47, 20. November 1898, 25. Jg.

150) Mit »bestes Kind« ist L'Arronges Lustspiel »Doktor Klaus« gemeint, das dem Arzt Asch ein Denkmal setzte und dem Autor in 20 Jahren mehr Tantiemen einspielte als alle anderen Stücke von ihm.

151) Zum 100. Geburtstag von Sigismund Asch, in: Schlesische Ärztekorrespondenz, 5. Januar 1925.

152) Deutsche Hausfrauen-Zeitung, Nr. 43, 23. Oktober 1898, 25. Jg.

153) Gedenkblatt für Cäcilie Adler, in: Deutsche Hausfrauen-Zeitung, Nr. 34, 21. August 1898, 25. Jg.

154) Zum 100. Geburtstag von Sigismund Asch, in: Schlesische Ärztekorrespondenz, 5. Januar 1925.

155) Damit meinte Betty ihren Mann Karl Jaenicke.

156) Else Roemer, die Kindererzieherin.

157) Cläre Kauffmann, eine Cousine meiner Mutter, die sich 1942 vor dem Abtransport ins Konzentrationslager das Leben nahm.

158) Theodor Löwe (1845–1935) übernahm 1892 das Breslauer Stadttheater und das kleine Thalia-Theater in der Schwertstraße (1932 zum »Gerhart Hauptmann-Theater« umgebaut); 1896 vereinigte Löwe mit dem Lobe-Theater drei Breslauer Bühnen unter seiner Leitung, zu denen 1906 in der Gartenstraße noch das Schauspielhaus für Operetten hinzukam.

159) Otto Erich Hartleben (1864–1905), Schriftsteller, wurde mit naturalistischen, gesellschaftskritischen Dramen und Novellen bekannt »und wandte sich als witziger Spötter mit freimütiger Erotik burschikos gegen die Philister« (Brockhaus).

160) Otto Julius Bierbaum (1865–1910), Schriftsteller, Herausgeber und Redakteur (Die freie Bühne; Pan; Die Insel), hatte Erfolg mit Romanen und Lyrik.

161) Oskar Blumenthal (1852–1917), Autor bühnenwirksamer Lustspiele, z. B. »Im weißen Rößʼl«, 1898.

162) Vaudeville: Kleinkunstbühne, 1869 von Theodor Lobe gegründet. Lo-

be leitete das Breslauer Stadttheater von 1866–1870, eröffnete sein eigenes, das »Lobe-Theater« 1869 in der Lessingstraße. Von 1874–1878 hatte das Lobe-Theater seine große Zeit unter Adolph L'Arronge.

163) Fritz Erler (1868–1940), schlesischer Maler und Graphiker, Mitbegründer der »Jugend«; 1899 Mitbegründer der Künstlervereinigung »Die Scholle«.

164) Siegfried Wagner (1869–1930), Sohn Richard Wagners, Dirigent und Opernkomponist; »Der Bärenhäuter«, 1899 uraufgeführt.

165) Deutsche Hausfrauen-Zeitung, Nr. 13, 27. März 1904.

166) Deutsche Hausfrauen-Zeitung, Nr. 4, 24. Januar 1904.

167) Wilhelm Liebknecht (1826–1900), neben Bebel der erste Führer der Sozialdemokraten, erster Abgeordneter der Sozialdemokratischen Partei im Reichstag (1867–1870).

168) Deutsche Hausfrauen-Zeitung, 19. August 1900.

169) Breslauer Morgenzeitung, ? März 1901, von Arthur Loening.

170) Aus dem Nachwort einer späteren Ausgabe von Olga Arendts »Ullas Kindheit«, im Verlag Deutsche Hausfrauen-Zeitung, Berlin.

171) Jakob Guttmann (1845–1919), Professor, Dr. phil.; 1874–1892 Landesrabbiner in Hildesheim; ab 1892 Rabbiner in Breslau; 1910–1919 Vorsitzender des Rabbiner-Verbandes in Deutschland; Mitbegründer der »Gesellschaft zur Förderung der Wissenschaft der Juden«; schrieb bedeutende Werke zur Geschichte der Religionsphilosophie des Mittelalters.

172) Fritz Haber (1868–1934), gebürtiger Breslauer, einer der bedeutendsten Chemiker seiner Zeit, erhielt für die Untersuchungen zur Ammoniaksynthese 1918 den Nobelpreis zusammen mit C. Bosch.

173) Ludwig Carsten, in: Deutsche Hausfrauen-Zeitung, Jubiläumsausgabe 1904.

174) Österr. für Schrank.

175) Nähtisch.

176) Anna Honigmann an ihre Tochter Elise, ohne Datum.

177) Frauen-Reich, Nr. 4, 24. Januar 1904.

178) Frauen-Reich, Nr. 25, 18. Juni 1904.

179) Frauen-Reich, Nr. 52, 24. Dezember 1905.

180) Anna Honigmann an ihre Tochter Elise, 25. April 1905.

181) U. a. in Frauen-Reich, Nr. 6, 5. Februar 1905 und in der Zeitschrift »Kindergarten«, Heft 4, April 1905.

182) Anna Honigmann an Else Moritz nach New York, 8. April 1908.

183) Prof. Ludwig Geiger (1848–1919), gebürtiger Breslauer, Kultur- und Literaturhistoriker; Hg. des »Goethe-Jahrbuches« 1880–1913. Hauptwerke: Geschichte der Juden in Berlin, 2 Bd., 1870; Die deutsche Literatur und die Juden, 1910.

Personenregister

Arendt, Otto   41, 147, 148, 208
Augusta, Kaiserin   52, 62, 63, 64, 163
Auguste-Viktoria, Kaiserin   115, 163
Barnay, Ludwig   90, 205
Beck, Karl   25, 203
Bergius, Friedrich   60
Bergius, Heinrich   60
Brahm, Hans   142, 143
Brahm, Otto   142, 205, 208
Brehmer, Hermann   29, 203
Chronegk, Ludwig   142, 208
Cohn, Ferdinand   25, 203
Duncker, Franz   48, 204
Engels, Georg   136, 138, 208
Feige, Arnold   116, 123, 207
Fontane, Theodor   77, 205
François, Louise von   120, 207
Friedrich III., Kaiser   163
Fröbel, Friedrich   90, 196, 204
Geiger, Abraham   37, 44, 97, 203
Geiger, Ludwig   201, 210
Girardi, Alexander   105, 206
Gottschall, Rudolf   25, 203
Grégoire, Henri   146
Grube, Max   112, 113, 114, 206
Guillaume-Schack, Gertrud   88, 205
Guttmann, Jakob   189, 210
Haber, Fritz   190, 210
Hauptmann, Gerhart   37
Hempel, Karl   7, 10, 24, 203
Hoffrichter, Rosa   44
Holtei, Karl von   134
Honigmann, Barbara   193
Hugo, Victor   152
Hülsen, Botho von   98, 206
Jagemann, Ferdinand   92, 205
Kainz, Josef   96, 114, 206
Kalisch, David   135, 208
Kempner, Friederike   150, 209
Langhans, Carl Ferdinand   37
L'Arronge, Adolph   42, 76, 77, 78, 90, 95, 100, 138, 140, 145, 157, 184, 201, 204, 210
L'Arronge, Eva   83, 205
Lasker, Julius   9
Lassalle, Ferdinand   97, 204
Lasswitz, Emma   44

211

Leo, Friedrich   141, 206
Liebknecht, Wilhelm   182, 210
Lindau, Paul   139, 208
Lindner, Otto   48
Lion, Moritz   138, 208
Lobe, Theodor   209 ff.
Löwe, Theodor   172, 209
Milch, Werner   59, 162, 193
Mountbatten, Philip   98
Muther, Richard   118, 207
Oppler, Edwin   69
Otto-Peters, Luise   130, 207
Reinhardt, Max   142, 205, 208
Richter, Eugen   48, 204
Ring, Max   48, 49, 204
Ritter, Immanuel Heinrich   45
Ronge, Helena   44
Sachs, Ottilie   134, 208
Simon, Heinrich   54, 204
Schottlaender, Salo   138, 139, 208
Sorma, Agnes   114, 206
Spiro, Eugen   37, 203
Stern, Fritz   165
Stettenheim, Julius   134, 135, 139, 208
Suttner, Bertha von   130, 151, 208
Sylva, Carmen   62, 204
Tiktin, Salomon   97, 206
Virchow, Rudolf   48, 204
Waldeyer, Wilhelm   113, 115, 207
Wilhelm I., Kaiser   59
Wilhelm II., Kaiser   163
Wiszniewska, Gabriella   152, 154

Zur Nachhilfe

Albert Bauer * 1800 Berlin † 1875 Breslau
heiratet am 16. 10. 1825
Fanny Adler * 1805 Krakau † 1874 Breslau

Ihre Kinder:

Wilhelm * 1826 Breslau † 1885 Berlin ∞ Helene Falk
Cäcilie   * 1828 Breslau † 1903 Wien   ∞ Josef Josias Adler
Lina   * 1830 Breslau † 1909 Berlin ∞ Theodor Morgenstern
Jenny   * 1832 Breslau † 1907 Breslau ∞ Dr. med. Sigismund Asch
Anna   * 1835 Breslau † 1910 Breslau ∞ Dr. jur. David Honigmann
Clara   * 1838 Breslau † 1854 Breslau

Kinder von Jenny und Dr. Sigismund Asch:

Betty * 1857 Breslau † 1932 Breslau ∞ Karl Jaenicke
   (Enkel: Dagmar Nick)
Dr. med. Robert * 1859 Breslau † 1929 Berlin ∞ Käthe L'Arronge
Toni * 1866 Breslau † ? ∞ Dr. med. Richard Stern
   (Enkel: Prof. Fritz Stern)

Dr. med. Sigismund Asch

5. 1. 1825	geboren in Schweidnitz als Sohn des Josef Asch aus Gleiwitz und der Julie Beate Prinz aus Schweidnitz. Vater Asch begann als Handlungsgehilfe und besaß später ein Geschäft mit Fayencen und Antiquitäten
ab 1843	Medizinstudium an der Universität Breslau
24. 11. 1847	Doktordiplom
1847	Mitglied im Demokratischen Verein
1848	Vorstandsmitglied des Breslauer Arbeitervereins
1848	Kandidat der ersten preussischen Volksvertretung
6. 8. 1848	erste berühmte Rede im Scheitniger Park zu Breslau
21. 9. 1848	zweite große Rede bei einer Demonstration auf dem Exerzierplatz vor dem Königlichen Schloß in Breslau, dessen Erstürmung durch den Pöbel Asch verhindert: Wegen Majestätsbeleidigung und Anstiftung zum Aufruhr angeklagt und zu einem Jahr Festungshaft verurteilt; der Prozeß schleppt sich bis Mai 1849 hin
Oktober 1848	Vizepräsident des 2. Demokratischen Kongresses in Berlin
1848	Austritt aus dem Demokratischen Verein
Mai 1849 –Mai 1850	Verbüßung der Festungsstrafe auf dem Donjon von Glatz
Juni 1850	Niederlassung als Arzt auf der Klosterstraße in Breslau. Aschs Gesuch, Armenarzt zu werden, wird seiner politischen Vergangenheit wegen abgelehnt. Daraufhin richtet er eine unentgeltliche Sprechstunde für Arme und Arbeiter ein, morgens von 5 bis 7 Uhr
Sommer 1850	Begegnung mit Jenny Bauer
22. 5. 1851	Anklage wegen »Majestätsbeleidigung und versuchter Verlockung zum Aufruhr«, eine Plakataktion im Januar 1849 betreffend: Das Schwurgericht des Appellationsgerichtes bezeichnet den Fall als verjährt. Asch wird freigesprochen
1851	Mitglied der Deutschen Fortschrittspartei, Breslau
17. 11. 1854	Offizielle Verlobung mit Jenny Bauer
28. 2. 1855	Heirat mit Jenny Bauer
20. 2. 1857	Geburt einer Tochter: Julie Bettina
10. 12. 1859	Geburt des Sohnes Robert
1863	Stadtverordneter in Breslau (bis 1879)
1864	Asch setzt die Kanalisation und Wassersanierung durch: Die alte Ohle, in die bisher alle Abwässer geleitet wurden, wird zugeschüttet. Asch ordnet die obligatorische Fleischbeschau an. Er fordert größere, hellere und besser zu belüftende Klassenzimmer in den Schulen
1864	Mitbegründer des Asyls für Obdachlose, Hausarzt des Katholischen Waisenhauses, Mitglied im Kollegium des Städtischen Hospitals
25. 8. 1866	Geburt der Tochter Toni

1866	Leiter der »Medizinischen Sektion der Schlesischen Gesellschaft für vaterländische Kultur«; Chefarzt eines Lazaretts mit 600 Betten und 30 Ärzten in der Kürassierkaserne in Breslau
1874–1901	Revisionsarzt einer Lebensversicherungsgesellschaft (in 27 Jahren erstellte er 81000 Obergutachten)
1876	Aufsichtsratsmitglied im Schlesischen Bankverein; Vorsitzender der Ärztlichen Hilfskasse für invalide Kollegen und Arztwitwen im Regierungsbezirk Breslau
1888	Vorstandsmitgleid der Ärztekammer der Provinz Schlesien
17. 3. 1901	Asch stirbt in wenigen Tagen an einer Lungenentzündung
20. 3. 1901	Begräbnis auf dem jüdischen Friedhof an der Lohestraße, Breslau

Lina Morgenstern

Geboren am 25. 11. 1830 in Breslau
Tochter des Möbelfabrikanten Albert Bauer,
verheiratet mit dem Kaufmann Theodor Morgenstern, Berlin.

Sie gründet:
1848 den Pfennigverein zur Unterstützung armer Schulkinder
1859 den Berliner Fröbelverein, der unter ihrem Vorsitz die ersten Kindergärten errichtet
1862 ein Seminar für Kinderpflegerinnen
1865 den Allgemeinen Deutschen Frauenverein
1866 die Volksküchen
1868 den Kinderschutzverein (gegen die »Engelmacherei«)
1869 die Akademie zur wissenschaftlichen Fortbildung für Damen
1869 den Arbeiterinnen-Bildungsverein
1870 im Auftrag der preußischen Königin Augusta die Bahnhofsküchen für durchziehende Truppen; später richtet sie die ersten Verbandsplätze ein für Kriegsversehrte
1873 den Berliner Hausfrauen-Verein (als Selbsthilfe gegen die steigenden Nachkriegspreise)
1873 ein Laboratorium für Nahrungsmittelchemie
1873 einen unentgeltlichen Stellennachweis für Dienstboten
1873 eine Prämierungs- und Unterstützungskasse für Hausangestellte
1874 die Deutsche Hausfrauen-Zeitung
1878 eine Kochschule zur Ausbildung von Kochlehrerinnen und Wirtschafterinnen
1880 den Verein zur Rettung minorenner strafentlassener Mädchen
1880 eine landwirtschaftliche Hausindustrieschule
1887 den Verein zur unentgeltlichen Erziehung schulentlassener armer Mädchen für die Hauswirtschaft

1874 ist sie Herausgeberin der »Deutschen Hausfrauen-Zeitung«
–1904
1893 wird sie Vorstandsmitglied der *Deutschen Friedensgesellschaft*
1896 Vizepräsidentin des Pariser Zentralrates im *Weltbund der Frauen für den Frieden durch Erziehung*
1896 Vizepräsidentin in der *Frauenliga für Internationale Abrüstung;* und ihr ist es zu danken, daß der *Internationale Frauenkongreß*
1896 zum erstenmal in Deutschland (Berlin) tagte

Sie schreibt 10 Bücher mit Märchen, Erzählungen, Novellen; 19 Sachbücher (Kochen, Ernährung, Erziehung etc.); 3 Bände Biographien.

Sie stirbt am 16. 12. 1909 in Berlin.

12. Oktober 2003: S. 23
15. Oktober 2003: S. 32

Weitere Titel aus dem Programm des Bergstadtverlages Wilhelm Gottlieb Korn

Else Levi-Mühsam (Hg.)
Arthur Silbergleit und Paul Mühsam
Zeugnisse einer Dichterfreundschaft.
Ein Zeitbild
132 Seiten · 13 x 21 cm · Broschur

Lutz Besch
Abschied vom Paradies
150 Seiten · 12 x 18 cm · Leinen

Ilse Langner
Dramen I & II
2 Bände · 909 Seiten · 17 x 24 cm · Leinen

Ruth Storm
Das vorletzte Gericht
Roman
Das Haus am Hügel
Schauspiel in 4 Aufzügen
340 Seiten · 12 x 18 cm · Leinen

Dagmar von Mutius
Wetterleuchten
Chronik aus einer schlesischen Provinz
1945/46
210 Seiten · 12 x 18 cm · Leinen

Dagmar von Mutius
Besuch am Rande der Tage
Einladung in ein altes Haus
248 Seiten · 12 x 18 cm · Leinen

Hans von Lipinsky-Gottersdorf
Der Witz der Preußen
58 Seiten · 12 x 18 cm · Pappband

Konrad Wernicke
Jugendjahre im Schatten des NS-Regimes
Erinnerungen eines schlesischen Juristen
164 Seiten mit 2 Karten · 13 x 21 cm · Broschur

Konrad Wernicke
Flucht und Neubeginn
Schicksalsjahre eines Unternehmens 1944–1948
168 Seiten · 13 x 21 cm · Broschur

Bergstadtverlag
Wilhelm Gottlieb Korn
Würzburg